Huschke · Grundlagen des Wochenplanunterrichts

Peter Huschke

Grundlagen des Wochenplanunterrichts

Von der Entdeckung der Langsamkeit

Beltz Verlag · Weinheim und Basel

Über den Autor:

Peter Huschke, Jg. 1949, Dr. phil., Diplom-Psychologe in freier Praxis.

Lektorat: Peter E. Kalb

Herstellung: Ute Jöst Publikations-Service, Birkenau
Satz: Satz- und Reprotechnik GmbH, Hemsbach
Druck: Druckhaus »Thomas Müntzer«, Bad Langensalza (Thüringen)
Umschlaggestaltung: Frederico Luci, Köln
Printed in Germany

ISBN 3-407-25172-6

Inhaltsverzeichnis

Einleitung: Entstehungszusammenhang, Ziel und Gliederung der Studien

Das vorliegende Buch soll ein kritisches Resümee von theoretischen und empirischen Untersuchungen sein, die sich um den sog. »Wochenplan«-Unterricht (WP) und die korrespondierende Theorie zur »Selbststeuerung von Lernprozessen« (SST) ranken. Angefangen hat alles bereits in den siebziger Jahren im Rahmen des »Marburger Grundschulprojektes«. Danach haben das WP-Modell und damit verwandte Konzepte (»Offener Unterricht«, »Freie Arbeit«) im bundesdeutschen Schulalltag (wieder) mehr und mehr Fuß gefaßt (vgl. etwa Wallrabenstein 1991, Ramseger 1992, Jürgens 1994, Claussen 1995). Auch über die Grundschule hinaus findet die Arbeit mit Wochenplänen Verbreitung (vgl. Vaupel 1995). In einigen Bundesländern ist die Wochenplanarbeit in Rahmenpläne der Kultusministerien aufgenommen worden (vgl. z.B.: Hessisches Kultusministerium 1995, S. 287f.).

Teilweise werden unter dem Motto »Wochenplan« in der Schulpraxis Arten von Unterricht gemacht, die vertiefende Analysen und kritische Betrachtungen zur Theorie und Praxis des WP-Unterrichts erforderlich machen.

An dieser Stelle möchte ich meinen Arbeitskollegen und Freunden aus dem Projektteam, dessen Leiter, Prof. Dr. Klafki, dem Prof. Dr. J. Diederich sowie den Lehrern und Kindern, die an den Projekten beteiligt waren, für die vielen »Lerngelegenheiten« danken, die sich aus der Zusammenarbeit mit ihnen für mich ergeben haben. Der Leser mag beurteilen, ob und wie ich diese Gelegenheiten zu nutzen verstanden habe.

Abweichend von den Konventionen des wissenschaftlichen Schreibens werde ich von mir in der 1. Person Singular sprechen und das »wir« Kontexten vorbehalten, in denen es angemessen ist.

Zwar folgt weiter unten, in den Abschnitten 1.1 bis 1.4.3, eine knappe Skizzierung des WP-Modells, seines (ursprünglichen) theoretischen Hintergrunds und seiner Entstehungsgeschichte im Rahmen des Grundschulprojekts; gleichwohl empfiehlt es sich für das Verständnis des folgenden, eine ausführliche Darstellung des WP (z.B. Vaupel 1995 oder Huschke/Mangelsdorf 1995) wenigstens überblicksweise zu studieren.

Das Grundschulprojekt hatte es sich zum Ziel gesetzt, in enger Kooperation mit Grundschullehrern und -kindern Beiträge zur Reform des Grundschulunterrichts zu leisten, und zwar in folgenden Arbeitsbereichen: »Selbststeuerung« und »Soziales Lernen« als inhalts- und fächerübergreifenden Leitideen; »Sprachunterricht« und »Sachunterricht« als inhalts- und fachbezogenen Zielbereichen (vgl. zu Details des Marburger Projekts Klafki u.a. 1977, 1982).

Diesen Bereichen waren kleine Arbeitsgruppen, z.T. auch einzelne Mitglieder des Projektteams zugeordnet. »Befähigung der Kinder zur Selbststeuerung ihrer Lernprozesse im Unterricht« war eine der theoretischen Leitideen. Ich war gewissermaßen zuständig dafür und machte mich daran, sie weiter auszuarbeiten und in unterrichtspraktische (Teil-)Projekte umzusetzen, vor allem eben das WP-Konzept.

Vielleicht hat diese Art der Arbeitsteilung mit dazu beigetragen, daß »Selbststeuerung« in meinem Hirn zu einer »fixen Idee« werden konnte, deren Beschränktheiten ich heute, mit einiger Distanz, klarer erkennen kann.

In Kapitel 1. wird das Selbsteuerungskonzept näher dargestellt. In Kapitel 2. berichte ich über *standardisierte Unterrichtsbeobachtungen* aus dem WP-Unterricht einiger Klassen. Im folgenden Kapitel wird ein *Fragebogen* vorgestellt, mit dem die *WP-Erfahrungen* von Schülern aus insgesamt sieben Grundschulklassen ausschnitthaft erfaßt wurden. Trotz einiger Mängel kann jeder WP-praktizierende Lehrer dieses Instrument ohne großen Aufwand zum Zwecke der Evaluation seines WP-Unterrichts einsetzen. In Kapitel 4. werde ich über *das verbale Handeln von fünf Lehrerinnen* in ihrem WP-Unterricht und im anschließenden Kapitel 5. von der Arbeit dreier Schüler an einer WP-Aufgabe berichten. Die Arbeiten zu diesen Abschnitten haben mir am meisten Spaß gemacht und (für mich) die bedeutsamsten Einsichten in Probleme des WP-Modells erbracht, wohl auch deshalb, weil das jeweils auszuwertende Material (Tonbandaufzeichnungen, freie Mitschrift von Beobachtungen) nicht durch eine selegierend-einengende Erhebungsmethode vordefiniert war. Die Kritik der Theorie wird also an einigen Stellen um die Kritik der Untersuchungsmethoden ergänzt werden müssen. Das geschieht in Exkursen, deren Lektüre für das Verstehen des inhaltlichen Argumentationsgangs nicht notwendig ist.

An dieser Stelle eine Bemerkung über den methodischen Status der Untersuchungen: Sie haben und hatten den Charakter von ersten, vorläufigen »Annäherungsversuchen« in Richtung empirischer Unterrichtsforschung und Evaluation. Es handelt sich um Vorstudien. Auch wegen der meist nur kleinen Stichprobengrößen und jeweils fraglicher Repräsentativität dieser Stichproben wird auf statistische Tests der Verallgemeinerbarkeit der (eben recht vorläufigen) Befunde verzichtet.

Auch was *theoretische Erörterungen* angeht, die Ansätze zur »kritischen Aufhebung« der SST-Theorie, so lassen diese zu wünschen übrig, legt man den Maßstab umfassender Systematik und Ausarbeitung an. Die zentralen Aussagen der SST-Theorie, in den Abschnitten 1.1 und 2.1 werden sie knapp referiert, sind und waren psychologische, insoweit allgemeine Aussagen über Formen und Bedingungen der Verhaltenssteuerung bei Schülern gemacht werden. Die Überwindung (Aufhebung) der SST-Theorie geschieht nun (vor allem in den

Kapiteln 6. und 7.) mit lern- und motivationspsychologischen Theoremen (»epistemische Motivation« u.ä.). Gegenüber der SST-Theorie sehe ich den Fortschritt darin, daß von diesen »Theoriebruchstücken« her leichter und breiter tiefer gehende Verbindungen zu didaktischen Theorien hergestellt werden können; diese Verbindungen selbst werde ich nur in einigen Bemerkungen herstellen können. Bildungstheorie wird gewissermaßen von der Seite des »zu bildenden Subjekts« her aufgerollt; oder anders gesagt, ich versuche, die mögliche Bedeutung von einigen lern- und motivationspsychologischen Theorieteilen für eine Unterrichtstheorie aufzuzeigen, ohne aber diese selbst weiter zu explizieren.

Hinweise auf die *Grenzen des WP-Modells* in seinen bisherigen theoretischen Versionen und praktischen Realisationen ergeben sich zum einen aus der Analyse und Interpretation von Datenmaterial aus dem WP-Unterricht verschiedener Grundschulklassen (Kapitel 2. bis 5.). Im Anschluß an die fallstudienartigen Beobachtungen in Kapitel 5. wird es dann grundsätzlicher problematisiert unter dem Gesichtspunkt, inwieweit es ein Rahmen sein kann für »fruchtbare Lerngelegenheiten«. Unter Heranziehung von Theoriekonzepten, die in den Kapiteln 6. und 7. erörtert werden, versuche ich dann (in einem Exkurs zu Abschnitt 6.2, in Abschnitt 7.3 und zusammenfassend in Kapitel 9.), die Grenzen des bisherigen WP-Konzepts schärfer zu fassen und mögliche Richtungen einer Neuakzentuierung und Weiterentwicklung des WP aufzuzeigen.

Gerade heute, in der Phase einer eher »gegenreformerischen Stimmung« in unserer Gesellschaft allgemein und in der Bildungspolitik im besonderen, muß jeder pädagogische Reformvorschlag – die Weiterentwicklung des WP wäre ein solcher – auf die Bedingungen seiner Verwirklichung hin reflektiert werden. Dazu will ich in Kapitel 8. einige jeweils ausgewählte Problemstellungen erörtern; einmal mit Bezug auf die konkrete Arbeitssituation von Lehrern an unseren Schulen (Abschnitt 8.1) und zum anderen mit Bezug auf den gesellschaftlichen Systemzusammenhang, in dessen Rahmen pädagogische Reformen gesehen werden müssen (Abschnitt 8.2).

Das vorliegende Buch verstehe ich weniger als abgerundetes »wissenschaftliches Werk«, das für die Wissenschaft und sonst kaum jemanden von Bedeutung ist, sondern mehr als »Rückmeldung eines Wissenschaftlers an die Praxis«, von der letztlich alles seinen Ausgang genommen hatte.

1. Zur Entwicklungsgeschichte des »Selbststeuerungs«-Konzepts und des WP-Modells im Grundschulprojekt

1.1 Grundlinien der Selbststeuerungs-Idee (SST)

Grundlage des SST-Begriffs war eine bestimmte Sichtweise dessen, was sich in der herkömmlichen öffentlichen Schule zuträgt: Schule repräsentiere für die Schüler eine soziale Anforderungsstruktur, bestehend im wesentlichen aus *Lern- und Leistungsforderungen.* Durch positive und negative Sanktionen – ein irrationales Lob- und Tadelsystem – werde dafür gesorgt, daß die Schüler sich nicht ohne negative Konsequenzen den Anforderungen entziehen können. Dieses System externer Kontrolle des Lernens bestimme primär die Lernmotivation der Kinder in der Schule. Deren schulische Lernarbeit orientiere sich vorwiegend daran, Lob, Anerkennung, gute Noten usw. zu erreichen bzw. Tadel, schlechte Noten und andere unangenehme Konsequenzen für nonkonformes Verhalten zu vermeiden. Der Lehrer monopolisiere alle wesentlichen unterrichtlichen Entscheidungen, er sei es, der entscheide und den Schülern sage, wann sie was wie zu tun und zu lassen hätten. Für die Schüler sei kein *Handlungsspielraum* gegeben, innerhalb dessen sie selbst aktiv werden, sich Ziele setzen könnten usw. Dadurch werde »Lernen« in Verbindung mit den Mechanismen der externen Sanktionierung primär zu einem Gehorsamsproblem (= Fremdsteuerung). Indiz dafür sei, daß die Schüler meist unmittelbar aufhören zu lernen, wenn äußere Anreize bzw. Zwänge wegfallen, z.B. wenn der Lehrer aus der Klasse geht, das Pausenzeichen ertönt oder die Schulzeit vorbei ist.

Die *Fremdsteuerung des Lernens* müsse sich für bestimmte Schülergruppen dadurch verstärken, daß im frontalen Klassenunterricht an alle Schüler einer Klasse die gleichen Leistungsforderungen gestellt werden und ihre Lernleistungen an einem einheitlichen Beurteilungsmaßstab, der Notenskala, gemessen werden. Bei der gegebenen Ungleichheit von Lernvoraussetzungen müsse es so per definitionem »Erfolgreiche« und »Versager« (Schüler mit schlechten Noten) geben. Für die Schüler am unteren Ende der Leistungsrangreihe müsse es so zu einer *Kumulation von Mißerfolgserfahrungen* kommen, die mit der Ausbildung eines eigenständigen Interesses am Lernen in besonderem Maße unverträglich sein und eine Reihe weiterer negativer Konsequenzen für ihre Persönlichkeitsentwicklung haben werde.

Dieses Argumentationsmuster habe ich in der Anfangsphase des Projekts vor allem auf die Arbeiten von Fend (1971) sowie auf die Untersuchungen von

Höhn (1967) und Kemmler (1975) zum Schulschicksal »schwacher« Schüler gestützt. Zum anderen glaubte ich, aus dem Studium einer bestimmten Sparte motivationspsychologischer Literatur Argumente dafür gefunden zu haben, daß »Lernen und Leisten« auch ohne externe (»extrinsische«) Kontrolle/Sanktionen angeregt und in Gang gehalten werden könne. Kinder hätten die Tendenz »von sich aus«, ohne Antrieb durch eine fremdsteuernde Instanz, ihre Fähigkeiten auf die Probe zu stellen, herausfordernde Aufgaben zu suchen und Ziele für ihre Tätigkeit zu setzen, deren Bewältigung nicht ganz gewiß ist. Vermittels der Antizipation von Erfolgs- und Tüchtigkeitserlebnissen seien sie fähig, sich für diese Ziele/Aufgaben anzustrengen und zu motivieren, um sich schließlich bei erfolgreichem Abschluß durch positive Affekte (Erfolgsfreude) selbst zu belohnen.

Mit anderen Worten: Die Theorie zur Leistungsmotivation, wie sie von Heckhausen (1965, 1970, 1980) entwickelt und von Fend (1971) und Alschuler u.a. (1971, 1973) schulbezogen uminterpretiert und ergänzt worden war, schien mir einen einigermaßen erschöpfenden Bezugsrahmen für das abzugeben, was »Selbststeuerung im Lernprozess« sein könne. Insbesondere die Konzeptualisierung der Leistungsmotivation als *»Selbstbekräftigungssystem«* (so bei Heckhausen, 1972, 1980) schien mir zu korrespondieren mit der Vision eines *autonomen Individuums*, das relativ unabhängig von äußerem Druck und den Korruptionsangeboten des überkommenen autoritären Gesellschaftssystems bereit und in der Lage ist, nach immer neuen Herausforderungen für seine Fähigkeiten zu suchen, zielstrebig an der Verwirklichung anspruchsvoller Pläne zu arbeiten und sich durch Selbstverabreichung von positiven und negativen Bekräftigungen zu motivieren (vgl. die idealisierende Rezeption der Leistungsmotivationstheorie in meinem Aufsatz von 1975). Es handelte sich um einen Versuch, die Emanzipationsideen der antiautoritären Bewegung von 1968 »irgendwie« mit Schule, Leistung, Lernen und moderner Humanwissenschaft in Einklang zu bringen.

Aus dieser (beschränkten) Sichtweise von Schule und Schüler ergaben sich für mich zunächst folgende Leitlinien für die Veränderung von Unterricht im Sinne des Ziels »Förderung der Selbsteuerung«:

Entscheidungen über Unterrichtsverläufe seien zunehmend weiter gehend von den Schülern zu treffen, auf daß sich deren »Selbsteuerungspotential« entfalten könne. Wo immer möglich, sollten *Anforderungen* zu *Angeboten* umgestaltet werden, um den Schülern eigene Wahlmöglichkeiten und Gelegenheiten zu eigenständiger Zielsetzung zu geben. Insbesondere seien Anforderungen und Aufgabenangebote dem *Schwierigkeitsgrad* nach abzustufen, damit Schüler die Möglichkeit haben, jene Aufgaben zu wählen, die ihrem Anspruchsniveau gemäß seien und im günstigen Fall in jener »mittleren Diskrepanz« zu ihren Fähigkeiten stehen, die für die Aktivierung leistungsmotivierten Tuns so günstig sei.

Die *Rolle des Lehrers* müsse zu der eines indirekten Initiators, Beraters und Organisators von Lernprozessen werden, der den Schülern nicht länger alle Entscheidungen abnimmt. In prägnanter Verkürzung war das der Stand meiner theoretischen Arbeit zum SST-Konzept, als die Projektgruppe im Sommer 1972 die Zusammenarbeit mit einer Gruppe von Grundschullehrern begann.

Im Herbst 1972 sollten die »Projektlehrer« Klassen von Schulanfängern übernehmen. Deshalb galt es, zunächst gemeinsam diesen Schulanfang vorzubereiten und durchzuführen. Die Leitidee SST hat dabei eine wichtige Rolle gespielt. So kam es, daß »unsere Projektkinder« in ihren Klassenzimmern während der ersten Wochen ihrer Schulzeit ein »offenes Angebot von Lern- und Spielmöglichkeiten« vorfanden, mit dem sie sich nun möglichst »selbstgesteuert« auseinanderzusetzen hatten (vgl. dazu auch die Kapitel I. und V. in Klafki u.a. 1982).

1.2 Erste kritische Fragen zum SST-Konzept

Einen ersten Zugang zur Kritik der Idee »Selbststeuerung« kann ich heute dadurch gewinnen, daß ich drei Gruppen von Fragen stelle:

1. Welche Merkmale der Unterrichtsprozesse in den Projektklassen wurden auf dem Hintergrund des Theorieschemas Selbststeuerung vs. Fremdsteuerung wahrnehmbar?
2. Welche Vorgänge wurden positiv, als förderungswürdige praktische Realisationen des Ziels SST ausgezeichnet? Welche habe ich als auf der Linie »Fremdsteuerung« liegend eher negativ gesehen?
3. Welche bedeutsamen Vorgänge habe ich entweder gar nicht wahrnehmen können oder mußten sich mir durch die theoretische Voreingenommenheit einer sinnvollen Interpretation verschließen und dadurch zu »irrelevanten Ereignissen« werden?

Ad 1: Immer dann, wenn die Anforderungs- bzw. Angebotsstruktur des Unterrichts den Kindern Möglichkeiten eröffnete, selbst aktiv zu werden und über längere Zeitspannen ohne direktes Eingreifen des Lehrers selbstgewählte Vorhaben zu realisieren, dann sah ich »Selbststeuerung« verwirklicht. Ich »dekodierte« Unterrichtsprozesse also nach zwei Seiten hin, zum einen den »objektiven« Anforderungs-/Angebotsstrukturen und zum anderen den Handlungsvollzügen der Kinder, den »subjektiven« Antworten auf die mehr oder weniger »offenen« Vorgaben des Lehrers. Bezogen auf die Entwicklung des WP-Modells folgt dazu Näheres weiter unten in Abschnitt 1.4.

Ad 2: Alle Situationen, in denen der Lehrer mit seiner Autorität das Erleben, Denken und Handeln der Schüler in direkter Weise steuerte, mußte ich entweder zu Situationen der »Fremdsteuerung« erklären oder für irrelevant halten.

Am Beispiel: Wenn der Lehrer die Aufmerksamkeit aller Kinder forderte, um ihnen dann eine Geschichte vorzulesen, so rief dies meine Skepsis hervor. Hätte er statt dessen angeboten: »Wer will, der kann jetzt gleich mit mir in die Leseecke kommen; ich möchte eine Geschichte vorlesen«, so hätte ich das »besser« gefunden. Hinter dieser Wertung steckt das SST-Theorem: Wenn die Kinder aus eigener Entscheidung dem Lehrer ihr Ohr schenken, so wird das für sie fruchtbarer und ihrer Emanzipation dienlich sein. Wenn nun im ersten Fall (Lehrer »zwingt« den Schülern seine Geschichte auf) sich ergab, daß die Kinder dem autoritären Lehrer und seiner Geschichte mit Zeichen höchster Aufmerksamkeit und innerer Teilnahme folgten, so konnte ich als SST-Theoretiker damit nicht viel anfangen. D.h.: Die SST-Idee hat ganz eng zu tun mit der pauschal negativen Wertung des Dialogs zwischen einer pädagogischen *Autorität* und Schulkindern, so als könne dieser Dialog im Prinzip nicht wertvoll für die Entwicklung des »autonomen Individuums« sein. Diese Sichtweise entsprang der damals noch aktuellen »antiautoritären Bewegung«; in den pädagogischen Projekten, die sich aus dieser ergeben hatten, spielte die Leitidee »Selbststeuerung« eine wichtige Rolle, wenngleich mit einigen von meinem Konzept abweichenden Akzentuierungen (vgl. z.B.: Neill 1969, Bott 1970, Kohl 1971, Autorenkollektiv Glocksee 1975/76).[1]

Ad 3: Es sei einmal vorausgesetzt, offener, eine Vielfalt von Handlungsmöglichkeiten *anbietender Unterricht* sei etwas Sinnvolles; so sei nun gefragt, was ich mit meinem SST-Konzept zu dessen *inhaltlicher* Ausgestaltung beitragen konnte. Die Antwort darauf lautet: sehr wenig. Die Gründe dafür sind in der Dürftigkeit der SST-»Theorie« zu suchen: Die unterrichtlichen Angebots-/Anforderungsstrukturen konnten eigentlich nur nach der »Zahl der Freiheitsgrade« für das Handeln der Schüler beurteilt werden. Das Modell vom intrinsisch motivierten Leistungshandeln ist eines, das den Inhalten der Tätigkeit gegenüber gleichgültig ist; es sagt (fast) nichts darüber, wie durch die Auseinandersetzung mit einer Sache ein Subjekt sich selbst verändern, d.h. sich »bilden« kann. SST- und Leistungsmotivationstheorie waren und sind im Kern keine Lerntheorien; das aber mindestens hätten sie sein müssen, wenn ich mit ihnen zur Planung des Schulanfangsunterrichts hätte beitragen wollen. In Abschnitt 6.2 werde ich mich um eine »kritische Würdigung« der Leistungsmotivationstheorie bemühen.

1 Gewiß haben auch eigene negative Erfahrungen mit pädagogischen Autoritäten bei der Herausbildung dieser Einstellungen eine Rolle gespielt; an meine »guten« Lehrer oder an die »guten« Seiten meiner Erzieher habe ich damals nicht gedacht. Der Gedanke, es könne eine »gute Autorität« geben, war außerhalb des Vorstellbaren und Wünschenswerten.

1.3 Bedingungen und Folgen des Festhaltens an der SST-Idee

Andere Mitglieder des Forschungsteams und der Lehrergruppe im Grundschulprojekt haben zur inhaltlichen Ausgestaltung des Schulanfangs mehr beitragen können (vgl. z.B. Waechter 1980, 1981) als ich mit meiner SST-Theorie, obwohl die Leitidee, wie gesagt, einigen Einfluß gehabt hat. Zwangsläufig mußte dieser auch negativer Art sein:

1. Einige der *Lehrer* in den Projektklassen waren *verunsichert* darüber, wie sie ihre Rolle den Kindern gegenüber definieren und realisieren sollten, dies wohl auch deswegen, weil mit der SST-Idee die pädagogische Autorität des Lehrers pauschal abgewertet wurde – statt dessen hätte sie vielleicht neu bestimmt werden müssen. Tragfähige Prinzipien für die Unterrichtsplanung und das Handeln im Unterricht ergaben sich aus dem Konzept kaum, weil eine Lehr-, Lern-, Entwicklungs- oder Bildungstheorie in dem formalen SST-Prinzip nicht enthalten oder zumindest angelegt war.
2. Die Beschränktheit der SST-Idee hätte mir offenbar werden müssen oder können, als nach einigen Schulwochen klar wurde, daß der Erwerb der sogenannten »*Kulturtechniken*« (Lesen, Schreiben, Rechnen) zu den unbedingt verbindlichen Bildungsaufgaben der Grundschule gehört(e). Zur Planung dieser Lernprozesse, die ja durchaus so etwas wie eine sachimmanente Systematik haben müssen, wenn sie auf halbwegs ökonomische Weise zu Lernfortschritten führen sollen, konnte ich mit meinen formalen SST-Prinzipien wenig beitragen. Die Idee, Kinder müßten möglichst vielfältige Wahl- und Entscheidungsmöglichkeiten haben, nur was sie »freiwillig« und »von sich aus« täten, könne von Wert für sie sein, hätte sich mir eigentlich an dieser Stelle – gegen Ende der Schulanfangsphase – als zu simpel erweisen müssen.
3. Das geschah nicht. Das Lehren und Lernen der »Kulturtechniken«[2] erschien mir (und nicht nur mir) als so etwas wie ein notwendiges Übel, das leider in der Praxis gewisse Abstriche von den SST-Idealen erforderlich machte. Ich muß an dieser Stelle einfügen, daß meine Deutung von »Selbststeuerung« im Projektteam schon früh als »formal« kritisiert wurde und umstritten war. Natürlich habe ich auch selbst gespürt, daß nicht alle Unterrichtsprobleme mit dem einfachen Schema Selbststeuerung vs. Fremdsteuerung erklärt und bewältigt werden konnten. Ein Arbeitspapier, daß ich wenige Wochen nach dem Schulanfang verfaßt habe, befaßte sich mit der Frage, wie im Rahmen des »offenen Angebots« die Lehrgänge zum Lesen, Schreiben und Rechnen ins Spiel gebracht werden könnten. In diesem Papier sind einige Aussagen enthalten, die gewissermaßen »quer« zu der SST-Theorie stehen, z.B. dar-

2 Schon in dieser Bezeichnung klingt eine Abwertung dieser Lerninhalte an, die ich heute nicht mehr teile. Sie wird ihrem »potentiellen Bildungswert« nicht gerecht.

über, welche Bedeutung der Lehrer als Vorbild haben und wie Imitation Lernprozesse in Gang setzen kann. Gleichwohl hat das n icht zu grundsätzlichen Veränderungen des SST-Konzepts geführt. Wieso ich weiter an einer beschränkten Idee festhalten konnte, sehe ich u.a. in folgenden Bedingungen begründet:

a) Die Idee war einfach[3]; sie erlaubte mit einfachen theoretischen Mitteln eine radikale Kritik der traditionellen Schulpraxis: »Im schulischen Sozialisationsprozess werden via permanenter Fremdsteuerung angepaßte, unterwerfungsbereite Individuen erzeugt, die sich reibungslos in eine von überflüssigen Herrschaftsverhältnissen geprägte Gesellschaft einordnen werden.« So etwa dachten und redeten manche antiautoritäre Pädagogikstudenten im Jahre 1970. Zum anderen ergab sich eine einfache Leitlinie für die Veränderung dieser traditionellen Schulpraxis (s.o.), und zunächst, beim »offenen Schulanfang«, *schien* diese sich auch zu bewähren.
b) In Teamdiskussionen wurde ich zwar bald darauf hingewiesen, daß mit meinem SST-Konzept etwas nicht stimmen konnte. Was daran nicht stimmte, das hätte ich in allen Konsequenzen aber nur herausfinden können, wenn ich *gezwungen* (!) worden wäre, z.B. an der Erarbeitung eines Leselehrgangs mitzuwirken, der mit den SST-Idealen in Einklang hätte stehen sollen. Dann hätte ich an und in der Schulwirklichkeit erfahren können, wie wenig mir meine Theorie sagt, wenn es darum geht, konkrete, inhaltlich zu definierende Lernprozesse von Grundschülern zu planen. Wahrscheinlich wäre ich dann auch auf didaktische Traditionen gestoßen, in denen weitgehend ausgearbeitete Leselehrgänge mit »Selbstbildungsmitteln« bereits vorlagen (vgl. z.B. Jeziorsky 1965).
c) Die Arbeitsstrukturen des Projektteams waren jedoch von strikten Zwängen *frei*. Jeder hatte einen recht weitgehenden *Spielraum*, seine Arbeitsvorhaben nach eigenem Gutdünken zu definieren. M.a.W.: Ein bißchen mehr Zwang hätte damals heilsame Wirkungen für mich haben können. Es hätte eine »gute Autorität« geben können, die z.B. gesagt hätte: »Lieber Peter Huschke, deine SST-Theorie in Ehren. Um etwas dazuzulernen, wirst du jetzt zwei Monate an dem von dir bisher gemiedenen Leselernprojekt teilnehmen. Du wirst sehen, wie unvollständig deine Theorie ist.« »Gute Autoritäten« sind solche, deren Empfehlungen oder auch Anweisungen sich überzufällig oft, manchmal auch spät, als »heilsam« erweisen. Warum sollte es die nicht auch für Grundschüler geben können?

3 In sich geschlossene, konsistente Theorien üben auch heute noch großen Reiz auf mich aus. Heute aber weiß ich außerdem, daß man mit *einer* solchen Theorie dem Schulunterricht nicht gerecht werden kann.

d) Gemäß den Organisationsstrukturen des Projektteams war ich vor allem für den Bereich »Selbststeuerung« zuständig, konnte es mir also erlauben, alles nur unter diesem beschränkten Blickwinkel zu sehen.

4. Ich wurde also nicht gezwungen, mein SST-Konzept entscheidend zu revidieren, und konnte weiter damit arbeiten. Es war angelegt als Organisationsmodell von Unterricht nach der einen, objektiven Seite hin. Das hieß: Entwicklung eines Kategorienrasters zur Analyse von Anforderungs- und Angebotsstrukturen des Unterrichts. Nach der anderen, subjektiven Seite hin hieß das: Ausarbeitung der Theorie selbstregulierten Leistungsverhaltens im Unterricht. Mit diesen Mitteln »gerüstet«, verfolgte ich, wie sich der Unterricht, in den Projektklassen nach dem »offenen Schulanfang« weiterentwickelte.

Gut ein Jahr nach dem Schulanfang in den Projektklassen, also im Herbst 1973, übernahm ich den Auftrag, mit vier Lehrern aus einer der beteiligten Schulen ein konkretes Projekt unter der Überschrift »Selbststeuerung« zu entwickeln. Das führte dann zur Erfindung des »Wochenplan«-Modells (WP). Es ist also der Selbsteuerungsidee entsprungen und dieser verhaftet.

1.4 Vorgeschichte des Wochenplanmodells

Am Projekt beteiligte Lehrer mußten, wie oben schon angedeutet, mit ihrem Unterricht in Schwierigkeiten geraten, wenn sie die SST-Idee als verbindliche Leitlinie übernahmen und sich mit ihr identifizierten. Sie suggerierte ihnen, Unterricht möglichst als Angebot von Möglichkeiten zu konzipieren und mit Forderungen sowie direkten Eingriffen in das »freie« Tun der Kinder möglichst zurückhaltend zu sein (»Vermeide fremdsteuernde Sanktionen!«). Gleichzeitig mußten aber nun systematische Lehr- und Lernprozesse im Lesen, Schreiben und Rechnen weitergeführt werden, ohne daß klar gewesen wäre, wie dies mit der SST-Idee in Einklang hätte gebracht werden können. Manche der beteiligten Lehrer hatten ein »schlechtes Gewissen«, wenn sie von den Kindern etwas forderten, denn das SST-Ideal verlangte ja, daß nur die Kinder selbst sich fordern durften.[4]

Die Tatsache, daß die Lehrer nun, stärker als während des »offenen Schulanfangs«, verbindliche Forderungen an die Kinder stellten, nahm ich nun als gegeben hin (ohne eigentlich den Sinn dieser Veränderung recht zu verstehen),

4 Der Gedanke, Autonomie könne oder müsse vielleicht sogar auch aus Heteronomie erwachsen, lag mir damals sehr fern. Diese Bemerkung soll nicht davon ablenken, daß es Forderungen geben kann, die nur fordern und die eigenen Möglichkeiten des geforderten Subjekts in keiner Weise fördern; vgl. dazu vor allem Kapitel 4. über die Lehrersprache im WP-Unterricht. Die Aussage eines »unserer Projektkinder« aus dieser Zeit, »Müssen wir heute wieder tun, was wir wollen?«, zeigt die dialektische Vielschichtigkeit dieser Probleme in wunderbarer Verdichtung auf.

und definierte die Schwierigkeiten der Lehrer als Unklarheiten in der Angebots-/Anforderungsstruktur ihres Unterrichts. Neben weitgehend frontal gesteuerten Unterrichtsstunden, für die ich mich nicht weiter interessierte, gab es Unterrichtsphasen, in denen die Schüler mehr oder weniger vielfältige, differenzierte Wahlmöglichkeiten hatten und/oder verbindliche Anforderungen (Aufgaben für Still-, Partner- oder Gruppenarbeit) zu erfüllen hatten. Problematisch an diesen »freien« Arbeitsphasen schien mir, daß nicht immer klar war, was die Kinder als Angebot und was sie als verbindliche Anforderung verstehen sollten. Bestimmte Merkmale des Arbeitsverhaltens der Schüler interpretierte ich als Ausdruck und Folge dieser strukturellen Unklarheiten. Als Symptome der »Störung« interpretierte ich z.B.: häufiges Unterbrechen der Arbeit an einer Aufgabe; rasches Hin- und Herwechseln zwischen verschiedenen Tätigkeiten; häufiges Nachfragen beim Lehrer, was denn zu tun sei; häufige Ermahnungen des Lehrers, die Arbeit wieder aufzunehmen. Um die möglichen Varianten von Anforderungs-/Angebotsstrukturen klarer beschreiben und unterscheiden zu können, entwarf ich ein formales Kategorienschema zu deren Analyse.

1.4.1 Kategorienschema zur Analyse von Anforderungs-/Angebotsstrukturen im Unterricht

1. Umfang eines Gesamtauftrags:
   Als ein Auftrag gilt die Anweisung des Lehrers zu einer bestimmten Menge von Aufgaben, die von den Kindern bearbeitet werden sollen, bis ein neuer Auftrag gegeben wird.
   Umfangsmäßig kleine Aufträge haben zur Folge, daß sie vom Schüler jeweils unmittelbarer zu befolgen und auszuführen sind – der Schüler hat also weniger die Möglichkeit, sich den Impuls zur Auftragsbearbeitung selbst zu geben (wegen der kleinschrittigen Einzelanweisungen); daß der Schüler weniger Chancen hat, Teilschritte selbst zu planen, durchzuführen und abzuschließen; daß für den Schüler weniger Spielraum gegeben ist, je nach auftretenden Schwierigkeiten unterschiedliche Zeit für bestimmte Teilaufgaben und -aufträge zu verwenden, erforderliche Hilfe zu holen oder zu suchen, Umwege zu machen, Pausen einzulegen usw. Umfangreichere Aufträge ergeben entsprechend mehr Möglichkeiten der »Selbststeuerung« für die Kinder.

2. Binnenstruktur eines Auftrags:
   a) Verbindliche Anforderungen (»Pflichtbereich«), diese Aufgaben müssen bearbeitet werden.
   b) Verbindliche Aufgaben mit Minimalforderung und freiwilligen Erweiterungsmöglichkeiten und Zusatzaufgaben.

c) Alternative Aufgaben zur Wahl (»Wahlpflichtbereich«); ein Teil von mehreren Teilaufträgen muß bearbeitet werden, wobei dieser Teil vom Schüler gewählt werden kann.
d) »Freie Angebote« von einer mehr oder weniger großen Vielfalt; der Schüler kann dies oder das tun, muß aber nicht.
e) Konkretionsniveau und Offenheit einzelner Aufgaben und Aufträge; es kann z.B. vorgeschrieben sein, eine bestimmte Geschichte zu lesen und dann irgendeine Art von Stellungnahme dazu abzugeben oder aber im Detail vorgegebene Fragen zu der Geschichte zu beantworten (hier wären im einzelnen sehr viele verschiedenartige Aspekte und Dimensionen zu berücksichtigen).

3. Kontrolle der Auftragsbearbeitung:
   a) Die Kontrolle geht vom Lehrer aus; der Lehrer stellt fest, wann und unter welchen Bedingungen eine Arbeit als abgeschlossen anzusehen ist und wie deren Ergebnisse zu beurteilen sind.
   b) Die Kontrolle geht zu mehr oder weniger großen Teilen auch vom Schüler aus und ist dessen Sache.

1.4.2 Typisierende Gegenüberstellung der Unterrichtsorganisationsformen vor und bei Einführung des WP-Modells

Mit diesen groben und formalen Kategorien konnte die Lage in den vier Projektklassen vor und nach Einführung des WP etwa folgendermaßen charakterisiert werden:

	Vor Einführung des WP	**Nach Einführung des WP**
Umfang von Aufträgen	Täglich, stündlich und oft noch kurzfristiger werden vom Lehrer relativ kleine Aufträge/ Angebote vorgegeben.	Ein relativ umfangreicher Gesamtauftrag wird zu Beginn der Woche für mehrere Unterrichtsstunden vorgegeben.
Binnenstruktur	Verbindlichkeits-/Angebotsstruktur z.T. unklar; kann vom Lehrer willkürlich geändert werden.	Vorentscheidungen des Lehrers und Entscheidungsmöglichkeiten der Schüler werden klarer vordefiniert und in einem »Dokument« (dem WP) festgehalten.
Kontrolle der Bearbeitung	Kontrolle realtiv willkürlich durch den Lehrer, da nicht genau feststand, was getan werden soll oder kann.	Kontrolle der Einzelaufgaben auch durch die Schüler (Kontrollblätter); die Schüler stellen zuerst fest, wann sie mit dem Gesamtauftrag fertig sind.

Mit dem Wochenplan-Organisationsmodell wurden also die Anforderungen und Angebote für die Still-, Partner- und Gruppenarbeit, die bis dahin von Stunde zu Stunde neu vorgegeben, manchmal auch während einer Unterrichtsstunde verändert wurden, zusammengefaßt zu einem umfangreicheren Auftrag. Dieser wurde den Schülern zu Beginn der Woche schriftlich gegeben. In einem vorher bestimmten Teil der Unterrichtsstunden einer Woche (z.B. 1 Std. pro Tag) sollten die Schüler diesen Auftrag »in eigener Regie« bearbeiten.

1.4.3 Merkmale der WP-spezifischen Selbststeuerung

Die Art von »Selbststeuerung«, die »eigene Regie«, die das Organisationsmodell WP von Schulkindern fordert, besteht im Unterschied zu »üblichem Unterricht« an unseren Schulen vor allem in folgendem:

Der Auftrag/Plan, den die Schüler zur selbständigen Bearbeitung erhalten, ist umfangreicher; sie müssen also einen zeitlich ausgedehnteren Arbeitsprozeß selber »managen« (können), wobei sie sich natürlich der Kooperation mit anderen Kindern und der Hilfe des Lehrers bedienen können.

Sofern die *Reihenfolge* der Bearbeitung einzelner Auftragsteile nicht festgelegt ist, müssen die Schüler entscheiden, mit welcher Aufgabe, welchem Auftragsteil begonnen werden soll, womit dann fortgefahren werden soll usw. In Grenzen ist die Zeit variabel, die für einzelne Aufgaben verwendet werden kann. Die Schüler werden nicht durch eine Folge von mündlichen Anweisungen oder Anregungen von Aufgabe zu Aufgabe geführt, sondern sie müssen zunächst einen Komplex von schriftlichen Instruktionen lesen, gliedern und in *Arbeitsimpulse* für konkrete einzelne Aufgaben transformieren. Der *Rhythmus von »Arbeit« und »Pause«*, von konzentrierter Anspannung und Entspannung, kann stärker als im »anderen Unterricht« vom Schüle r reguliert werden.

Auf der Ebene der Aufgabenbearbeitung i.e.S. erfordert der WP-Unterricht mehr *eigene Organisationstätigkeit* der Schüler. Sie müssen sich nun selbst sagen (können): »Nimm dein Rechenbuch heraus, schlage S. 47 auf, suche die Aufgaben 3 bis 7, lege dein Rechenheft und einen Stift bereit, so, 28 + ? = 43 – was muß ich da jetzt tun? Ah ja, von 28 bis 30, das ist 2, und von 30 bis ... « usw.

Die *Kontrolle des Arbeitsprozesses* erfolgt auf zwei Ebenen: Erledigte Aufgaben werden auf dem Plan »abgehakt«, so daß der Schüler selbst einen Überblick darüber bekommen kann, was er geschafft hat und was zu tun bleibt. U.U. erlaubt und erleichtert dieser Überblick dem Schüler die selbständige Regulation seines Arbeitseinsatzes bzw. des Verhältnisses von »Arbeit« und »Freizeit« (z.B.: »Jetzt muß ich mich aber ranhalten, sonst schaff' ich das nicht mehr«, »So, jetzt kann ich aber mal eine Pause machen.«).

Der Auftrag selbst kann für verschiedene Schülergruppen *differenziert* sein. Die Schüler können durch eigene Wahlmöglichkeiten verschiedener Art daran beteiligt werden, ihren speziellen Plan zu konstruieren oder zusammenzustellen.

Bei dieser Interpretation von Unterricht als Angebots- und Anforderungsstruktur und der Schülertätigkeit als Auftragsbearbeitung mit einem »Spielraum für Selbststeuerung« wird deutlich, wie sehr die SST-Idee formal war, d.h. gegenüber dem, was Lehren und Lerntätigkeit sein könnte, äußerlich blieb. Unterricht hat auch diese formal-organisatorische Seite ...

2. Standardisierte Beobachtungen zum Schülerverhalten im WP-Unterricht

Mit der Einführung des WP in den vier Projektklassen verknüpfte ich bestimmte Hypothesen über das Arbeitsverhalten der Schüler, etwa der Art: Wenn die Schüler sich einer geklärten Anforderungs- und Angebotsstruktur gegenübersehen, die ihnen gleichzeitig einen erweiterten »Spielraum der Selbststeuerung« in bezug auf ihre Arbeitsprozesse gewährt, dann werden sie mit stärkerem subjektiven Engagement (Motivation) an die – z.T. selbstgesteuerte – Arbeit gehen (können) als vorher. Auf der Ebene beobachtbaren Verhaltens müßte sich das zeigen als: weniger orientierungsloses »Herumtrödeln«; höhere Persistenz des Arbeitsverhaltens, d.h. weniger Unterbrechungen einer einmal angefangenen Arbeit. Diese Erwartungen werden weiter unten noch präzisiert.

Da ich mich nun Heckhausen, Fend und damit einer empirisch-analytisch vorgehenden Erziehungswissenschaft verbunden wußte, hielt ich es für wichtig, diese Hypothesen mit Mitteln der systematischen, mit standardisierten Kategorien operierenden Unterrichtsbeobachtung zu prüfen. Es mußte also zunächst ein einfaches Verfahren entwickelt werden, mit dem das Verhalten der Schüler vor und nach Einführung des WP in den vier Projektklassen vergleichend analysiert werden konnte. Darüber werde ich im folgenden Abschnitt 2.1 berichten. Später habe ich dann versucht, mit Mitteln der systematischen Beobachtung die WP-spezifische Selbsteuerung des Schülerarbeitsverhaltens genauer zu untersuchen; davon wird der Abschnitt 2.2 handeln.

2.1 Vergleichende Analyse des Schülerverhaltens vor und nach Einführung des WP mit einem einfachen Beobachtungsverfahren

2.1.1 Definition der Kategorien; Präzisierung der Erwartungen, die mit der Einführung des WP verbunden wurden

Kategorie	1	Frontale Unterrichtssituation; Lehrer und Schüler beziehen sich im Rahmen einer frontalen Unterrichtssituation aufeinander. Erwartung: Beim WP-Unterricht werden immer wiederkehrende frontale Anweisungen des Lehrers durch die Eingabe eines schriftlichen Plans zu Beginn der Woche ersetzt; deshalb sollte die Häufigkeit dieser Kategorie weitgehend reduziert sein.
	2	Schüler bezieht sich als Mitglied einer Gruppe auf den Lehrer; z.B.: Schüler hört dem Lehrer zu, während dieser einer Schülergruppe, zu welcher der beobachtete Schüler gehört, eine Aufgabe erläutert. Erwartung: Eine Zunahme der Häufigkeit dieser Kategorie war zwar als direkte Folge des WP-Konzepts nicht zu erwarten, sie wäre aber begrüßt worden.
	3S	Schüler tritt allein und von sich aus zum Lehrer in Kontakt und kommuniziert mit ihm. Erwartung: Sofern dieser Kategorie bzw. dem korrespondierenden Verhalten Orientierungslosigkeit oder Abhängigkeit der Schüler vom Lehrer zugrunde gelegen hätte, so wäre Abnahme der Häufigkeit dieser Kategorie begrüßt worden. Da dies nicht entschieden werden konnte/kann, wurde/wird keine Erwartung formuliert.
	3L	Lehrer tritt zum beobachteten Schüler (und nur zu diesem) in Kontakt und kommuniziert mit ihm; z.B.: Schüler spricht mit dem Lehrer über eine Aufgabe. Erwartung: Wenn große Häufigkeit von 3S bedeutet hätte, daß der Lehrer weitgehend reaktiv tätig war, d.h. auf die Anfragen der Kinder reagierte, dann wäre eine Zunahme von 3L zu begrüßen; der Lehrer würde dann mehr nach seinen Gesichtspunkten auf die Kinder zugehen.

4a	Individuelle, aufgabenbezogene Tätigkeit. Erwartung: Da mit dem WP eine Klärung der Anforderungs-/Angebotsstruktur verbunden sein sollte, erwarteten wir eine Zunahme der Häufigkeit dieser Kategorie. 4a und 4b umfassen die Arbeit der Kind er an Planaufgaben und »freie«, nicht durch den Plan vorgegebene Tätigkeiten. Im WP-Unterricht führen die Kinder eine Reihe von Strukturierungs-, Kontroll- und Organisationstätigkeiten aus, die nicht als 4a/b, sondern mit Kategorie 5 (s.u.) erfaßt wurden, dies, um einen direkteren Vergleich der Aufgabenbearbeitung i.e.S. zu ermöglichen.
4b	Aufgabenbezogene Kommunikation mit anderen Schülern. Erwartung: Wegen des von den Lehrern bedauerten Symptoms, daß sich die Kinder bei der Arbeit voneinander immer mehr isolierten, wäre eine Zunahme der Häufigkeit dieser Kategorie zu begrüßen. Von der Struktur des WP her war dies nicht zu erwarten. Von Konkurrenz geprägte Interaktionen wurden von kooperativen nicht unterschieden.
5	Nichtaufgabenbezogene Tätigkeiten, wie: informelle Kommunikation, »Trödelei« u.ä. Erwartung: Weil die Orientierungsschwierigkeiten bei einigen Kindern in der Unterrichtssituation vor Einführung des WP zu relativ viel »Nichts-tun« geführt hatten, erwarteten wir eine Abnahme der Häufigkeit dieser Kategorie.
6	Störung aufgabenbezogener Tätigkeit (4a und 4b) durch äußere Ereignisse. Erwartung: Eine Abnahme der Häufigkeit wurde erwartet, da Kinder, die wissen, was sie tun sollen oder können, sich gegenseitig auch weniger stören.

Alle diese Kategorien sind auch in dem komplexeren Beobachtungssystem enthalten und werden in Abschnitt 2.2 unten etwas ausführlicher mit Beispielen erläutert.

2.1.2 Zur praktischen Durchführung und Technik der Beobachtungen

Die Beobachtungen wurden verdeckt und auf Distanz durchgeführt. Die Beobachter identifizierten zu Beginn einer Stunde ihre »Kandidaten«, postierten sich im Klassenzimmer und verfolgten von dort aus mit dem Blick ihre Schüler. Auch das ist eine Folge der SST-Theorie: Es interessierte mich weniger, was der Schüler z.B. rechnete oder las, auf welche Schwierigkeiten er bei einer Aufgabe im einzelnen stieß und wie es ihm gelingen könnte, diese zu meistern – ich hatte keine elaborierten Kategorien, um solche Prozesse zu verstehen und mich näher für sie zu interessieren. Mich interessierte, ob der Schüler »von sich aus« mit einer Arbeit begann und mit allen Zeichen subjektiven Engagements weiterführte oder ob er auch ohne »sanktionierende Kontrolle« des Lehrers bereit war, seine Arbeit wiederaufzunehmen, wenn er eine Pause gemacht hatte. Heute würde ich in einer Beobachtungsuntersuchung versuchen, dem Tatbestand Rechnung zu tragen, daß es wenig Sinn hat, diese beiden Betrachtungsebenen voneinander zu trennen.

In bezug auf die Beobachtungstechnik orientierte ich mich damals an Flanders (1970) und Diederich (1973), ohne allerdings deren methodische Raffinessen im einzelnen auf mein Verfahren anzuwenden – auch deshalb, weil nicht viel Zeit für sorgfältigere Vorarbeiten geblieben war.

Protokolliert wurde in 5-Sekunden-Intervallen, eine willkürliche Festlegung, die sich bei diesem Verfahren als zweckmäßig herausstellte. Etwa alle fünf Sekunden sollten die Beobachter eine Entscheidung darüber treffen, welche der Kategorien das gerade beobachtete Verhalten am besten repräsentierte. Sie sollten sich für eine Kategorie entscheiden, auch wenn relativ sehr kurz anders zu kategorisierende Verhaltenselemente im fraglichen Intervall vorkamen. Diese zeitliche Dominanzregel, in Verbindung mit der Zeitintervallmethode, wurde gewählt, um die Protokolle nicht nur nach Häufigkeiten, sondern u.a. auch nach der Länge von Sequenzen auswerten zu können, in denen interessierende Verhaltensklassen beobachtbar waren; das wird weiter unten noch erläutert. Zur Gewährleistung eines gleichmäßigen und bei Parallelbeobachtungen auch synchronen Eintragungsrythmus wurden Armbanduhren mit Sekundenzeiger verwendet.

Insgesamt sechs Beobachter, in der Mehrzahl Studenten der Pädagogik, waren tätig. Jeweils drei gingen in eine Klasse, wenn dort »freie Arbeitsphasen« bzw. WP-Unterricht vorgesehen war. Zum Teil nach Absprache mit den Lehrern, die an genaueren Protokollen über ausgewählte Schüler interessiert waren, wurden auf Schülerlisten diejenigen Schüler bestimmt, die beobachtet werden sollten. Jeder Beobachter hatte zwei Schüler und einen »Zusatzkandidaten«, die er im Wechsel jeweils fünf Minuten beobachten sollte, d.h.: »Short-time-sampling« und Rotationsprotokoll wurden als Techniken der Stichprobenbildung verwendet. Über die Mehrzahl der Schüler aus jeder der vier Klassen wurden Protokolle angefertigt. Von einer zufällig bestimmten Teilgruppe liegen jeweils mindestens zwei, meist aber mehr Protokolle vor, und zwar aus beiden Beobachtungsphasen, d.h. dem Unterricht vor und nach Einführung des WP-Konzepts. Die folgenden Auswertungen beziehen sich auf diese Stichproben, jeweils ein Viertel bis ein Drittel aller Schüler in den jeweiligen Klassen. Einige weitere Anmerkungen zu methodischen Eigenschaften des Beobachtungsverfahrens folgen in Abschnitt 2.1.7, wenn dem Leser die Art der Aussagen, die mit dem Instrument möglich sind, etwas vertrauter geworden sind.

2.1.3 Relative Häufigkeit der Kategorien vor und nach Einführung des Wochenplanmodells

Tab. 1: Relative Häufigkeit der Kategorien in % vor Einführung des WP und nach Einführung des WP für Stichproben aus vier Projektklassen

Kategorie	Klasse 1 vor WP	Klasse 1 mit WP	Klasse 2 vor WP	Klasse 2 mit WP	Klasse 3 vor WP	Klasse 3 mit WP	Klasse 4 vor WP	Klasse 4 mit WP
1	26,7	0,7	4,0	0,0	2,4	0,0	4,7	0,0
2	3,1	1,2	1,4	2,4	3,0	0,3	0,6	2,4
3S	1,1	0,9	1,2	2,3	1,9	5,3	0,8	0,5
3L	0,0	4,2	0,6	2,1	0,8	2,0	0,4	1,2
4a	19,1	17,3	51,3	34,2	40,4	34,3	26,9	39,2
4b	7,3	10,9	7,0	9,9	12,9	16,6	4,2	11,2
5	41,7	64,5	32,5	48,4	37,1	40,4	61,2	44,9
6	1,0	0,3	2,1	0,8	1,5	1,2	1,1	0,7
Summe	100,0	100,0	100,1	100,1	100,0	100,1	99,9	100,1
A	6,0	6,0	9,0	10,0	8,0	8,0	8,0	8,0
B	18,0	18,0	38,0	30,0	36,0	24,0	25,0	24,0
C	1080,0	1080,0	2280,0	1800,0	2160,0	1440,0	1500,0	1440,0

A = Zahl der beobachteten Schüler pro Klasse
B = Zahl der Protokolle à 5 Minuten
C = Zahl der Eintragungen (5-Sekunden-Intervalle)

Kommentar zu Tabelle 1:

a) Die Ausgangssituation (vor WP) in den vier Klassen scheint nicht dieselbe gewesen zu sein. In allen vier Klassen ist jedoch der Anteil der Kategorie 5 (»Nichtstun«, informelle Kommunikation, Organisationstätigkeiten) erstaunlich hoch. Ausgeprägte Arbeitsatmosphäre scheint weder vor noch nach Einführung des WP in den Klassen geherrscht zu haben. Dieses Ergebnis unterscheidet sich deutlich von WP-Beobachtungen in drei anderen Klassen, über die in Abschnitt 2.2 berichtet wird. Deutlich geworden ist jedoch, daß WP kein unterrichtsorganisatorisches »Allheilmittel« ist, mit dem allein und in jedem Fall schlagartig Verbesserungen einer – durch welche Bedingungen auch immer – gestörten Arbeitsbereitschaft der Schüler erreicht werden könnten.[1]

b) Die Daten entsprechen nur z.T. für alle Klassen in gleicher Weise den Erwartungen, nämlich : Frontale Unterrichtssituationen (Kategorie 1) verschwanden nach Einführung des WP fast ganz (das gilt natürlich nur für die WP-Stunden selbst). Die Lehrer scheinen im WP-Unterricht häufiger auf einzelne Schüler zu gegangen zu sein (3L); dies kann allerdings auch ein Effekt der Beobachtungstätigkeit sein, denn in 2 Klassen vermehrten sich gleichzeitig die schülerinitiierten Kontakte (3S).
   Aus der Sicht der Beobachter kommunizierten die Schüler im WP häufiger als in der Unterrichtssituation vorher über ihre Arbeitstätigkeit (4b). Störungen der Arbeitstätigkeit von außen (6) nahmen ab.
c) Ansonsten widersprechen die Daten eher den (optimistischen) Erwartungen. In den Klassen 1 und 2 scheint es zu einem echten »Einbruch« hinsichtlich der effektiven Arbeitszeit der Schüler gekommen zu sein. Das läßt sich vor allem an der Häufigkeitszunahme von Kategorie 5 in diesen beiden Klassen ablesen; das gilt auch dann, wenn man 10% für WP-spezifische Organisationstätigkeit abzieht. Die beobachteten Schüler aus den Klassen 2 und 3 initiierten im WP-Unterricht häufiger Kontakte zum Lehrer; ob und inwieweit die dahinter stehenden Anliegen problematisch waren, muß allerdings offenbleiben.
   In Klasse 1 wurde das WP-Konzept nur teilweise verwirklicht. Der Lehrer wußte nicht recht, ob er es ganz einführen sollte oder nicht. Eventuell hatte sich die Verwirrung der Kinder also noch weiter vergrößert. Möglicherweise ist es auch von daher zu erklären, daß die Kinder aus dieser Klasse nur gut ein Viertel ihrer WP-Unterrichtszeit für individuelle und kooperative aufgabenbezogene Tätigkeit (4a und 4b) verwendeten. Bemerkenswert auch: Durch die Einführung des WP individualisieren drei der vier Lehrer ihre Kontakte zu ihren Schülern; sie gehen seltener auf beobachtete Schüler als Mitglied einer Gruppe zu (Kategorie 2).

2.1.4 Durchschnittliche Länge der Sequenzen, in denen Kategorien ohne Unterbrechung vorkamen

Die Einbeziehung dieser Variable – sie ist bei Beobachtungsuntersuchungen nicht üblich – ging von Überlegungen aus, die sich zunächst hauptsächlich auf die Kategorie 4a bezogen: Zwei Schüler mögen einen großen Teil ihrer Unter-

1 Alle diese und die folgenden Aussagen gelten immer nur insoweit, als sie mit dem gegebenen Beobachtungsinstrument unter den Bedingungen seiner Anwendung gemacht werden können.

richtszeit »arbeiten« (relativer Anteil von 4a); der eine kann dies in vielen kurzen Phasen tun, mit vielen Unterbrechungen, der andere aber in relativ längeren Phasen mit weniger Unterbrechungen. Im letzten Fall könnte man sagen: Dieser Schüler arbeitet vergleichsweise konzentriert und kontinuierlich. Wir vermuteten, daß der WP für die Schüler Rahmenbedingungen schafft, die ihnen das »Arbeiten« in diesem Sinne erleichtern würden. Danach wurden dann auch Erwartungen über Sequenzlängen bei anderen Kategorien formuliert:

Kategorie 1: Keine besondere Bedeutung, da diese Kategorie im WP-Unterricht kaum mehr vorkommt.

Kategorie 2: Wir erwarteten und erhofften, die Länge von Sequenzen dieser Kategorie (Gruppenkontakte des Lehrers) würde sich erhöhen, da der Lehrer bei Einführung des WP weniger mit kurzfristigen Reaktionen auf die Orientierungslosigkeit der Kinder befaßt sein würde, sondern sich in längeren Sequenzen auf inhaltliche Probleme der Kindergruppen beziehen könnte.

Kategorie 3S und 3L: Eine Verlängerung dieser Sequenzen erwarteten und erhofften wir. Begründung wie bei Kategorie 2.

Kategorie 4a: Verlängerung. Begründung s.o.

Kategorie 4b: Zwar folgt eine Verlängerung der Phasen kooperativer Arbeit nicht direkt aus der Struktur des WP, sie wäre aber begrüßt worden.

Kategorie 5: Viele kurze Phasen von Kategorie 5 wurden gedeutet als ein Hinweis darauf, daß die Kinder keine bewußten Arbeitspausen machen, sondern abgelenkt werden bzw. sich leicht ablenken lassen. Sofern eine Verlängerung dieser Sequenzen nicht mit einer starken Zunahme des relativen Anteils dieser Kategorie einhergehen würde, so erwarteten und erhofften wir sie.

Kategorie 6 : Keine besondere Bedeutung, da »störende Einflüsse von außen« meist ohnehin nur ganz kurz waren. Bei dieser Kategorie wurde also auch eine Ausnahme von der »zeitlichen Dominanzregel« (vgl. S. 27) gemacht.

Die unten in Tabelle 2 folgenden Sequenzlängenmaße sind so zu interpretieren: Eine durchschnittliche Sequenzlänge von 5,0 bei Kategorie 4a bedeutet z.B., daß die Kinder der entsprechenden Stichprobe durchschnittlich in Phasen von 6 Beobachtungsintervallen à 5 Sekunden »arbeiteten«, dann hörten sie entweder von selber auf oder wurden unterbrochen. Die Sequenzlängen geben an, wie oft durchschnittlich 4a auf 4a folgte. Beispiel: 5-5-5-4a-4a-4a-4a-4a-4a-5-5 ...Hier folgt 4a fünf Mal auf 4a; als 4a-Sequenzlänge würde »5« ausgewertet.

Das erste 4a fällt nicht unter den Tisch; es würde in den Übergangsmatrizen unter 5-4a erscheinen; d.h., in die Sequenzmaße ist das einmalige Vorkommen einer Kategorie, z.B.: 5-4a-5, nicht eingegangen. Generell wird die Länge der Sequenzen durch ein 5-Minuten-Protokoll wohl aber eher unterschätzt, weil längere Phasen eine schlechtere Chance haben, vollständig in das relativ kurze Protokoll aufgenommen zu werden.

Tab. 2: Durchnittliche Länge der Sequenzen bei den Kategorien 2 bis 5 vor und nach Einführung des WP in vier Projektklassen

Kategorie	Klasse 1 vor WP	Klasse 1 mit WP	Klasse 2 vor WP	Klasse 2 mit WP	Klasse 3 vor WP	Klasse 3 mit WP	Klasse 4 vor WP	Klasse 4 mit WP
2	3,3	3,0	3,2	2,3	2,7	3,0	2,5	4,0
3S	2,3	1,8	2,0	2,3	1,6	3,0	3,2	7,0
3L	–	6,5	2,5	4,1	1,4	2,7	5,0	7,5
4a	3,5	4,4	6,5	5,2	6,9	6,9	5,2	5,0
4b	3,4	3,9	3,5	4,1	4,6	4,6	1,8	2,6
5	7,1	12,2	7,0	9,2	6,3	10,0	10,0	9,6

Kommentar zu Tabelle 2:

Die Ergebnisse entsprechen wieder nur z.T. den Erwartungen; am deutlichsten werden sie wieder durch die Daten aus Klasse 4 bestätigt, aber auch da nicht durchgängig. Einheitliche Tendenzen in allen vier Klassen sind folgende:

Aus der Sicht der Beobachter gingen die Lehrer länger »am Stück« auf einzelne Schüler ein (Kategorien 3L und 3S); man könnte das als einen Hinweis auf eine verbesserte »Konzentration« und »Verstetigung« des Lehrerverhaltens ansehen, ermöglicht durch die Entlastung von »Management«-Aufgaben im WP-Unterricht. Die Kinder kooperierten nicht nur häufiger, sondern sie taten das in drei der vier Klassen auch in längeren Sequenzen (4b). Ein Anstieg der Kategorienhäufigkeit muß nicht mit einer Verlängerung der entsprechenden Sequenzen einhergehen – das zeigen deutlich die Befunde zu Kategorie 4a in Klasse 4: Dem Anstieg der relativen Häufigkeit korrespondiert ein Gleichbleiben der Sequenzlänge. Eher umgekehrt verhält es sich bei Klasse 1.

In den Klassen 1 bis 3 wurden die 5-5-Sequenzen länger. In Klasse 4 waren die »Pausen« schon vor Einführung des WP relativ lang. In den Fällen, in denen dies nicht mit einer starken Häufigkeitszunahme von Kategorie 5 einhergeht (wie vor allem bei Klasse 1), könnte das positiv (für den WP sprechend) interpretiert werden: Die Kinder nahmen sich im WP-Unterricht eher das Recht, nach längeren Anstrengungen auch einmal eine längere Pause einzulegen. Es muß allerdings bedacht werden, daß bei dieser Untersuchung unter Kategorie 5 auch die WP-spezifische Organisationstätigkeit der Schüler erfaßt wurde. Die zentrale Erwartung, die wir mit der Einführung des WP in den vier Klassen verbunden hatten, fand im wesentlichen keine Bestätigung durch die Beobachtungsdaten: Die Länge der 4a-4a-Sequenzen hat sich nicht deutlich erhöht, die Persistenz des Arbeitsverhaltens scheint sich durch die WP-Einführung nicht verbessert zu haben.

Diese Enttäuschung brachte mich zu folgender Überlegung: Könnte es auch sein, daß die kombinierten 4a-4b-Sequenzen länger geworden sind, d.h. also, 4a-Sequenzen im WP-Unterricht häufiger durch 4b-Sequenzen unterbrochen worden sind und umgekehrt? Die zusammengefaßten 4a-4b-Sequenzen ergaben folgende Durchschnittswerte für die vier Klassen; darunter sind die »reinen« 4a- und 4b-Sequenzlängen zum Vergleich nochmals wiedergegeben.

Tab. 3: Zusammengefaßte (kombinierte) 4a-4b-Sequenzlängenmittelwerte und »reine« 4a- und 4b-Sequenzlängendurchschnitte; weitere Erläuterungen im Text

	Klasse 1		**Klasse 2**		**Klasse 3**		**Klasse 4**	
	vor WP	**mit WP**	**vor WP**	**mit WP**	**vor WP**	**mit WP**	**vor WP**	**mit WP**
Zusammengefaßte 4a-4b-Sequenzen	6,4	7,2	12,2	9,4	9,1	11,6	5,8	8,4
4a-4a-Sequenzen	3,5	4,4	6,5	5,2	6,9	6,9	5,2	5,0
4b-4b-Sequenzen	3,4	3,9	3,5	4,1	4,6	4,6	1,8	2,6

Kommentar zu Tabelle 3:

Bei den Klassen 3 und 4 wird die Zunahme der mittleren Sequenzlänge im Sinne der Erwartung deutlich. Besonders interessant ist das Ergebnis bei Klasse 3: Obwohl sich die »reinen« 4a- und 4b-Sequenzen jeweils nicht veränderten (im Mittel) kommt es zu einer Verlängerung der 4a-4b-Sequenzen, d.h., die Kinder organisierten ihr Arbeitsverhalten um, im Sinne einer besseren oder zumindest häufigeren Verknüpfung von individuellen und kooperativen Arbeitsphasen. In Klasse 2 korrespondiert dem »Einbruch« hinsichtlich effektiver Arbeitszeit im WP-Unterricht ein Rückgang in der Kontinuität des Arbeitsverhaltens.

2.1.5 Einige Muster des Übergangs zwischen Kategorien

Bisher waren – und das ist in der empirischen Unterrichtsforschung mit Beobachtungsverfahren üblich – Häufigkeiten von Ereignissen (bzw. Kategorisierungen) analysiert worden. Seltener werden jedoch Sequenzlängen und Muster der Verknüpfung von Verhaltenselementen definiert und untersucht. Diese zuletzt genannte Art der Analyse, d.h. die Darstellung von Ereignisketten in Übergangsmatrizen, hatte ich von Flanders (1970) übernommen. Die Behauptung, in den Klassen 3 und 4 sei es nach Einführung des WP-Modells zu einer besseren (genauer: häufigeren) Verknüpfung von individuellen (4a) und kooperativen Arbeitsphasen (4b) gekommen, kann nochmals geprüft werden, indem wir fragen, wovon (von welchen Kategorien) 4a- und 4b-Phasen jeweils unterbrochen wurden, und ob sich mit der Einführung des WP Verschiebungen im Sinne der Erwartung ergaben.

Tab. 4: Häufigkeit des Übergangs von Kategorie 4a zu anderen Kategorien in %. Diese Tabelle ist aus den Gesamtübergangsmatrizen der vier Klassen zusammengestellt, so daß sich als Summe (Total) jeweils die relativen Anteile der Kategorie 4a ergeben (vgl. Tab. 1, S. 28)

Übergangskategorie nach 4a	**Klasse 1**		**Klasse 2**		**Klasse 3**		**Klasse 4**	
	vor WP	**mit WP**	**vor WP**	**mit WP**	**vor WP**	**mit WP**	**vor WP**	**mit WP**
4a – 1	1,2	0,0	0,3	0,0	0,1	0,0	0,0	0,0
4a – 2	0,6	0,0	0,4	0,3	0,3	0,0	0,0	0,1
4a – 3S	0,0	0,1	0,1	0,1	0,3	0,6	0,0	0,0
4a – 3L	0,0	0,1	0,0	0,1	0,2	0,1	0,0	0,1
4a – 4a	13,5	13,9	44,1	28,4	34,9	29,4	22,0	32,5
4a – 4b	1,2	0,9	2,1	1,7	1,6	2,2	1,1	2,9
4a – 5	2,1	2,3	3,4	2,9	2,3	1,6	3,1	3,1
4a – 6	0,5	0,1	0,9	0,6	0,9	0,5	0,7	0,5
Total %	19,1	17,4	51,3	34,1	40,6	34,4	26,9	39,2

Tab 5: Häufigkeit der Übergänge von Kategorie 4b zu anderen in %; weitere Erläuterungen bei Tabelle 4

Übergangskategorie nach 4b	**Klasse 1**		**Klasse 2**		**Klasse 3**		**Klasse 4**	
	vor WP	**mit WP**	**vor WP**	**mit WP**	**vor WP**	**mit WP**	**vor WP**	**mit WP**
4b – 1	0,0	0,0	0,0	0,0	0,0	0,1	0,0	0,0
4b – 2	0,1	0,0	0,0	0,2	0,1	0,0	0,0	0,1
4b – 3S	0,0	0,1	0,1	0,0	0,0	0,1	0,0	0,0
4b – 3L	0,0	0,0	0,0	0,1	0,0	0,1	0,0	0,0
4b – 4a	1,1	1,1	2,1	1,7	1,0	1,7	1,2	2,6
4b – 4b	5,2	8,6	4,5	7,2	10,2	13,2	1,9	6,8
4b – 5	0,9	1,1	0,4	0,8	1,4	1,5	1,0	1,6
4b – 6	0,0	0,1	0,1	0,1	0,1	0,0	0,1	0,1
Total %	7,3	11,0	7,2	10,1	12,8	16,7	4,2	11,2

Kommentar zu den Tabellen 4 und 5:

Die Erwartung (häufigere Verknüpfung von individuellen und kooperativen Arbeitsphasen im WP-Unterricht) findet Bestätigung nur durch die Daten aus den Klassen 3 und 4: Die Übergänge 4a – 4b und 4b – 4a kommen in den Protokollen aus dem WP-Unterricht häufiger vor, als auf Grund der Häufigkeitsänderungen der jeweiligen Übergangskategorie zu erwarten gewesen wäre. In den beiden anderen Klassen scheint es eher zu einer gegenläufigen Veränderung in den Verknüpfungsmustern des Schülerarbeitsverhaltens gekommen zu sein: Obwohl die Häufigkeit von Kategorie 4b (Kooperation) auch in diesen beiden Klassen zugenommen hatte, folgte 4b im WP-Unterricht aus der Sicht der Beobachter seltener auf 4a als vor Einführung des WP-Konzepts.

Eine andere Art von Übergangsfragestellungen bezieht sich auf Kategorie 5. Ich sah es als beobachtbares Indiz von »Selbststeuerung«, wenn Kinder nach Phasen der »Trödelei« usw. oder informeller Kommunikation sich ohne Lehrerintervention ihrer Arbeit wieder zuwenden würden. Ich erwartete und erhoffte also, daß mit der Einführung des WP die Übergänge 5 – 4a/b häufiger und die Übergänge 5 – 2/3S/3L seltener würden. Entsprechendes Datenmaterial enthält die Tabelle 6:

Tab. 6: Häufigkeit der Übergänge von Kategorie 5 zu anderen in %; weitere Erläuterungen bei Tabelle 4 (S. 33)

Übergangskategorie nach 5	**Klasse 1**		**Klasse 2**		**Klasse 3**		**Klasse 4**	
	vor WP	**mit WP**	**vor WP**	**mit WP**	**vor WP**	**mit WP**	**vor WP**	**mit WP**
5 - 1	2,5	0,1	0,3	0,0	0,2	0,0	0,9	0,0
5 - 2	0,1	0,3	0,1	0,1	0,6	0,0	0,1	0,4
5 - 3S	0,3	0,2	0,2	0,5	0,9	1,0	0,2	0,0
5 - 3L	0,0	0,6	0,1	0,3	0,1	0,3	0,1	0,0
5 - 4a	2,2	2,3	3,4	3,2	3,3	2,1	3,3	3,5
5 - 4b	1,0	1,3	0,3	0,8	1,2	1,3	0,8	1,2
5 - 5	35,6	59,6	28,0	43,2	30,1	35,6	55,8	39,9
5 - 6	0,0	0,1	0,1	0,1	0,1	0,1	0,0	0,1

Kommentar zu Tabelle 6:

Die Daten widersprechen eher den Erwartungen. Die Häufigkeit, mit der Kinder nach »Trödeleien« (5) von sich aus wieder anfangen zu arbeiten, hat mit der Einführung des WP nicht zugenommen; Phasen kooperativer Arbeit (4b) nach informeller Kommunikation (5) wurden von den Beobachtern im WP-Unterricht häufiger protokolliert als vor Einführung des WP; allerdings halten sich diese Veränderungen in Grenzen, wie sie durch die Häufigkeitszunahme von 4b allein zu erwarten waren. Zu einer grundlegenden Umstrukturierung von Verhaltensmustern (auf Grund verstärkter SST) scheint es nicht gekommen zu sein. Entgegen den Erwartungen haben die Beobachter den Übergang 5 – 3L im WP-Unterricht von drei der vier Klassen sogar häufiger protokolliert. Zu berücksichtigen ist bei dieser »Enttäuschung«, daß WP-spezifische Organisationstätigkeit der Schüler auch unter Kategorie 5 erfaßt wurde.

2.1.6 *Beobachtungsdaten von Schülern bzw. Schülergruppen und ihr Verhältnis zu anderen Schülermerkmalen*

Aus den Verlaufsprotokollen lassen sich, wie wir gesehen haben, diverse Indikatoren bilden (Häufigkeiten, Sequenzlängen, Übergangsmuster). Diese können auf ganze Schulklassen (bzw. Stichproben), aber auch – gewissermaßen individualdiagnostisch – auf einzelne Schüler bezogen werden.

Als Leistungsmotivationstheoretiker und empirisch arbeitender Unterrichtsforscher fragte ich also: Hängen Kennwerte des WP-Arbeitsverhaltens einzelner Schüler (z.B. Häufigkeit und Persistenz von Arbeitsphasen) mit anderen individuellen Merkmalen der Schüler zusammen, nämlich Leistungsmotivation[2], Schulleistung[3] , Einstufungen des Arbeitsverhaltens[4] und Geschlecht? Die Antwort darauf lautet zusammenfassend: nein . Entweder können drei 5-Minuten-Protokolle nicht zu Aussagen über zeitlich relativ stabile Verhaltensmerkmale führen (mangelnde Reliabilität der Verhaltensstichprobe im Sinne fehlender Zeitstabilität des untersuchten Merkmals), oder die vermuteten Zusammenhänge bestehen »im Prinzip« nicht. Kounin (1976) hat mit seinen Forschungen auch gezeigt, in welchem Maße die Mitarbeit von Schülern im Unterricht situationsabhängig ist.

Auf der Ebene individueller Schüler und einzelner Verhaltensindikatoren waren Zusammenhänge also nicht aufweisbar.

Im Anschluß an eine Forschungsrichtung, die nach den differentiellen Effekten von Unterrichtsmethoden fragt (was für Schüler A gut ist, d.h. Lernfortschritt ermöglicht, muß für Schüler B nicht auch gut sein; vgl. etwa Flammer 1975, Treiber/Petermann 1976), definierte ich das Problem anders: Lassen sich Gruppen von Schülern ausmachen, deren Arbeitsverhalten (gemäß »multipler« Merkmale in ihren Protokollen) sich nach Einführung des WP in auffälliger Weise veränderte, und zeichnen sich diese Schülergruppen durch bestimmte Merkmale aus? Profitieren bestimmte Schülergruppen in besonderer Weise von der Veränderung der Unterrichtsorganisation? Es wurden zunächst jene Schüler bzw. deren Protokolle ausgewählt, über die jeweils mindestens zwei Protokolle à 5 Minuten aus beiden Beobachtungphasen vorlagen. Nach mehre-

2 Die »Leistungsmotivation« wurde mit einer gekürzten Version des »GITTER«-Tests von Schmaldt (1973, 1976) erfaßt. Herrn Schmaldt sei an dieser Stelle Dank dafür ausgesprochen, daß er dem Grundschulprojekt eine bis dahin nicht veröffentlichte Version seines Tests zur Verfügung gestellt hatte.

3 An Hand der Schulzeugnisse, die den Kindern kurz vor Einführung des WP in ihren Klassen ausgestellt worden waren, hatte ich einen durchschnittlichen Schulleistungsrang in vier Stufen gebildet.

4 Die traditionellen Kopfnoten wurden in den Projektklassen durch mehr beschreibende Beurteilungen des Arbeits- und Sozialverhaltens ersetzt. Für den vorliegenden Untersuchungszweck teilte ich die Beurteilungen der Lehrer grob vier Rangstufen zu. Bei der Beurteilung des Arbeitsverhaltens der Schüler wurde vor allem Selbständigkeit, »Konzentration« und Effektivität der Mitarbeit im Unterricht berücksichtigt. Die von mir nachträglich gebildeten Rangstufen sind also nur ein ganz grobes Rating, das dem Anliegen der beschreibend gehaltenen Beurteilungen eigentlich zuwiderläuft.

ren Kriterien (Anteil individueller und kooperativer Aufgabenbearbeitung, Sequenzlängen, Häufigkeit von Unterbrechungen der Arbeit) wurden dann die Protokolle aus der ersten Phase (vor WP) und der zweiten Phase (mit WP) miteinander verglichen. Bei 22 von 26 Schülern aus den Klassen 2 bis 4 schien es mir möglich, sie einer von vier Gruppen zuzuordnen, die nach Ausmaß und Eindeutigkeit der Fortschritte bzw. Rückschritte im Arbeitsverhalten bei Einführung des WP unterschieden wurden. Protokolle aus Klasse 1 verwendete ich nicht, da hier das WP-Konzept nicht eindeutig realisiert worden war. Die »Außenkriterien« in der folgenden Tabelle 7 sind mit den auf S. 35 angegebenen Maßen identisch. »Nettohoffnung« ist ein Kennwert des Leistungsmotivs gemäß »GITTER«-Test; je höher dieser Wert bei einem Individuum, um so stärker ausgeprägt ist die »Erfolgsorientierung«, und um so schwächer sind die »Mißerfolgsbefürchtungen«. Strenggenommen ist die Operation der Mittelwertbildung bei den gegebenen Daten nicht angebracht (Skalenniveau). Im Rahmen einer ersten, pilotstudienartigen Orientierung über die Fragestellung erscheint es mir jedoch unproblematisch, so zu verfahren.

Tab. 7: Mittelwerte verschiedener »Außenkriterien« und Geschlechterverteilung für Schülergruppen, die mit der Einführung des WP in unterschiedlichem Maße Fort- bzw. Rückschritte im beobachteten Arbeitsverhalten machten, weitere Erläuterungen im Text

Gruppe mit	**Mittelwert »Nettohoffnung«**	**Mittlerer Schulleistungsrang**	**Einstufung des Arbeitsverhaltens**	**Junge/Mädchen**
I. erheblichen Fortschritten (N=5)	5,8	2,6	1,8	4 / 1
II. mäßigen Fortschritten (N=7)	11,6	2,4	2,6	6 / 1
III. mäßigen Rückschritten (N=4)	10,3	1,8	2,0	1 / 3
IV. erheblichen Rückschritten (N=6)	1,9	2,5	2,5	2 / 4

Kommentar zu Tabelle 7:

Leistungsmotiv (hier: Kennwert zur »Erfolgsorientierung«) und Schulleistungsrang scheinen mit den (multipel definierten) Veränderungen im Arbeitsverhalten bei Einführung des WP nicht zusammenzuhängen – bei den kleinen Stichprobenumfängen und der mangelnden Reliabilität (Zeitstabilität) der Verhaltensstichproben können Zufallseinflüsse natürlich ohne weiteres eine große Rolle spielen. Der relativ niedrige Mittelwert von Gruppe IV bei »Nettohoffnung« entstand im wesentlichen durch einen Schüler mit stark negativer Nettohoffnung. Gleichwohl, dieser erneute Mißerfolg bei meinen damaligen Versuchen, zur Leistungsmotivationsforschung beizutragen, spricht in gewisser Weise für das WP-Konzept: Die Schüler mußten nicht in besonderer Weise leistungsmotiviert, d.h. erfolgsorientiert im Sinne des GITTER-Tests, sein, um im WP-Unterricht ihr Arbeitsverhalten zu verbessern. Häufigkeit und Persistenz des Arbeitsverhaltens im WP-Unterricht (soweit dies mit dem Beobachtungsinstrument definiert und erfaßt werden konnte) scheinen von anderen Faktoren als dem Ausprägungsgrad des individuellen Leistungsmotivs abzuhängen. Das Arbeitsverhalten der Schüler mit klaren Fortschritten bei Einführung des WP (Gruppe I) wurde von ihren Lehrern schon vorher durchgängig positiv beurteilt. Kein Schüler dieser Gruppe erhielt von seinem Lehrer eine unterdurchschnittliche Beurteilung; in den anderen Gruppen variieren die Einstufungen stärker. In Gruppe I sind drei Schüler, deren Schulleistungen als eher nur mäßig eingestuft wurden, während sonst beide Einstufungen eher miteinander korrespondieren. WP als »Arbeitshilfe« für Schüler mit eher schwachen Schulleistungen, aber einer guten »Arbeitsmoral« – das erscheint mir als nicht ganz abwegige Hypothese. Den deutlichsten Effekt scheint das Geschlecht der Schüler in unserer kleinen Stichprobe gehabt zu haben. Es sieht so aus, als seien für die Jungen die Arbeitsbedingungen mit der Einführung des WP günstiger geworden. Vorher hatten die Mädchen mehr und mit größerer Persistenz gearbeitet; diese Unterschiede haben sich nach der Einführung des WP ausgeglichen.

2.1.7 Methodenexkurs: Zuverlässigkeit und Kritik des Beobachtungsverfahrens

1. *Beobachterübereinstimmung*: Die Einführung der Beobachtergruppe in das Verfahren und Beobachtertraining i.e.S. war nur sehr kurzfristig und oberflächlich möglich, gemessen an dem Aufwand, der sonst in dieser Richtung manchmal getrieben wird. Jeder Beobachter konnte in der ersten Beobachtungsphase mindestens bei fünf 5-Minuten-Protokollen und in der zweiten Phase bei mindestens drei Protokollen seine Anwendung und Interpretation der Kategorien durch Vergleich mit dem parallelen Protokoll eines anderen Beobachters überprüfen. »Fehler« der Beobachtung wurden in zweierlei Weise definiert (in Anlehnung an Diederich 1973, S. 192f):

   a) Nichtübereinstimmung der Eintragungen in zwei parallelen und synchronen Protokollen; diese Fehler waren starken Schwankungen unterworfen: von 0% bis 35% der Eintragungen, mit einem Mittel von 15%.
   b) Prozentuale Abweichung der Kategorienhäufigkeiten pro Protokoll (Randsummen); erwartungsgemäß waren diese Fehler geringer, weil viele nichtübereinstimmende Eintragungen (Fehler a) sich aufhoben, insbesondere dann, wenn die Synchronisation der Parallelprotokollation nicht perfekt war. Die so definierte Nichtübereinstimmung lag im Mittel bei 7%.

Beide Werte können in Anbetracht der »Umstände« als noch akzeptabel betrachtet werden. Darin liegt der Vorteil einfacher Kategoriensysteme: Es lassen sich relativ schnell und ohne großen Trainingsaufwand passable Beobachterübereinstimmungen erzielen.

2. *Reliabilität i.w.S.*: Es genügt nicht, Reliabilität nur als Beobachterübereinstimmung zu definieren. Zwei parallele Protokolle à 5 Minuten können zu 100% übereinstimmen, und doch können sie gänzlich unzuverlässig sein, dann nämlich, wenn diese Verhaltensstichprobe (bzw. das entsprechende Protokoll) völlig anders ausfällt als eine weitere Stichprobe in derselben Klasse bei unveränderten Randbedingungen.
Über die Verhaltensmuster einzelner Schüler konnten mit drei 5-Minuten-Protokollen kaum zuverlässige Aussagen gemacht werden. Am Beispiel. Die mittleren Sequenzlängen von Kategorie 4a (individuelle, aufgabenbezogene Tätigkeit), berechnet aus zwei Protokollen, erlaubten kaum eine Voraussage darüber, wie diese Kennwerte bei zwei weiteren Protokollen über denselben Schüler ausfielen. Entsprechende Korrelationsrechnungen erbrachten zwar keine negativen, meist aber doch sehr niedrige Koeffizienten. Reliabilität kann und sollte nicht nur auf einzelne Schüler, sondern auch auf Schulklassen (Gruppen) und Situationen (Unterrichtsformen) bezogen werden. In Anlehnung an das Reliabilitätskonzept von Medley und Mitzel (1970)[5] stellte ich einige Überlegungen zur Reliabilität in diesem weiteren Sinne an: Weiter oben (in Abschnitt 2.1.3, S. 23f) wurden relative Häufigkeiten von Kategorien vergleichend analysiert, z.B.: Vergleich der Häufigkeit bestimmter Kategorien vor und nach Einführung des WP oder zwischen verschiedenen Klassen. Wenn das Verfahren halbwegs zuverlässige Aussagen dieser Art überhaupt erlaubt, dann müßten sich die Häufigkeitsverteilungen der Kategorien aus verschiedenen Stichproben mehr oder weniger ähnlich sein – z.B. sollte diese Ähnlichkeit bei zwei Stichproben aus einer Klasse unter sonst gleichen Bedingungen größer sein als bei zwei Stichproben aus zwei verschiedenen Klassen. Ich postulierte dann eine Rangfolge der Ähnlichkeit von Verteilungen für verschiedene Fälle des Vergleichs von zwei Stichproben – über einzelne Rangeinstufungen läßt sich dabei durchaus streiten. Ein Maß für die Ähnlichkeit von Verteilungen liefert das Chi-Quadrat-Verfahren. Die folgende Tabelle 8 gibt an, welche Chi-Quadrat-Werte für verschiedene Vergleichsfälle ermittelt wurden (7x2-Feldertest; df = 6)

5 Ich hatte damals, zum Zeitpunkt der Durchführung und Auswertung dieser Teiluntersuchung, nur die Grundidee des Modells von Medley und Mitzel verstanden, weil mir varianzanalytische Verfahren und Denkweisen im einzelnen noch nicht vertraut waren. Im übrigen wäre einiger Mehraufwand erforderlich gewesen, um die Voraussetzungen des Modells zu erfüllen.

Tab. 8: Chi-Quadrat-Werte für den Vergleich der Häufigkeitsverteilungen bei unterschiedlichen Stichproben			
Stichproben aus:	**Klasse(n)**	**Realisierte Unterrichtsform**	**Chi-Quadrat-Werte**
einer Klasse; gleiche Unterrichtsform	4 – 4	vor WP	54,6
dito	3 – 3	vor WP	10,8
zwei Klassen; gleiche Unterrichtsform	3 – 4	WP	109,4
dito	1 – 4	WP	183,3
einer Klasse, versch. Unterrichtsform	3 – 3	vor WP/mit WP	126,6
dito	4 – 4	vor WP/mit WP	208,9
zwei Klassen; versch. Unterrichtsform	2 – 3	vor WP/mit WP	286,6
dito	1 – 4	vor WP/mit WP	409,7

Kommentar zu Tabelle 8:

In varianzanalytischer Ausdrucksweise könnte man sagen: In der Reihenfolge der Fälle von oben nach unten kommen zusätzliche Variationsquellen ins Spiel. Im großen und ganzen entsprechen die Werte den Erwartungen; das Beobachtungsverfahren kann also nicht völlig unreliabel sein – viel mehr läßt sich auf Grund dieser Daten allerdings nicht sagen. Die einzige Enttäuschung ist der erste Wert in Tabelle 8: Zwei Stichproben aus derselben Klasse zu demselben Zeitpunkt (gleiche Unterrichtsform) ergaben signifikant verschiedene Verteilungen der Kategorien. Allerdings ist dieser Wert der zweitkleinste überhaupt. Klasse 1, in der das WP-Konzept nicht vollständig realisiert wurde, erwies sich auch bei diesem Test als »Abweichler«.

2.1.8 Zusammenfassung der Ergebnisse (inhaltlich)

Schon vor Einführung des WP-Modells in den vier Projektklassen scheint dort nicht gerade eine ausgeprägte Arbeitsatmosphäre geherrscht zu haben, und nur in bestimmten Hinsichten entstanden im Zusammenhang und im Gefolge der Innovation positive Veränderungen in bezug auf das Arbeitsverhalten der Schüler. Nur in einer der vier Klassen notierten die sechs Beobachter nach Einführung des WP deutlich häufiger als vorher jene Kategorien, die individuelle oder kooperative Arbeit an planmäßig vorgegebenen oder selbstgewählten Aufgaben indizieren. In zwei Klassen scheinen »Trödelei« und »informelle Kommunikation« im WP-Unterricht eher noch zugenommen zu haben.

Durchgängig in allen vier Klassen erhöhte sich allerdings der Anteil aufgabenbezogener Kommunikation der Schüler. Darüber hinaus ergaben sich Anzeichen dafür, daß die beobachteten Kinder im WP-Unterricht individuelle und kooperative Arbeitssequenzen häufiger miteinander verknüpften, als auf Grund der Häufigkeitsveränderungen allein zu erwarten gewesen wäre. In allen vier Klassen notierten die Beobachter im WP-Unterricht seltener als vorher Unterbrechungen der aufgabenbezogenen Tätigkeit durch äußere Störeinflüsse. Die Jungen scheinen bei Einführung des WP eher Fortschritte im beobachtbaren Arbeitsverhalten gemacht zu haben und sich so in Häufigkeit und Persistenz des Arbeitsverhaltens den Mädchen angeglichen zu haben.

Mit einem Organisationsmodell für Angebote und Anforderungen im Unterricht (= WP) allein wird es nicht möglich sein, alle oder auch nur einen wesentlichen Teil der Lehr-, Lern- und Motivierungsprobleme zu lösen, die – wie im einzelnen auch immer – die beobachteten Einschränkungen hinsichtlich der Mitarbeitsbereitschaft der Schüler hervorgebracht haben mögen.

Möglicherweise erbringt die Auswertung von Beobachtungen mit einem speziell auf die WP-Arbeit zugeschnittenen Kategoriensystem einige weitere Aufschlüsse über die Schwierigkeiten und Möglichkeiten von Grundschülern, im WP-Unterricht »selbstgesteuert« zu arbeiten. Diese Arbeit begann einige Jahre nach diesen ersten Versuchen mit standardisierter Unterrichtsbeobachtung in drei anderen Grundschulklassen, in denen das WP-Modell erprobt wurde.

2.2 Beobachtungen zum Schülerverhalten im WP-Unterricht mit einem komplexeren Beobachtungsverfahren

Mit dem zweiten Kategoriensystem sollte die WP-spezifische »Selbststeuerung« des Verhaltens von Schülern direkter erfaßbar gemacht werden. Zur Präzisierung dessen, was diese SST sein könne, hatte ich ein »Prozeßmodell der WP-Arbeit« (vgl. S. 41) entworfen, das sich seinerseits am »Prozeßmodell der Leistungsmotivation« orientierte, wie Heckhausen es in einem seiner Beiträge zum Funkkolleg »Pädagogische Psychologie« dargestellt hatte (Heckhausen 1974a). Die zentrale Annahme der Prozeßmodelle und auch des Kategoriensystems lautet: Schüler handeln bei ihrer WP-Arbeit gemäß einem Zyklus aus drei Phasen, nämlich: STRUKTURIERUNG, ARBEIT und RÜCKMELDUNG[6].

Zunächst bemühen sie sich in einer STRUKTURIERUNGs-Phase, Informationen über die vorgegebenen Anforderungen und Angebote zu bekommen, eigene Entscheidungen zu erwägen, sich dabei u.U. mit anderen Schülern oder dem Lehrer zu beraten, um sich schließlich auf eine der Möglichkeiten festzulegen. Die Schüler geben sich den Impuls, mit der ARBEIT an einer bestimmten Aufgabe des Plans zu beginnen oder sich einem der Angebote zu FREIEN TÄTIGKEITEN zuzuwenden. Die ARBEIT an Teilen des Plans bringt für den Schüler eventuell Schwierigkeiten mit sich, die mit oder ohne HILFE durch den Lehrer oder von Mitschülern bewältigt sein wollen. Die Arbeit an einer der

6 Diese Phasenbezeichnungen sind finden ihre Entsprechung in Abteilungen des Kategoriensvstems zum WP-Verhalten von Schülern, das im folgenden Abschnitt 2.2.1 näher erläutert wird.

Prozeßmodell der WP-Arbeit

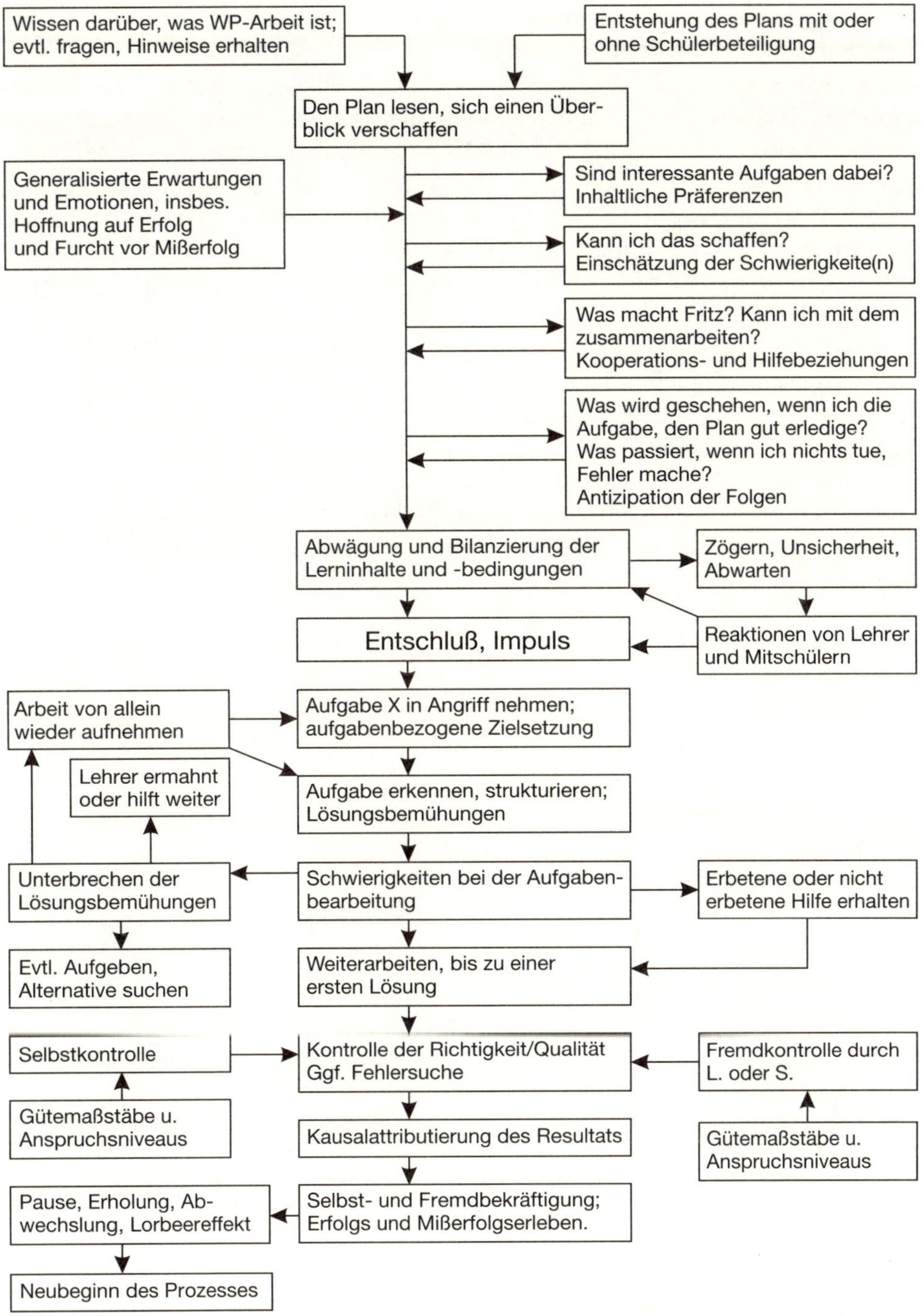

Planaufgaben wird (im günstigen Fall) beschlossen mit dem Bemühen um Kontrolle des Resultats, d.h. einer RÜCKMELDUNG über die Qualität der Ergebnisse der eigenen Anstrengungen. Positive oder negative Selbst- bzw. Fremdbekräftigungen können damit einhergehen. Daraufhin setzt, eventuell nach einer Pause, eine neue STRUKTURIERUNGs-Phase ein, und ein neuer Zyklus beginnt. Es handelt sich hierbei also um einen Ansatz zur näheren Charakterisierung jener formalen, weitgehend inhaltsunspezifischen Organisationstätigkeit, wie sie die WP-Arbeit von den Kindern verlangt. Wie im »Prozeßmodell der WP-Arbeit« andgedeutet wird, habe ich mich damals bemüht, solche Art Handlungsstrategien von Schülern und ihre »objektiven« Bedingungen noch detaillierter zu beschreiben und beobachtbar zu machen, z.B. verschiedene Varianten der sogenannten Kausalattribuierung von Leistungsresultaten zu unterscheiden, deren Einbettungen in den Fluß der Lehrer-Schüler-Interaktion aufzuspüren u.a. Ich versprach mir davon auch entscheidende Beiträge zur Lösung wichtiger Probleme im heutigen Schulunterricht – in dieser Hinsicht bin ich da heute nicht mehr so optimistisch.

In durchaus lockerer Korrespondenz zu den Prozeßmodellen hatte ich die erste Version eines Kategoriensystems entworfen. Nach einigen Vorversuchen, Kodierungs- und Auswertungsdiskussionen in der Beobachtergruppe ist schließlich die folgende Fassung des Systems entstanden:

2.2.1 Definition der Beobachtungskategorien zum Schülerverhalten im WP-Unterricht; methodische Probleme

S STRUKTURIERUNG

Hierunter fallen alle sichtbaren oder hörbaren Tätigkeiten des beobachteten Schülers, die im Zusammenhang mit seinen Entscheidungen zur WP-Arbeit stehen. Sichtbar/hörbar ist dabei vor allem die Kommunikation mit anderen Schülern (S) oder dem Lehrer (L); je nach Auftreten wurde dies zusätzlich zur jeweiligen Kategorie notiert, als »S« oder »L«.

S 1 (L, S): Fragt S. oder L. nach Planforderungen und/oder den Bedingungen ihrer Verwirklichung.

S 2 (L, S): L. oder andere S. versuchen dem Schüler Planforderungen und/oder die Bedingungen ihrer Verwirklichung klarzumachen (z.B.: »Das kannst du machen, wenn du mit allem anderen fertig bist.«).

S 3 (L, S): Betrachtet seinen Plan anscheinend mit der Absicht, Wahlentscheidungen vorzubereiten und zu treffen. Äußert gegenüber L. oder S. eigene Erwägungen, Entscheidungen, Vorhaben. Klärt die Möglichkeiten der Kooperation mit anderen (z.B.. »Ich mach' jetzt Aufgabe 3, was machst 'n du?«).

S 4 (L, S): L. oder andere S. engen den Entscheidungsspielraum des Schülers direkt ein, stellen Forderungen, üben Druck aus (Leistungs- und Disziplindruck) (z.B.: »Jetzt mach hier nicht soviel Quatsch, sondern fang mit Aufgabe 2 an!«).

A ARBEIT an den Planaufgaben

A 1 (L,S): Organisatorisch-technische Notwendigkeiten (z.B. Schultasche aufmachen, Heft suchen, Material besorgen oder ordnen, Bleistifte spitzen).

A 2: Individuelle Arbeit an einer verbindlichen Aufgabe des Plans. Die volle Aufmerksamkeit scheint der Aufgabe zu gelten (z.B..: Lesen, Schreiben, aber auch »Nachdenken«; hier ergeben sich schwierige Abgrenzungsprobleme, auf die noch eingegangen wird).

A 3: Kommuniziert mit anderem Schüler als Partner über inhaltliche Aspekte der Aufgabe, ohne »Hilfegefälle«; Kooperation bei der Aufgabenbearbeitung (z.B.: »Guck mal, diese Figur hier ist aber komisch, ich glaube, wir sollen da rausfinden ...«). Probleme der Unterscheidung von nichtaufgabenbezogener Kommunikation werden weiter unten besprochen.

A 4 (L,S): Erbittet von anderem S. oder L. Hilfe bei der Aufgabenbearbeitung; signalisiert deutlich, daß er allein nicht weiterkommt (»Hilfegefälle«) (z.B.: »Guck mal, ich komm' hier nicht weiter. Zeigst du mir mal, wie das geht?«).

A 5 (L, S): Erhält aufgabenbezogene Hilfe von L. oder S.; deutliches »Hilfegefälle« (z.B.: »Bei den Aufgaben mußt du zuerst malnehmen und dann ...«).

R RÜCKMELDUNG

R 1 (L,S): Führt Selbstkontrolle zu einzelnen Aufgaben durch (z.B. mit Hilfe von Kontrollblättern); kommuniziert dabei eventuell mit L. oder S. über Durchführung und Ergebnis der Selbstkontrolle.

R 2 (L, S): Kontrolle des Arbeitsergebnisses durch L. oder durch Vergleich mit anderem S. (z.B.: »Das hier ist richtig, aber hier mußt du noch mal nachsehen.« Oder: »Hier hab' ich was anderes raus als du.«).

R 3 (L, S): Eintragen/Abhaken erledigter Aufgaben im Plan. Kommunikation über den Stand der Planbearbeitung. Wechselt oft und überschneidet sich mit Kategorie S 3 (L,S); z.B.: »Ich hab' jetzt die Aufgaben A und B, fängst du jetzt mit mir die D an?«

R 4 (+, –): Positive (+) oder negative (–) Selbstbekräftigung, entweder bezogen auf das bei einzelnen Aufgaben erzielte Resultat oder hinsichtlich des Stands in der Planbearbeitung; zeigt Freude über Geleistetes/Erreichtes (z.B.: »Klasse, jetzt bin ich mit dem Plan schon fast fertig!«) oder Enttäuschung über Fehler/Mängel (z.B.: »Mist, wieder alles falsch. Die anderen sind schon viel weiter als ich.«).

R 4 (L, S, +, –): Lob bzw. Tadel durch L. oder andere S. für die Leistungen des beobachteten Schülers; der Schüler erhält durch andere mehr als eine sachliche Rückinformation (R 2), nämlich eine affektiv geprägte Wertung seiner Arbeitsergebnisse (z.B.: »Ganz prima Jochen, Du hast alles richtig gemacht!«; »Du hast ja noch überhaupt nichts geschafft!«).

R 5 (L,S): Übernimmt das Ergebnis vom Kontrollblatt oder von anderem S.; »Abschreiben«; L. gibt die Lösung statt Hilfe zur Lösung.

H HILFE

Hilft anderen S. »uneigennützig«; das Pendant zu den Kategorien A4S und A5S, wenn der beobachtete Schüler von einem anderen um Hilfe bei der Aufgabenbearbeitung gebeten wird und diese dann gibt.

F FREIE Tätigkeiten (nicht durch den Plan vorgegebene)

F 1 (L,S): Tätigkeiten mit bereitgestelltem oder von zu Hause mitgebrachtem Material; Kommunikation über das Material oder die Tätigkeit; Kooperation (z.B.: »Gib mir mal den langen Baustein da.«).

F 2 (L, S, B): Informelle Kommunikation ohne Bezug auf Planaufgaben oder Material mit L., S. oder Beobachter (B) (z.B.: »Gestern war ich mit meinem Bruder am See, und da haben wir ...«).

F3: »Trödelei«; ungezielte, umherschweifende Aufmerksamkeit; »Nichtstun« (diese Kategorie ist sehr interpretationsanfällig; was dem einen als passives Herumtrödeln vorkommt (F3), sieht ein anderer Beobachter manchmal als »Nachdenken« über eine Aufgabe des Plans (A2) oder eine FREIE TÄTIGKEIT, was dann als F1 zu kategorisieren wäre; dazu weiter unten mehr).

F 4: Störung/Ablenkung von außen. Wenn der Schüler einen Vorgang (z.B.: Ein Blechkasten mit Buntstiften fällt von einem Tisch auf den Boden, oder jemand ruft laut durch die Klasse) zum Anlaß nimmt, seine bisherige Tätigkeit zu unterbrechen.

Mit diesen Kategorien dürfte einigermaßen gut das Spektrum WP-spezifischer Verhaltensweisen von Schülern abgedeckt sein, im wesentlichen also das, was oben als »formale Organisationstätigkeit« charakterisiert wurde. Jeder Beobachter hatte eine Kurzfassung der Kategorien auf einem Blatt mit den für die Protokollierung verwendeten Abkürzungen S3S usw. Die Beobachter kannten auch die jeweils gültigen Wochenpläne, um entscheiden zu können, welche Aufgaben zum Plan gehörten und was freie Tätigkeiten der Schüler waren. Protokolliert wurde wieder nach der Zeitintervallmethode: Alle 15 Sekunden mußten die Beobachter entscheiden, welcher bzw. welchen Kategorien sie das gerade beobachtete Verhalten zuordnen. Bis zu drei Kategorien konnten pro 15-Sekunden-Intervall eingetragen werden.

Ursprünglich hatten wir daran gedacht, eine Kombination aus systematischer Beobachtung mit Kategorien und freiem Mitschreiben von nicht kategorienmäßig erfaßbaren Vorgängen durchzuführen; deshalb hier auch das relativ lange Zeitintervall von 15 Sekunden. Dieses Vorhaben erwies sich als kaum durchführbar. Jeder, der Erfahrungen mit systematischer Unterrichtsbeobachtung gemacht hat, weiß, daß schon der vorliegende Kategoriensatz allein sehr hohe Anforderungen auch an guttrainierte Beobachter stellt. Zusätzlich erschwert wurde die Beobachtungsaufgabe, wie bei der ersten Untersuchung, durch die

Definition der Beziehung zwischen Beobachter und »Zielschüler«: Der jeweils beobachtete Schüler sollte möglichst unbeeinflußt von der Tätigkeit des Beobachters bleiben, auf daß dessen Verhalten von jenem möglichst »objektiv«, so wie es auch ohne Beobachter wäre, wahrgenommen und kategorisiert werden könne.

Jedenfalls mußten die Beobachter, um sich nicht dauernd als solche wahrgenommen zu werden, oft so weit von ihren »Kandidaten« entfernt bleiben (meist mehr als 2 m), daß sie verbale Äußerungen ihres Schülers nicht verstehen oder nicht genau sehen konnten, was im einzelnen der Schüler auf einen Zettel schrieb usw. Dieser »Weg zur Objektivität« machte die Kategorisierungsentscheidungen, viel stärker als bei der ersten Untersuchung, zu einem intuitiven Raten. Im übrigen zeigt sich auch hier wieder, daß ich mich damals mehr für die Formstrukturen von Verhalten als für dessen Inhalt i.e.S interessierte. Im Abschnitt 2.2.9 werde ich dazu einige abschließende Bemerkungen machen.

Diese methodischen Entscheidungen, die Komplexität des Kategoriensystems und das in Relation dazu nur sehr kurze Beobachtertraining waren es, welche die nur mäßigen und vor allem stark schwankenden Beobachterübereinstimmungen erklären: Es gab zwischen 0% und 35% Randsummenfehler mit einem Mittel bei 15% auf der Basis von zehn Parallelprotokollen à 40 Minuten (vgl. zur Fehlerdefinition S. 37f). Ursprünglich war geplant, individuelle Besonderheiten der WP-Arbeitsweise von einzelnen Schülern zu untersuchen. Deshalb wurden im Unterschied zur ersten Untersuchung relativ wenige Schüler über einen längeren Zeitraum (z.T. ganze WP-Perioden) beobachtet. Das erste Verfahren (5-Minuten-Protokoll, Rotation) hatte ja erbracht, daß mit ihm kaum individualdiagnostisch relevante Aussagen möglich sind.

Wegen der offensichtlichen Zuverlässigkeitsmängel des vorliegenden Verfahrens werden weiter unten jedoch nur klassenweise summierte Häufigkeitsdaten aufgeführt. Fehler/Nichtübereinstimmungen der Beobachter gleichen sich dann gewissermaßen aus, weil jeder der Beobachter immer nur für eine WP-Stunde einen bestimmten Schüler beobachtete und in mindestens zwei der drei hier beteiligten Klassen war. Die unten folgenden Daten können also nur einen ungefähren, mit Vorbehalten zu betrachtenden Einblick in die durchschnittliche Häufigkeitsstruktur des WP-Verhaltens von Schülern vermitteln, und zwar auf einem etwas differenzierteren Niveau als die erste Beobachtungsstudie.

Zuvor noch ein Überblick über die Verteilung der Beobachtungen auf die Klassen und Anmerkungen zu deren WP-Erfahrung: In den Klassen 1 und 2 wurden zwei WP-Perioden à 3 Stunden vollständig begleitet. In jeder Periode wurden jeweils vier Schüler von wechselnden Beobachtern begleitet; insgesamt in den Klassen 1 und 2 also jeweils acht Schüler. Die Lehrerinnen dieser Klassen, es waren beides 3. Schuljahre, hatten jeweils etwa sechs Wochen vor Beginn der Beobachtungen mit dem WP-Unterricht begonnen. In Klasse 3 wurden aus einer WP-Periode von insgesamt zehn Stunden (in dieser Klasse gab es zwei WP-Stunden an jedem Schultag) 3 Doppelstunden aus drei aufeinanderfolgenden Tagen begleitet, und zwar ebenfalls durch kontinuierliche Beobachtung von vier Schülern bei stundenweise wechselnden Beobachtern. In Klasse 3, einem 4. Schuljahr, lief der WP-Unterricht zum Zeitpunkt der Beobachtungen bereits fast ein Jahr. Die Schüler waren in Absprache mit den Lehrerinnen so ausgewählt worden, daß ein möglichst großes Spektrum hinsichtlich schulischer Leistungsfähigkeit und WP-Arbeitsbereitschaft in den drei kleinen Stichproben repräsentiert schien. Alle drei Klassen hatten je etwa 30 Schüler. Die Wochenpläne in den drei Klassen waren umfangsmäßig und inhaltlich recht verschieden voneinander. Die Lehrerinnen waren in ihren Planungen unabhängig voneinander.

Bevor ich im folgenden Daten vor allem zu den Häufigkeiten präsentiere, mit denen sich die Beobachter für einzelne Kategorien entschieden haben, und diese Häufigkeiten anschließend kommentiere, müssen einige Voraussetzungen und Annahmen dafür gemacht und erläutert werden:

1. Die jeweiligen Stichproben repräsentieren in etwa das für ihre Klassen typische WP-Verhalten. Besonders bei Klasse 3 mit nur vier Schülern in der Stichprobe und Daten von nur drei Tagen einer WP-Periode kann man diese Annahme mit Recht bezweifeln. Gleichwohl werde ich im folgenden von Unterschieden zwischen den Klassen sprechen, als erlaubte das Datenmaterial diese Verallgemeinerung. Je mehr wir das Verhalten von Schülern im Unterricht als »situations- und unterrichtsbedingt« betrachten, um so mehr Berechtigung erhält diese Verallgemeinerung.
2. Die Beobachtungsfehler gleichen sich zwischen den Klassen aus, so daß Unterschiede zwischen den Klassen nicht Voreingenommenheiten einer Beobachterteilgruppe zugeschrieben werden können, weil jeder Beobachter in mindestens zwei der drei Klassen war. Gleichwohl würde bei weiter verbesserter Definition der Kategorien und intensiviertem Beobachtertraining wohl manche Häufigkeit anders ausgefallen sein. Jeder Beobachter konnte am Beispiel von wenigstens zwei Parallelprotokollen à etwa 40 Minuten und einer Videoaufzeichnung von 30 Minuten seine Anwendung der Kategorien überprüfen und mit der Beobachtergruppe diskutieren.
3. Die Häufigkeiten sind bei einzelnen Kategorien sehr klein; dies ist ein inhaltlich wie methodisch problematischer Sachverhalt. Traten die entsprechenden Ereignisse (Verhaltenselemente) »real« so selten auf (z.B. wechselten die Beobachter insgesamt nur drei Mal zur Kategorie »negative Selbstbekräftigung«, was einen Anteil dieser Kategorie von noch weit weniger als 0,1% ergibt), oder denken die Beobachter, verstärkt durch das seltene und eventuell »unscheinbare« Auftreten bestimmter Ereignisse, einfach nicht an die entsprechende Kategorie, wenn sie dem Fluß der Ereignisse folgen? Je klei-

ner also die Häufigkeiten werden, um so problematischer wird die Interpretation von dann noch auftretenden Unterschieden. Dennoch kann es von großem inhaltlichem Interesse sein, recht selten auftretende Ereignisse festzuhalten. An geeigneter Stelle werde ich auf dieses Problem zurückkommen.

4. Bei jeder Aussage über Verhaltensmerkmale und deren Häufigkeit muß der Leser immer mit bedenken, daß sie nur gelten, insoweit es einer nicht besonders gut trainierten Beobachtergruppe unter schwierigen Beobachtungsbedingungen gelungen ist, mit einem inhaltlich problematischen und komplexen Kategoriensatz entsprechende Ereignisse wahrzunehmen, zu kategorisieren und in einem Protokoll festzuhalten.
5. M.a.W.: Der Leser betrachte das Datenmaterial und meinen Kommentar dazu mit der notwendigen Skepsis, insbesondere dann, wenn meine Interpretation der Daten zu sehr auf Bestätigung oder Widerlegung bestimmter Hypothesen über WP-Unterricht hinauslaufen sollte. Die methodischen Unzulänglichkeiten der Beobachtungen werte ich insoweit als nicht so wichtig, als es mir nicht in erster Linie um die Prüfung (Bestätigung) »affirmativer Hypothesen« über WP geht – ich möchte nicht beweisen, daß WP in seinen bisherigen Versionen etwas zweifelsfrei Gutes und Förderungswürdiges ist; vielmehr liegt mir primär daran, schwache Punkte und Grenzen des Modells aufzuzeigen.

2.2.2 Überblick über die Häufigkeitsverteilung der Kategorien

Zunächst gebe ich in Tabelle 1 wieder, mit welchen relativen Häufigkeiten sich die Beobachter für die einzelnen Kategorien entschieden haben, bezogen jeweils auf die Gesamtzahl ihrer Eintragungen pro Klasse. Aus jeder Klasse liegen Beobachtungen von sechs WP-Stunden über jeweils vier verschiedene Schüler vor, d.h. 24 Protokolle à etwa 40 Minuten – so lang dauerte die durchschnittliche WP-Stunde. Dem entspricht die Prozentuierungsbasis: etwa 3900 15-Sekunden-Intervalle pro Klasse. 0,1% bedeutet häufig eine Aufrundung noch kleinerer Anteile; deshalb ergeben sich als Summe z.T. mehr als 100%.

Der anschließende Kommentar wird dann grob der Reihenfolge der Kategorien folgen (Abschnitte 2.2.3 bis 2.2.7).

Tab. 1: Prozentuale Häufigkeit der Kategorien pro Klasse

		Klasse 1; 8 Schüler je 3 WP-Stunden	Klasse 2; 8 Schüler je 3 WP-Stunden	Klasse 3; 4 Schüler je 6 WP-Stunden
STRUKTURIERUNG	S			
Fragt L. oder S. nach Anforderung/Bedingungen	S1L S1S	0,2 0,1	0,1 0,1	0,6 0,2
Bekommt von L. oder S. Anforderung/Bedingung erläutert	S2L S2S	1,6 0,5	0,6 –	1 0,3
Bereitet Entscheidungen/Wahl vor; kommunziert darüber	S3 S3L S3S	0,9 0,1 0,5	0,6 0,2 1,2	0,7 0,1 1,9
Entscheidungsspielraum wird eingeengt; Druck von L. oder S	S4L S4S	0,2	1,9 0,2	0,3 0,1
Summe STRUKTURIERUNG	S	4,2	4,9	5,2
ARBEIT am Plan				
Technisch-organisatorische Notwendigkeiten	A1 A1L A1S	13,3 0,3 0,7	12,6 0,1 –	11,6 0,7 1,1
Individuelle Arbeit an Planaufgabe Kooperation; Kommunikation über Planaufgabe	A2 A3	23,0 7,0	31,9 7,9	34,6 13,7
Sucht Hilfe bei L.	A4L	0,8	0,4	0,2
Sucht Hilfe bei S.	A4S	0,5	0,2	0,2
Erhält Hilfe vom L.	A5L	1,8	1,0	0,7
Erhält Hilfe von S.	A5S	0,9	0,4	0,5
Summe ARBEIT	A	48,3	54,5	63,3
RÜCKMELDUNG				
Selbstkontrolle, kommuniziert dabei mit L. oder S.	R1 R1S R1L	0,9 – 0,1	0,1 – –	0,5 – 0,1
Kontrolle des Ergebnisses durch L. Vergleich mit anderem S.	R2L R2S	0,1 0,5	– 0,7	0,4 0,2

Tab. 1: Prozentuale Häufigkeit der Kategorien pro Klasse (Fortsetzung)

		Klasse 1; 8 Schüler je 3 WP-Stunden	**Klasse 2; 8 Schüler je 3 WP-Stunden**	**Klasse 3; 4 Schüler je 6 WP-Stunden**
Eintragen/Abhaken am Plan. Kommunikation über Stand im Plan mit L. oder S.	R3 R3L R3S	1,1 0,1 0,3	1,2 0,2 0,2	1,0 0,3 0,8
Selbstbekräftigung positiv, Selbstbekräftigung negativ	R4+ R4–	0,3 0,1	0,2 0,1	0,1 –
Suche nach Bestätigung bei L. oder S.	R4L R4S	0,2 0,2	0,1 0,1	0,1 0,1
Lob durch L. Lob durch S.	R4L+ R4S+	0,1 0,1	0,4 0,1	0,1 –
Tadel durch L. Tadel durch S.	R4L– R4S–	0,1 0,1	– 0,1	– –
Übernehmen/Abschreiben des Ergebnisses von Kontrollblatt; L. oder Mitschüler	R5 R5L R5S	1,5 – 0,4	0,1 – –	0,8 – 0,4
Summe RÜCKMELDUNG	R	6,2	3,6	4,9
HILFE geben	H	0,3	0,1	1,0
FREIE Tätigkeiten Individuelle Tätigkeit	F F1	17,9	12,0	3,6
Kooperative Tätigkeit; Kommunikation über Material oder Tätigkeit	F1L F1S	0,4 7,4	0,4 8,4	0,4 4,4
Informelle Kommunikation mit L., S. Beobachter (B)	F2L F2S F2B	0,2 5,6 0,3	0,3 7,0 1,5	0,1 9,6 0,2
Trödelei, Nichtstun	F3	8,4	6,2	7,1
Störung von außen	F4	0,7	1,2	0,4
Summe FREIE TÄTIGKEITEN	F	40,9	37,0	25,8
Summe der %-Anteile		99,9	100,1	100,2
Summe der 15-Sekunden-Intervalle		3923,0	3883,0	3949,0

2.2.3 *STRUKTRURIERENDE Tätigkeit der Schüler*

Für strukturierende Tätigkeit scheinen die Schüler nur einen relativ kleinen Teil ihrer WP-Zeit gebraucht zu haben; recht gleichmäßig 4 bis 5% aller Eintragungen entfallen bei den drei Klassen auf die Kategorien S1–S4. Erstaunlicherweise fragten die WP-erfahreneren Schüler aus Klasse 3 deutlich am häufigsten nach der Art der Anforderungen und den Bedingungen ihrer Verwirklichung (S1). Das mag daran gelegen haben, daß der WP in der Beobachtungswoche recht umfangreich war und erstmals in dieser Klasse komplizierte Wahlmöglichkeiten (Pflichtwahl- und Zusatzaufgaben) für die Schüler enthielt.

Nur bei S3 haben die Beobachter häufiger die Unterkategorie gewählt, welche die Beteiligung von Mitschülern an strukturierender Tätigkeit anzeigt: S3S. Bei allen anderen S-Kategorien spielt die Beteiligung des Lehrers eine größere Rolle. Es scheint, als hätten (aus der Sicht der Beobachter) die Lehrerinnen mehr die Funktion gehabt, Anforderungen klarzumachen (S2L) oder, weiter gehend Entscheidungsspielräume einzuengen (S4L), während die Mitschüler für die Erörterung eigener Vorhaben und Entscheidungen bevorzugt angesprochen wurden. Voreingenommenheiten der Beobachtergruppe können hier eine Rolle gespielt haben, gemäß dem Stereotyp: Lehrer treten eher fordernd, einschränkend und autoritär auf. Später, bei der Analyse der Lehrersprache im WP-Unterricht, soll diesem Verdacht genauer nachgegangen werden.

Die auffällige Häufung von S4L (Einschränkung) in Klasse 2 (1,9%) erklärt sich großenteils (etwa 1,5%) durch einen besonderen Umstand: Während einer WP-Stunde hatte eine Gruppe von Schülern begonnen, mit Holzbausteinen zu spielen. Dabei erzeugten diese Kinder Lärm und Unruhe in einer Weise, daß sie auf den Rest der Klasse übergingen. Dies hatte eine längere »Standpauke« der Lehrerin an alle Schüler zur Folge, was die vier Beobachter (nicht ganz zu Unrecht) bei ihren vier Schülern als S4L protokollierten. Solche vereinheitlichenden Frontalsituationen kamen sonst nicht vor. (Aus diesem Grunde sind auch die vier simultanen Protokolle über vier verschiedene Schüler relativ unabhängig voneinander – als Verhaltensstichproben.)

2.2.4 *ARBEIT an den Aufgaben des Plans*

Für die unmittelbare Arbeit an den Aufgaben des Plans (A1–A5) verwendeten die Schüler deutlich den überwiegenden Teil ihrer WP-Zeit, nämlich 48% (Klasse 1) bis über 63% (Klasse 3) für alle A-Kategorien zusammen. Die pessimistische Befürchtung, die »Freiheiten« des WP würden die Schüler nutzen, sich um Leistungsforderungen zu drücken, kann damit als widerlegt gelten. Für einen Vergleich der Klassen ist es sinnvoll, die entsprechenden Anteile »FREIER Tätigkeit« mit heranzuziehen, die in das WP-Konzept eingebaute Handlungsalternative für die Schüler:

Tab. 2: Relative Häufigkeit potentiell lernrelevanter Tätigkeiten in %
(Zusammenstellung aus Tabelle 1, S. 49f)

	Klasse 1; 8 Schüler je 3 WP-Stunden	**Klasse 2; 8 Schüler je 3 WP-Stunden**	**Klasse 3; 4 Schüler je 6 WP-Stunden**
ARBEIT am Plan (Summe A1–A5)	48,3	54,5	63,3
FREIE Tätigkeiten (Summe F1, F1L, F1S)	25,7	20,8	8,4
Summe (Anteil potentiell lernrelevanter Tätigkeiten)	74,0	75,3	71,7

Diese Zusammenstellung zeigt nun ein für mich nicht ganz unerwartetes Ergebnis: ARBEIT und FREIE Tätigkeiten addieren sich trotz der unterschiedlichen Anteile von ARBEIT in den drei Klassen zu etwa den gleichen Anteilen »potentiell lernrelevanter Tätigkeiten« der Schüler: 74%, 75% und 72%.

In Klasse 3 beanspruchten die Planaufgaben deutlich den größten Teil der WP-Zeit (63%); in Klasse 1 ist dieser Anteil nur 48%; gewissermaßen kompensatorisch haben sich die Schüler dieser Klasse stärker auf die FREIEN Tätigkeiten eingelassen (26%). Keineswegs ist es also so, daß Kinder bei relativ weniger vorgegebenen Leistungsanforderungen (verbindlichen WP-Aufgaben) zwangsläufig in Untätigkeit oder unproduktives Chaos verfallen würden. Wenn sie nichts mehr tun müssen, suchen die Kinder sich u.U. »passende Gelegenheiten« für die Verwirklichung ihrer Lern- und Spielbedürfnisse.

Diese Daten kontrastieren im übrigen auffällig zu den Befunden der ersten Untersuchung. Der Anteil »potentiell lernrelevanter Tätigkeit« lag bei den Beobachtungen in jenen Klassen kaum über 50%. WP-Unterricht kann also durchaus von recht unterschiedlicher Arbeitsintensität geprägt sein, je nach seinen Rahmenbedingungen, innerer (inhaltlicher) Ausgestaltung usw.

Nun zu einigen Details der ARBEITs-Kategorien: Für technisch-organisatorische Tätigkeiten (A1, z.B. Arbeitsmaterial bereitlegen) verwendeten die Kinder aus allen drei Klassen einen ähnlichen Teil ihrer WP-Arbeitszeit, etwa 12% im Durchschnitt. Wem dieser Anteil (zu) groß vorkommt, der bedenke, wieviel Leerlauf im Zusammenhang stärker lehrergelenkter Unterrichtsformen leicht vorkommen kann, z.B. wenn der Lehrer Arbeitsmaterial verteilt (vgl. weitere Beispiele bei Jackson 1968, Kounin 1976, Huschke 1980).

Die Differenzen zwischen den Klassen in der Häufigkeit der A-Kategorien insgesamt (vgl. Tabelle 2) entstehen vor allem durch den größeren Anteil von A2 (individuelle Arbeit) und A3 (kooperative Arbeit an Planaufgaben), wobei insbesondere das Mehr an Kooperation der Kinder in Klasse 3 auffällt. Die Kinder dieser Klasse schienen sich auch im Prozeß der Entscheidung über eigene Vorhaben (S3) stärker untereinander auszutauschen (1,9% vs. 1,2 und 0,5%

für S3S). Dieser Befund wird bestätigt durch das häufigere Auftreten von HILFE-Geben (H) in Klasse 3 (1,0% vs. 0,3 und 0,1%); andererseits trat das Pendant zu HILFE-Geben, nämlich Hilfe bei Mitschülern suchen und erhalten (A4S und A5S), in Klasse 3 nicht häufiger auf als in den anderen Klassen. Möglicherweise handelt es sich hier um eine individuelle Eigenart der vier Schüler, die in Klasse 3 beobachtet wurden, also um einen Stichprobeneffekt.

Wenn die Kinder unserer drei Klassen bei der Aufgabenbearbeitung in Schwierigkeiten gerieten, so suchten sie Hilfe eher beim Lehrer als bei Mitschülern. Zweierlei Effekte mögen hier zusammenspielen: Gegenüber einem Mitschüler wird ein Kind weniger leicht zugeben, daß es mit einer Aufgabe allein nicht weiterkomme und Hilfe brauche. Manches von dem unter A3 kategorisierten aufgabenbezogenen Austausch der Schüler wird »objektiv« einem der beiden Arbeitspartner weitergeholfen haben. Die Beobachter sollten jedoch nur dann A4S und A5S (Hilfe bei Mitschüler suchen und erhalten) wählen, wenn offensichtlich zwischen den Partner ein »Hilfegefälle« akzeptiert wurde, das einer, meist nur temporären, Lehrer-Schüler-Beziehung entsprach (»Kannst du mir zeigen, wie das geht?«). Für die aufgabenbezogene Kommunikation mit dem Lehrer war jedoch nur die Kategorie A5L vorgesehen.

2.2.5 *Zur relativen Bedeutung des Austauschs mit dem Lehrer und mit anderen Schülern*

Insgesamt hat der Austausch mit anderen Schülern die, quantitativ gesehen, wesentlich größere Bedeutung für die Aufgabenbearbeitung als der Austausch mit dem Lehrer. Tabelle 3, wiederum eine Zusammenstellung aus Tabelle 1 (S. 49f), zeigt das deutlich:

Tab. 3: Relative Häufigkeit der Kategorien zur aufgabenbezogenen Kommunikation mit dem Lehrer bzw. Mitschülern in %

	Klasse 1	**Klasse 2**	**Klasse 3**
Aufgabenbezogener Austausch mit anderem S. (A3S, A4S, A5S)	8,4	8,5	14,4
Aufgabenbezogener Austausch mit L. (A4L,A5L)	2,6	1,4	0,9

Im Durchschnitt interagierten die Schüler im WP-Unterricht mindestens viermal so oft mit Klassenkameraden wie mit ihren Lehrerinnen, um mit ihrem Lern- und Arbeitsprozeß i.e.S weiterzukommen. Das beruht natürlich auch auf einem »Knappheitsproblem«: Der Lehrer muß auch noch für 30 andere Kinder dasein, während Mitschüler für jeden auch (fast) jederzeit Gesprächspartner sein können.

Einem möglichen Einwand gilt es zuvorzukommen: Was von uns als A3 (aufgabenorientierte Kommunikation der Schüler) kategorisiert wurde, könne ja auch lediglich »Geschwätz« (informelle Kommunikation) sein, das wir als F2S protokolliert hätten. In der Tat ist die Entscheidung nicht immer leicht gewesen und »anfällig« für Interpretationen und Voreingenommenheiten des Beobachters. Gegen den Verdacht, wir hätten in das aufgabenirrelevante »Geschwätz« der Kinder etwas hineininterpretiert, kann gesagt werden: Der Anteil der Kategorie F2S ist annähernd so groß wie der von A3. Ein großer Teil ist eingeflochten in Arbeitsperioden – so haben es die Beobachter in ihren Protokollen festgehalten. Während die Kinder eine Aufgabe vor sich hatten, unterbrachen sie häufiger mit informellem Austausch die Arbeit; manchmal (je nach Aufgabe) lief das parallel nebeneinander.

Die Beobachter waren also zu der fraglichen Diskrimination trotz der schwierigen Beobachtungssituation in der Lage, sonst hätte sich der genannte Sachverhalt nicht so häufig in ihren Protokollen widerspiegeln können. Neben dem Verstehen des Wortlauts der Kommunikation – wie gesagt, war das oft erschwert – gaben Mimik und Gestik der Partner weitere Indizien zur Unterscheidung zwischen A3 und F2S. An dieser Stelle ist vielleicht ein Gesamtüberblick zur relativen Häufigkeit interpersonaler Austauschhandlungen der Schüler während der verschiedenen Aspekte ihrer WP-Arbeit angebracht.

Tab. 4: Relative Häufigkeit individueller Tätigkeit und des Austauschs mit L. oder S. bei verschiedenen Aspekten der WP-Arbeit

		Klasse 1	**Klasse 2**	**Klasse 3**
STRUKTURIERUNG (S1–S4)	individuell	0,9	0,6	0,7
	mit L.	2,1	2,8	2,0
	mit S.	1,2	1,5	2,5
ARBEIT am Plan (A1–A5)	individuell	36,3	44,5	46,2
	mit L.	2,9	1,5	1,6
	mit S.	9,1	8,5	15,5
RÜCKMELDUNG (R1–R5)	individuell	3,9	1,7	2,4
	mit L.	0,6	0,7	0,9
	mit S.	1,7	1,2	1,6
FREIE Tätigkeiten (F1–F4)	individuell	27,0	19,4	11,1
	mit L.	0,9	2,2	0,7
	mit S.	13,0	15,4	14,0
Total (S1–F4)	individuell	68,1	66,2	60,4
	mit L.	6,5	7,2	5,2
	mit S.	25,3	6,7	34,6

In Klasse 3 war auch insgesamt betrachtet die Kommunikation der Kinder untereinander am stärksten ausgeprägt. Nur in dieser Klasse bewältigten die Kinder notwendige STRUKTURIERUNGs-Funktionen mehr im Austausch untereinander als vermittels der Interaktion mit dem Lehrer (2,5 vs. 2,0%); darin zeigt sich eventuell die längere WP-Erfahrung dieser Klasse; aber auch der Altersvorsprung von einem Jahr dürfte eine Rolle gespielt haben.

Im übrigen enthüllt Tabelle 4 erneut ein Problem, das bereits weiter oben angedeutet wurde: Im Durchschnitt aller drei Klassen entfällt weniger als ein Drittel der ohnehin »knappen« Austauschmöglichkeiten mit dem Lehrer auf aufgabenbezogene Kontakte; in Klasse 1 knapp die Hälfte, in Klasse 2 weniger als ein Viertel. STRUKTURIERENDE Kontakte mit dem Lehrer spielen die größere Rolle. Es scheint, als hätten die Lehrerinnen ihre Aufgabe hauptsächlich darin gesehen, den Kindern Anforderungen klarzumachen und Entscheidungen für das Bearbeiten bestimmter Aufgaben zu forcieren, um dann die Kinder mit den Schwierigkeiten der Aufgabe selber doch eher allein zu lassen. Die Chance des WP-Konzepts, günstige Voraussetzungen für differenzierte aufgabenbezogene Hilfen des Lehrers zu schaffen, scheint doch eher wenig genutzt worden zu sein. Liegt das am WP, weil dieser eben kompliziertere Managementtätigkeiten der Kinder erfordert, die sie ohne Hilfe nicht zu bewältigen vermögen, oder wirkte hier die »didaktische Kultur« an unseren Schulen in den WP-Unterricht hinein?

Rechnet man die relativen Anteile der Total-Aufstellung aus Tabelle 4 in Minuten einer 40-Minuten-Stunde um (unsere Protokolle ergaben das im Schnitt), so zeigt sich zusammenfassend folgendes: Von den 40 Minuten einer WP-Stunde waren die Kinder im Durchschnitt 26 Minuten für sich tätig, ohne im direkten interpersonalen Austausch zu stehen; während $2^1/_2$ Minuten interagierten sie direkt mit ihren Lehrerinnen, und insgesamt $11^1/_2$ Minuten dauerten die Kontakte mit anderen Schülern. Im realen Prozeß waren die hier auf- und ausgegliederten Anteile natürlich vielfältig zu einem Handlungsgeschehen verflochten.

Die künstliche Aufstellung solcher Anteile ist aber geeignet, auf ein Problem hinzuweisen: Die Chancen der Kinder zur Interaktion mit ihrer Lehrerin sind in Unterrichtsformen wie dem WP relativ gering. Deshalb wird viel davon abhängen, welche Bedeutung dem kooperativen Austausch der Kinder untereinander zugemessen werden kann. Piaget etwa mißt der Kooperation der Kinder eine ganz hervorragende Funktion auch und gerade für ihren intellektuellen Bildungsprozeß zu, vor allem deshalb, weil sie sich im Austausch untereinander fortwährend veranlaßt sehen, ihre Aussagen gegenüber anderen, auch nicht Allwissenden, zu rechtfertigen, zur Diskussion zu stellen usw. Die Struktur ihrer Beziehungen ist in besonderer Weise dafür prädestiniert, das Ringen um Lösungen für Probleme offenzuhalten und nicht mit vorschnell akzeptierten Antworten zu beenden, Antworten, die dann keine wirklichen Errungenschaften der Subjekte wären (vgl. vor allem Piaget 1973, Flavell 1968). Die größere Bedeutung des Austauschs der Kinder untereinander in Klasse 3 kann so gedeutet werden: Diese sind ein Stück weiter vorangeschritten in der Überwindung egozentrischer Denkweisen und deshalb weiter gehend in der Lage, ihre Standpunkte bei der Bearbeitung und Diskussion konkreter Probleme mit Vorteil für die Beteiligten zu koordinieren. In pädagogischen Konzepten zum Partner- und Gruppenunterricht werden ähnliche, aber noch einige andere Aspekte hervorgehoben (vgl. z.B.: Coppes 1969, Dietrich 1969, Meyer 1970, 1973). Die praktische Konsequenz aus unserem Befund kann nur dahin gehen, sowohl im WP-Unterricht als auch sonst die Qualität der kommunikativen Austauschhandlungen zwischen den Kindern zu fördern.

2.2.6 RÜCKMELDUNGs-Tätigkeiten

Aus Tabelle 4 ist zu erkennen, daß bei den Rückmeldungsprozessen interpersonale Kommunikation überhaupt und die mit dem Lehrer im besonderen in allen drei Klassen eine relativ geringe Rolle spielt, im Vergleich etwa zu den STRUKTURIERUNGs-Handlungen. Es scheint, als hätten sich die Lehrerinnen mehr darum gekümmert, Aktivitäten der Kinder im Sinne der WP-Forderungen in Gang zu setzen und weniger darum, deren sinnvollen Abschluß durch ihre eigene Beteiligung zu unterstützen. Wahrscheinlich aber können selbständige Strukturierungsprozesse indirekter gerade dadurch unterstützt werden, daß dem Schüler bei der »Evaluation« seiner Arbeitsresultate geholfen wird.

Verleitet das WP-Konzept Lehrer dazu, mehr direkt fordernd und weniger indirekt fördernd im Lernprozeß der Kinder zu fungieren? Oder hilft das WP-Modell den Lehrern nicht dabei, sich von diesem in der heutigen Schule verbreiteten Handlungskonzept zu lösen? Ich werde diese Frage weiter verfolgen.

Für eine gewisse Zuverlässigkeit und Gültigkeit des ganzen Beobachtungsverfahrens spricht u.a. ein bestimmtes Detail: Für die Erledigung einer bestimmten Routinehandlung in jedem WP-Unterricht, nämlich das Eintragen erledigter Aufgaben auf dem Plan (R3), brauchten die Kinder aus allen drei Klassen jeweils etwa denselben Teil ihrer WP-Zeit, etwa 1%. In anderen Hinsichten (Kategorien) aber gibt es Unterschiede: In Klasse 2 gab es z.B. nur zu einer Aufgabe eine besondere Hilfe zur Selbstkontrolle (Kontrollblatt); entsprechend wurde die Kategorie R1 sehr selten protokolliert. Interessanterweise kontrollierten sich die Schüler in Klasse 2 aber häufiger gegenseitig (0,1 vs. 0,7%).

Auffällig sind weiter die Häufigkeitsunterschiede beobachteter Selbstbekräftigungen (R4+, z.B.: »Juhu! Ich bin fertig!«). Gewiß laufen solche Prozesse oft auch nach außen hin unsichtbar ab, insbesondere negative Selbstbekräftigungen (R4–). Weshalb aber waren für die Beobachter sichtbare Indizien für

Erfolgsfreude in Klasse 3 vergleichsweise selten gewesen (7 Episoden; 0,1%), in den anderen Klassen dagegen häufiger (17 bzw. 14 Episoden)?[7] Diese Daten korrespondieren einem allgemeinen Eindruck der Beobachter: Zwar gab es in Klasse 3 den anspruchsvollsten WP; die Kinder waren auf Grund ihrer längeren WP-Erfahrung recht geschickt in der Organisation ihrer Tätigkeiten; das alles aber machte auch den Eindruck einer mit der Zeit etwas fade gewordenen Routine. In den beiden anderen Klassen gab es einige Wochen nach Start des WP-Projekts noch so etwas wie eine Euphorie des Anfangs. Die Besonderheit von Erfolgserlebnissen im Zusammenhang der WP-Arbeit schien hier für die Kinder noch von Bedeutung und (noch?) nicht geschäftsmäßiger Auftragserfüllung gewichen zu sein. Genau dies könnte eine der bedenklichen längerfristigen Folgen extensiver WP-Praxis sein; dazu weiter unten mehr.

Die Lehrerin von Klasse 2 lobte die Kinder der Stichprobe – insbesondere aber ein Kind – auffällig häufig für ihre Bemühungen und Arbeitsergebnisse (R4L+). Wenn überhaupt, dann hat sie sich durch die Beobachtungen beeinflussen lassen in dem Sinne, sich den gerade beobachteten Schülern häufiger als üblich zuzuwenden. Dies führte allerdings die Beobachter nicht dazu, nun bei diesen Kindern ein verstärktes Suchen nach Bestätigung durch den Lehrer (R4L) wahrzunehmen.

Offenen Tadel (R4L–) haben die Beobachter sehr selten und nur in Klasse 1 gesehen und festgehalten. Auffällig oft haben Kinder aus dieser Klasse Ergebnisse ohne eigene Lösungsbemühungen, meist von Kontrollblättern, übernommen (R5). Allerdings kam der relativ hohe Anteil von R5 vor allem durch die konflikthaft zugespitzte Überforderungssituation eines Kindes unserer kleinen Stichprobe zustande. Alle drei Beobachter machten unabhängig voneinander die eine oder andere Zusatzbemerkung zum ausgeprägt mißerfolgsorientierten Handeln und Erleben bei diesem Kind. Ich komme nun zum letzten Hauptabschnitt unserer Beobachtungskategorien, zu den FREIEN Tätigkeiten.

2.2.7 FREIE, nicht durch den Plan vordefinierte Tätigkeiten

Um dem Leser umständliches Hin- und Herblättern zu ersparen, wird ein Teil von Tabelle 1 (vgl. S. 49f) hier nochmals wiedergegeben:

7 Es muß hier hinzugefügt werden, daß die genannten Häufigkeitsunterschiede bei R4+ in Anbetracht der sehr kleinen absoluten Häufigkeiten und der Zuverässigkeitsmängel des Verfahrens ohne weiteres auch zufällig zustande gekommen sein können.

Tab. 5: Prozentuale Häufigkeit der Kategorien zu »FREIEN Tätigkeiten«				
		Klasse 1	**Klasse 2**	**Klasse 3**
Individuelle Tätigkeit	F1	17,9	12,0	3,6
Kooperative Tätigkeit; Kommunikation über Material oder Tätigkeit	F1L F1S	0,4 7,4	0,4 8,4	0,4 4,4
Informelle Kommunikation mit L., S., Beobachter (B)	F2L F2S F2B	0,2 5,6 0,3	0,3 7,0 1,5	0,1 9,6 0,2
Trödelei, Nichtstun	F3	8,4	6,2	7,1
Störung von außen	F4	0,7 (47)	1,2 (54)	0,4 (31)
Summe FREIE Tätigkeiten	F	40,9	37,0	25,8

Beginnen wir den Kommentar mit der letzten Kategorie: Unterbrechungen der eigenen zielgerichteten Tätigkeit durch ablenkende Ereignisse im Klassenzimmer (F4) mit der Folge nur noch zielloser Aufmerksamkeit und Herumtrödelei (F3), das mußte den Kindern im WP-Unterricht sehr oft widerfahren, wenn pessimistische Befürchtungen über WP u.ä. Unterrichtsformen zuträfen. In ( ) sind bei F4 die absoluten Häufigkeiten der F4-Sequenzen angegeben; sie sagen uns, wie oft die Beobachter von irgendeiner Kategorie zu F4 übergingen, unabhängig davon, wie lange dann F4 beibehalten wurde (meist nur für ein 15-Sekunden-Intervall). Rechnet man die Häufigkeitsangaben auf eine WP-Stunde à 40 Minuten und ein Kind um, so läßt sich sagen: Pro WP-Stunde unterbrachen die Kinder im Durchschnitt etwas mehr als einmal (in Klasse 3) bis zu etwas mehr als zweimal (in Klasse 2) ihre Tätigkeit auf Grund störender oder ablenkender Ereignisse im Klassenzimmer. In Klasse 2 ist die Häufigkeit von F4 in relativ starkem Maße durch eine besondere WP-Stunde bedingt (vgl. dazu S. 51).

Gemessen an diesem Kriterium scheint mir die Arbeitsdisziplin im WP-Unterricht der drei Klassen insgesamt bemerkenswert hoch gewesen zu sein und zwischen den Klassen variabel. Die Häufigkeit von F4-Ereignissen (bzw. entsprechenden Protokolleintragungen der Beobachter) geht vor allem auf zwei Bedingungen zurück: die Häufigkeit potentiell störender Ereignisse (z.B.: lautes Rufen; Holzbausteine fallen zu Boden) und die subjektive Ablenkbarkeit der jeweils beobachteten Schüler.

F3 (ungezielte Aufmerksamkeit, Herumtrödeln, »Nichtstun«) ist eine sehr problematische Kategorie: Der größte Teil von F3-Sequenzen trat nicht im Anschluß an F4 auf. Bedenke ich, was F3 konkret alles bedeuten konnte, z.B. Ausruhen nach einer Anstrengung, verbunden mit einer kleinen Zwischenmahlzeit; Nachdenken über eine WP-Aufgabe (Problem der Abgrenzung zu A2) oder über ein ganz anderes Problem; träumerisches Aus-dem-Fenster-Schauen; durchs Klassenzimmer laufen und sich einen schnellen Eindruck verschaffen, was die anderen so machen; bedenke ich all dies, so kommt mir der Anteil von F3 (6 bis 8% der WP-Zeit) klein vor. Nach wie vor ist mir am WP-Konzept sympathisch, daß es von seinen Grundzügen her den Kindern keine Anlässe für ein »Leben unter der Schulbank« gibt (vgl. dazu vor allem Heinze, 1976; Reinert u. Zinnecker, 1978). Im WP-Unterricht wird den Kindern das Recht zugestanden, ihre Pausen ganz offen zu machen; sie können sich, ohne unmittelbar Mißbilligung von Lehrerseite fürchten zu müssen, vom Thema und der Arbeit abwende n und wieder zuwenden, wenn sie den Zeitpunkt für gekommen halten. Ich sehe darin einen WP-spezifischen Verhaltensspielraum, der WP-Unterricht für die Kinder zu einer kleinen Entlastung machen kann.[8]

In diesem Sinne können auch der informelle, nichtaufgabenbezogene Austausch der Kinder untereinander (F 2S) und die Kontakte zu den Beobachtern interpretiert werden (F2B). Im WP-Unterricht können sich die Kinder neben der Arbeit oder zwischen Arbeitsepisoden über persönliche Erfahrungen inner- und außerschulischer Art unterhalten, ohne daß dies bereits den Keim schwerwiegender »Disziplinprobleme« in sich tragen müßte. »Was habt ihr denn da miteinander zu reden«, das ist eine Lehreräußerung, die im WP-Unterricht wohl nie vorkommen wird.

Alle F2- und F3-Kategorien zusammengenommen ergeben die »Entlastungszeiten« von 14 bis 17% der WP-Gesamtzeit, welche die Kinder sich nehmen. Ist es Zufall, wenn in Klasse 3, in der sich die Kinder am meisten für die Erfüllung der WP-Forderungen einsetzen mußten, auch die »Entlastungszeit« etwas größer (17%) war als in den beiden anderen Klassen?

Der geringe Anteil informeller Kommunikation mit dem Lehrer (F2L) in allen drei Klassen (0,1 bis 0,3%) ist nicht überraschend; auch im WP definieren Lehrer und Schüler ihre Beziehung vorwiegend als eine Arbeitsbeziehung, obgleich im WP wohl eher als in frontalen Unterrichtsformen Chancen zur Erweiterung der Beziehung bestehen. Ist es erfreulich oder bedauerlich, wenn diese Möglichkeiten gemäß unseren Beobachtungen so wenig genutzt wurden?

In jedem Fall bedenklich ist allerdings, in welch geringem Maße sich die Lehrerinnen auf freie, nicht durch den Plan vordefinierte Tätigkeiten der Kinder einließen (F1L: 0,4% in allen drei Klassen). Relativ selten ist F1L in Klasse 1, in der ja freie Tätigkeiten der Kinder eine vergleichsweise große Rolle gespielt haben (F1 und F1S zusammen 25,3%). In Klasse 3 waren freie Tätigkeiten wegen der hohen Leistungsforderungen durch den Plan weniger häufig (F1 und F1S zusammen: 8%); gemessen daran sind 0,4% für die Kategorie F1L ein relativ hoher Anteil.

8 WP-Unterricht als ein Beitrag zur »Humanisierung des Arbeitslebens in der Schule«? – mir scheint das eine nicht ganz abwegige Idee zu sein; vgl. etwa das Konzept der »teilautonomen Arbeitsgruppen« in der Industriepsychologie, dargestellt z.B. bei Ulich u.a. (1973, S. 84f); bei näherer Betrachtung werden da einige Analogien deutlich.

Die Kategorie F2B umfaßt alle direkten Kontakte der Beobachter mit ihren »Zielschülern«, die während der Beobachtungszeit nur von den Schülern initiiert wurden, meist mit der Frage: »Was schreiben Sie denn da?« Häufig waren das wohl Versuche zu weiter gehender Kontaktaufnahme, da den Kindern erklärt worden war, was die Beobachter machen. Nicht nur die jeweiligen Zielschüler haben sich für die Besucher interessiert. Alle drei Klassen waren an Besucher, gerade auch in den WP-Stunden, gewöhnt, so daß unsere Hospitation besonderer Art wahrscheinlich keinen speziellen Einfluß auf das Verhalten der Kinder gehabt hat.

Der geringe Anteil von F1L (Schüler kommuniziert mit Lehrer über freie Tätigkeit) korrespondiert im übrigen einem schon mehrfach angedeuteten Problem, das zum Abschluß dieses Abschnitts noch einmal beleuchtet werden soll: Es scheint, als wäre es den Lehrerinnen schwergefallen, sich im Rahmen des WP-Unterrichts vorwiegend in inhaltliche Aktivitäten der Kinder einzuschalten, sei es bei der Bearbeitung von Planaufgaben oder bei freien Tätigkeiten der Kinder; statt dessen scheinen sie primär strukturierend, organisierend und fordernd agiert zu haben. In der folgenden Tabelle 6 sind die Kategorien zusammengestellt, in denen (hypothetisch) die unmittelbar und potentiell lernwirksamen Austauschprozesse zwischen den Kindern und ihren Lehrerinnen erfaßt worden sind. Alle anderen Kategorien des Kontakts (»Rest«) stehen möglichen Lernprozessen der Kinder weniger nah.

Tab. 6: Prozentuale Häufigkeit der Kategorien zur Lehrer-Schüler-Interaktion; potentiell lernwirksame vs. Rest

		Klasse 1	Klasse 2	Klasse 3
Lehrerhilfe bei Planaufgabe	A5L	1,8	1,0	0,7
Kontrolle der Resultate durch L.	R2L	0,1	–	0,4
Lob des L.s	R4L+	0,1	0,4	0,1
Kommunikation mit L. über freie Tätigkeit	F1L	0,4	0,4	0,4
Summe potentiell lernwirksamer Lehrer-Schüler-Kontakte		2,4	1,8	1,6
Rest		4,1	5,4	3,6
Summe Lehrerkontakte		6,5	7,2	5,2

Wenn sich die Lehrerinnen auf die beobachteten Schüler bezogen, so hatten die Beobachter in weniger als einem Drittel aller Situationen den Eindruck, es ginge dabei unmittelbar um inhaltsbezogene Probleme bei der Bearbeitung vorgegebener Aufgaben oder die Lern- und Spielgelegenheiten, die sich die Kinder selbst gewählt hatten. Nach m.E. ist das ein bedenkliches Ergebnis, das es später, vor allem in den Kapiteln 5. bis 7. noch schärfer zu diskutieren gilt.

2.2.8 *Eine spezielle Hypothese über »FREIE TÄTIGKEITEN«*

Zum Abschluß des Berichts über die Beobachtungen seien eine spezielle Hypothese und entsprechende Daten präsentiert.

Hypothese: Wenn Kinder im WP-Unterricht sich ihre Lern- und Spielgelegenheiten selber aus einem Angebot wählen können, so ist ihre Persistenz bei entsprechenden »freien Tätigkeiten« (F1) größer, als wenn sie Aufgaben bearbeiten, die ihnen durch den Plan verbindlich vorgegeben sind (A2). M.a.W.: Die ununterbrochenen (genauer: die nur von F1S oder F1L unterbrochenen) Sequenzen von F1 sind länger als die ununterbrochenen (genauer: die nur von A3, A4 oder A5 unterbrochenen) Sequenzen von A2.

Anmerkungen zur Begründung der Hypothese:

1. Kinder sind früh in ihrer Entwicklung (lange vor dem Schulalter) fähig, sich selbst »Lerngelegenheiten« zu suchen bzw. solche regelrecht zu schaffen. Das spontane kindliche Spiel bei geeigneten Anregungsbedingungen zeugt davon.
2. Freiwillige, aus eigenem Bestreben gewählte Tätigkeiten werden normalerweise mit mehr subjektivem Engagement verfolgt als die Ausführung von Anweisungen. Nur unter ganz besonders glücklichen Umständen kommen subjektive Strebungen und vorgegebene Tätigkeitsanweisungen zur Dekkung.
3. Werden »Lernbefehle« für eine ganze Klasse von 30 Kindern einheitlich vordefiniert, so entsteht neben dem unter 2. genannten Problem immer auch das Risiko »schlechter Passung« zwischen Aufgabe (»Lernbefehl«) und Lernvoraussetzungen der Schüler. (Auf diese Themen wird in den Kapiteln 5. bis 7. ausführlicher eingegangen.)

Daten zur Hypothese: Aus unseren Beobachtungsprotokollen kann nicht nur entnommen werden, in wieviel 15-Sekunden-Intervallen eine bestimmte Kategorie überhaupt vorkam, sondern auch über wieviel solcher Intervalle, d.h. in welchen Sequenzen, eine Kategorie ohne Unterbrechungen durch andere Kategorien von den Beobachtern gewählt wurde (vgl. auch S. 29f). Als Unterbrechung von A2-Sequenzen (individuelle Arbeit an einer Planaufgabe) wird das Auftreten einer Nicht-A-Kategorie oder von A1 (organisatorisch-technische Tätigkeiten) gewertet. Der Wechsel zu A3 (Kooperation mit anderem Schüler) oder A5 (Hilfe erhalten) indiziert ja nicht, daß sich der Schüler vom Prozeß der Aufgabenbearbeitung abwendet.

Als Unterbrechung von F1-Sequenzen wird jedes Auftreten einer Nicht-F1- oder -F1L/S-Sequenz gewertet. Das Mittel der so definierten Sequenzen gilt nun als Schätzmaß für die Persistenz, mit welcher die Kinder an verbindlich vordefinierten WP-Aufgaben arbeiteten bzw. selbstgewählte Lern- und Spielgelegenheiten (freie Tätigkeiten) realisierten.

Die Hypothese ist nicht trivial, weil gegen jede Art von »Angebotsunterricht« immer wieder vorgebracht wird, Kinder würden in ein orientierungsloses Hin und Her zwischen den verschiedenen Angeboten und »Nichtstun« verfallen, d.h. zu keiner persistenten Aktivität gelangen, wenn ihnen nicht in jedem Moment genau gesagt wird, was sie zu tun haben. Dies müßte sich in relativ kurzen F1-Sequenzen ausdrücken, weil ja zwischen die verschiedenen sporadischen Tätigkeiten, z.B. in einem Buch blättern und dann mit Bausteinen bauen, immer wieder kürzere oder längere Episoden von A1 (z.B. Aufräumen) oder F3 (Herumtrödeln) eingestreut sein müßten.

Tab. 7: Mittlere Länge der Sequenzen von» ARBEIT« und »FREIEN Tätigkeiten« (Definition s. o.)

	Klasse 1	**Klasse 2**	**Klasse 3**
Mittlere Länge der A2-Sequenzen	3,1	5,0	3,9
Mittlere Länge der F1-Sequenzen	4,7	5,8	3,9

Kommentar: Die Daten stützen die Hypothese in der von mir erwarteten Klarheit nur bei Klasse 1 und tendenziell bei Klasse 2. Bei Klasse 3 unterscheiden sich die Sequenzlängen nicht. Allerdings ist hier der relativ geringe Anteil von F1 zu berücksichtigen, möglicherweise wäre der Mittelwert der F1-Sequenzen auch in Klasse 3 höher ausgefallen, wenn die Kinder mehr Zeit für freie Tätigkeiten gehabt hätten. Inhaltlich können die mittleren Sequenzlängen wie folgt interpretiert werden: Das Mittel vieler im einzelnen sehr unterschiedlich langer Sequenzen von A2 und F1 war in Klasse 3 nicht ganz vier 15-Sekunden-Intervalle, also knapp eine Minute; dann unterbrachen die Kinder ihre Tätigkeit von selbst oder auf Grund störender Außeneinflüsse. Auffälligerweise schneidet Klasse 3, deren WP-Arbeitsdisziplin an anderen Stellen lobend hervorgehoben wurde, bei diesem Kriterium weniger gut ab. Vielleicht spielen hier die sehr hohen Leistungsforderungen und deren geschäftsmäßig gewordene Erledigung eine Rolle.

In Klasse 2, in welcher die Beobachter die meisten Unterbrechungen der aufgabenbezogenen Schülertätigkeit durch äußere Störeinflüsse (F4) wahrgenommen hatten, finden wir nun sowohl bei der Arbeit an den Planaufgaben wie bei den freien Tätigkeiten die größte Persistenz. Selbst wenn es im WP-Unterricht einer Klasse manchmal turbulent zugeht (in Klasse 2 war das öfter als einmal der Fall), muß dies nicht zu einem Zerfall zielgeric hteter Aktivität und Disziplin führen.

2.2.9 *Zusammenfassende Interpretation der Ergebnisse und Kritik der Untersuchungsmethode*

Im Anschluß an die zuletzt dargestellten Befunde kann man sagen: Auf Lern- und Spielgelegenheiten lassen sich Grundschulkinder auch in der Schule gern ein, und sie realisieren diese Gelegenheiten durchaus in geordneten (hier als persistent definierten) Verhaltenssequenzen. Abbau von Handlungsregulationen auf seiten der Kinder mit chaotischen Folgen resultiert nicht, wenn neben Forderungen (z.B. verbindlichen WP-Aufgaben) auch weniger strikt verbindliche Angebote gemacht werden.

Dem kontrastieren einige Indizien dafür, daß die Lehrerinnen, über ihre Planvorgaben hinaus, die Tätigkeit der Schüler häufiger allgemein fordernd strukturierten und sich weniger indirekt fördernd auf die durch die Vorgaben in Gang gesetzten Aktivitäten beziehen. Nur ein relativ kleiner Teil des Austauschs zwischen Lehrer und Schüler schien sich für die Beobachter auf den Prozeß der Aufgabenbearbeitung i.e.S. oder »Freie Tätigkeiten« zu beziehen. Das ist bedenklich, zumal der Lehrer in Organisationsformen des Unterrichts wie WP »knapp« ist, d.h. für den einzelnen Schüler nur während eines kleinen Teils der Unterrichtszeit präsent ist. Korrespondierend dazu steigt (zumindest quantitativ) die Bedeutung der Kooperation mit anderen Schülern, vor allem was die Bewältigung von aufgabenbezogenen Schwierigkeiten und die unmittelbare Kontrolle der Arbeitsresultate angeht (insbesondere, wenn Hilfen zur Selbstkontrolle fehlen).

WP kann ein Organisationsrahmen für Unterricht sein, der den Schülern einen gewissen »Spielraum für die Selbstorganisation ihrer Lernarbeit« gibt; die Indizien für die insgesamt doch recht gute Arbeitsathmosphäre in den drei Klassen (Anteile der entsprechenden Kategorien, Sequenzlängen, Häufigkeit von Unterbrechungen u.a.) weisen darauf hin, daß die Schüler insgesamt mit diesem WP-spezifischen Spielraum ganz gut zurechtgekommen sind.

Exkurs: Kritik der Untersuchungsmethode

Abschließend folgen nun einige Anmerkungen zu methodischen Problemen des Beobachtungsverfahrens und dazu, wie ich aus meiner heutigen Sicht eine Beobachtungsstudie über WP-Unterricht anlegen würde: Einige Merkmale der Beobachtungsprotokolle deuten darauf hin, daß das Kategoriensystem, zumindest bei der hier gewählten Beobachtersituation (Distanz zum beobachteten Schüler), zu komplex ist, d.h. vom Beobachter Unterscheidungen von einer Vielzahl und Subtilität verlangt, die so (eben auf Distanz) kaum zuverlässig möglich sind. In vielen Protokollen kommen wiederholt längere Sequenzen vor wie: S3S/R3S, S3S/R3S usw. Da ich Autor und »Kenner« des Kategoriensystems war/bin, kommen in meinen Protokollen mehr verschiedene Kategorien und häufigere Wechsel zwischen Kategorien vor, insbesondere aus den Abteilungen STRUKTURIERUNG und RÜCKMELDUNG; einige Beobachter haben bestimmte Kategorien gar nicht oder zumindest wesentlich seltener als ich benutzt. Es sieht so aus, als wären die Beobachter häufiger in Situationen geraten, in denen sie »merkten«, daß es »ihrem Schüler« jetzt irgendwie um STRUKTURIERUNG oder RÜCKMELDUNG ging, und wählten dann, in Ermangelung genauerer Unterscheidungsmöglichkeiten, eine relativ stereotype Kategorienkombination (z.B.: S3S/R3S). Die Nichtübereinstimmungen in Parallelprotokollen waren insbesondere bei diesen Kategorien (R und S) im einzelnen, bezogen auf deren relativ kleinen Anteil, besonders häufig, während es hinsichtlich des summierten Anteils dieser Kategorien keine besonderen Differenzen gab.

Daraus folgt: Bei Beobachtungen auf Distanz sollten in Zukunft vor allem die S- und die R-Kategorien weitgehend zusammengefaßt oder gestrichen werden. Mit Beobachtungen dieser Art können »Grobstrukturen« des Schülerverhaltens wohl einigermaßen zuverlässig erfaßt werden. Indizien dafür erbrachte auch die erste Untersuchung mit einem vergleichsweise sehr einfachen Verfahren; aber Details der WP-spezifischen Organisationstätigkeit können sehr wahrscheinlich zuverlässiger und mit mehr Aussicht auf bedeutende neue Erkenntnisse erfaßt werden, wenn die Distanz zwischen Beobachter und »Ziel-Schüler« verringert und gleichzeitig eine sinnvolle Kombination von standardisierter Beobachtung und »freiem Protokollieren« ermöglicht wird.

Abschließend möchte ich skizzieren, wie so etwas nach meinen heutigen Vorstellungen aussehen könnte: Der Beobachter gibt sich dem zu beobachtenden Schüler als solcher zu erkennen und trifft mit ihm eine Vereinbarung, etwa folgender Art: »Ich möchte gerne etwas darüber erfahren, wie und was Kinder im WP-Unterricht arbeiten. Bist du einverstanden, daß ich mich in dieser Stunde zu dir setze und dir zuschaue? Oder würde dich das sehr stören? Da ich etwas über dich und deine WP-Arbeit erfahren möchte, kann ich nicht dauernd mit dir zusammenarbeiten. Ich möchte auch aufschreiben, was ich so sehe. Darüber können wir vielleicht am Ende der Stunde reden. Mich interessiert gerade, ob und wie du ohne meine Hilfe mit dem WP zurechtkommst. Wärest du einverstanden, wenn wir uns gegenseitig nur solche Fragen stellen, die der andere mit ›Ja‹ oder ›Nein‹ beantworten kann?« Gewiß würde der engere Kontakt zwischen Beobachter und Schüler dessen Verhalten beeinflussen. Entsprechende Versuche hatten deutlich gezeigt, wie z.B. die individuelle Arbeitsbereitschaft von Schülern steigt, wenn sie nur, für alle offensichtlich, »unter den Augen« eines erwachsenen Zuschauers tätig werden, und wie gleichzeitig die Kooperation mit Klassenkameraden abnimmt (solche Prozesse sind in der Sozialpsychologie vielfach untersucht worden; vgl. etwa Mann 1972, S. 110f). Das wäre aber dann methodisch unproblematisch, wenn der Kontakt bei verschiedenen Schüler-Beobachter-Paaren in gleicher Weise geregelt würde. Die Regel, sich gegenseitig nur Fragen zu stellen, die mit »Ja« oder »Nein« beantwortet werden können, erlaubt zum einen die Vereinheitlichung des Kontakts, ohne diesen ganz auszuschließen, was bei der geringen räumlichen Distanz wohl auf die Dauer stören würde; zum anderen aber würde eine systematische Sammlung und Auswertung dieser Fragen viele interessante Einblicke in verschiedenste Aspekte der WP-Arbeit erbringen können. Die Beobachter könnten neben dem Auftrag zum Mitschreiben dieser Fragen mit einem einfachen Verfahren die »Verlaufsstrukturen« des Verhaltens ihrer Schüler festhalten und bei einem ausreichend großen Beobachtungs-/Protokollierungsintervall (z.B. 15 Sekunden) dieses standardisierte Protokoll durch freie Mitschriften zum Inhalt der Tätigkeit ergänzen. Nur so würde es m.E. möglich sein, über eine Analyse der »Grobstrukturen« des Verhaltens hinaus sich dem methodisch zu nähern, was Lerntätigkeit i.e.S. (bzw. die korrespondierende Arbeitstätigkeit) im WP-Unterricht ist bzw. sein könnte. Ein Beispiel für eine solche Art von Beobachtungen, allerdings weit von Systematik und methodischer Kontrolle entfernt, folgt weiter unten in Kapitel 5.

3. Was halten die Kinder von WP-Unterricht – Bericht über eine Befragung in sieben Klassen

3.1 Vorbemerkungen

Der vorangegangene Abschnitt hat einen groben Einblick in durchschnittliche Muster des Verhaltens von Kindern im WP-Unterricht gegeben. Verhaltensdaten allein sagen jedoch wenig darüber, welche Bedeutung die WP-Arbeit für die jungen Subjekte hat oder haben kann. Sehen Grundschüler den WP-Unterricht als eine für sie sinnvolle Unterrichtsform an? Würden sie weiter WP machen wollen, wenn sie darüber zu entscheiden hätten? Wie sehen sie WP-Unterricht im Vergleich zu anderen Unterrichtsformen? Unterscheiden sich die WP-Erfahrungen von Kindern aus unterschiedlichen Klassen und Schulen? Beurteilen die Kinder einer Klasse bestimmte Aspekte unterschiedlich, d.h., welche Antwortstreuungen gibt es innerhalb und zwischen verschiedenen Schulklassen?

Um der Beantwortung solcher Fragen mit einfachen und ökonomisch durchführbaren Mitteln näher zu kommen, hat der Verfasser in Zusammenarbeit mit zwei Lehrerkolleginnen einen »Fragebogen zum Wochenplanunterricht« entworfen und in sieben Klassen eingesetzt. Wir haben damals diesen Fragebogen innerhalb sehr kurzer Zeit »zusammengebastelt«. Heute, nach einer gründlicheren Auseinandersetzung mit der Methodologie von Fragebogen(items), sehe ich manche Mängel auch bei diesem Forschungsinstrument klarer. Daran wird erneut ein Dilemma von Handlungsforschungsprojekten deutlich: Die beteiligten »Forscher« geraten leicht unter einen Handlungsdruck bzw. setzen sich selbst unter solchen, der nur wenig Zeit für die sorgfältigere Konstruktion, Analyse und Reflexion der jeweils verwendeten Methoden läßt. Das inhaltlich-evaluative Interesse, etwa an den Antworten auf bestimmte Fragebogenitems, ist auf Grund des Kontexts – Entwicklung und Erprobung eines Unterrichtsmodells in enger Kooperation mit Lehrern und Schülern – wesentlich größer als ein mehr methodisches Interesse.

Zu meinem WP-Fragebogen von damals werde ich also im Verlauf der weiteren Darstellung einige kritische Anmerkungen und Veränderungsvorschläge machen, die von anderen berücksichtigt werden sollten, wenn sie sich zum Zwecke einer (Teil-)Evaluation von WP-Praxis unseres Fragebogens bedienen wollen.

Eine erste Schülerbefragung fand im Rahmen des Grundschulprojekts bei sogenannten WP-»Adaptationen« statt, d.h. Erprobungen des WP-Modells außerhalb des engeren Kreises der Projektklassen (vgl. auch Abschnitt 8.1). Diese drei Klassen und ihre Leiterinnen waren also hauptsächlich durch die WP-Erprobung mit dem Grundschulprojekt in Kontakt gekommen. Sie befanden sich zum Befragungszeitpunkt im 3. Schuljahr. Klasse 1 hatte zu jenem Zeitpunkt bereits mehr als ein Jahr und fast ohne Unterbrechung WP-Unterricht gemacht; die Lehrerin hatte die Klasse drei Monate zuvor übernommen und die WP-Tradition ihrer Vorgängerin weitergeführt. Klasse 2, an derselben Schule wie Klasse 1, hatte mit ihrer Lehrerin etwa sechs Monate vor der Befragung mit der WP-Arbeit begonnen. Zeitweise kooperierten die beiden Lehrerinnen bei der Erarbeitung der Wochenpläne; aber nur selten waren die Pläne in den Parallelklassen völlig identisch. Die Lehrerin von Klasse 3, von einer anderen Schule, hatte sechs Wochen vor der Befragung mit dem WP-Unterricht begonnen.

Die zweite Befragung wurde 1995 durchgeführt. Die vier beteiligten Klassen stammen aus einer Schule, in welcher WP-Unterricht, auch bedingt durch das Engagement der Schulleiterin[1], bereits eine mehrjährige Tradition hatte. Klasse 4 war ein 3. Schuljahr, die Klassen 5 bis 7 waren 4. Schuljahre. Zum Befragungszeitpunkt hatten die vier Lehrerinnen in ihren Klassen WP-Unterricht über einen Zeitraum von mindestens zwei Jahren praktiziert. An den Antworten der Kinder aus den Klassen 4 bis 7 werden wir also ablesen können, ob es so etwas wie eine ermüdende WP-Routine gibt oder ob sich eher umgekehrt die Freude der Schüler an dem veränderten Schulunterricht mit zunehmender Erfahrung erweitert.

In allen Klassen hatten jeweils etwa zwei bis vier Kinder offensichtliche Schwierigkeiten mit der Beantwortung der Fragen oder hatten keine Lust dazu; das wurde deutlich an häufigen Auslassungen, regelmäßigen Ankreuzungsmustern wie nur »ja« oder streng alternierend »ja« und »nein«. Einige Kinder ausländischer Herkunft waren erst relativ kurz vor der Befragung in eine deutsche Schule gekommen und konnten deshalb die Fragen nur schwer verstehen. Alle Fragebogen mit in diesem Sinne zweifelhaften Ankreuzungen wurden aus der Auswertung ausgeschlossen. Pro Klasse fehlten am Tag der Befragung jeweils ein bis zwei Kinder.

Die soziale Herkunft der Schüler entsprach bei allen sieben Klassen im großen und ganzen dem bundesdeutschen Durchschnitt. Die Schulen der Klassen 1–3 lagen in einem ländlichen Raum; die Schule der Klassen 4–7 am kleinstädtisch geprägten Rande einer Großstadt.

Der Zweck des Fragebogens und die z.T. recht schwierige Technik seiner Beantwortung wurden in einem Teil der Klassen vom Verfasser mit Beispielen an

1 Immer noch viel zu selten, aber sie kommt doch vor, die Schulleiterin.

der Tafel erläutert, in den anderen Klassen haben das die Lehrerinnen übernommen. Der knappe Text auf der Vorderseite des Bogens, der als Instruktion allein nicht ausgereicht hätte, lautete:

Fragebogen zum Wochenplanunterricht (WP)

»Liebe Kinder,

Ihr macht schon eine Weile Wochenplanunterricht. Wir würden gerne von Euch wissen, wie Ihr den WP findet. Dazu haben wir eine Reihe von Fragen an Euch. Sagt bitte Eure Meinung ganz ehrlich. Ihr braucht euren Namen nicht anzugeben, so daß niemand weiß, wer da geantwortet hat. Eure Angaben werden uns helfen, den WP noch besser zu machen.

Es gibt keine richtigen oder falschen Antworten; was zählt, ist Deine persönliche Meinung zu den Fragen. Zuerst kommen ein paar Fragen zum WP, auf die Du nur mit ›Ja‹ oder ›Nein‹ zu antworten brauchst. Mache ein Kreuz unter ›Ja‹ oder ›Nein‹.«

3.2 Sechs einfache Statements zur Beurteilung von WP-Erfahrungen

Tab. 1: Prozentuale Häufigkeit der »Ja«-Antworten zu den 6 einfachen Statements; der Anteil »Nein«-Antworten entspricht jeweils der Ergänzung auf 100%; $N_1 = 15$; $N_2 = 18$; $N_3 = 24$; $N_4 = 24$; $N_5 = 18$; $N_6 = 18$; $N_7 = 17$; fett geschrieben die Gesamthäufigkeit über alle 7 Klassen in %; daneben die Häufigkeiten für die Klassen 1–7.

1. Wenn wir am Anfang der Woche einen neuen Plan kriegen, dann denke ich mir oft: »Das schaffst du nicht!«	**28**	39 37 13 33 50 0 29
2. Ich sitze manchmal da, bis der Lehrer mir sagt, was ich tun soll.	**10**	11 26 4 25 0 11 0
3. Wenn ich eine Aufgabe falsch habe, dann schreibe ich die richtigen Lösungen ab.	**41**	67 53 21 4 78 44 41
4. Am Ende der Woche bin ich mit dem Plan meistens fertig.	**76**	83 79 87 75 56 83 65
5. Es sollte mehr WP-Stunden geben.	**59**	50 63 54 21 100 78 65
6. Ich bin ein Junge.	**53**	42 57 53 58 44 56 59

Item 2 thematisiert eher indirekt den WP-spezifischen Entscheidungsspielraum, den die Schüler so oder so wahrnehmen können; es umschreibt eine Klasse von Situationen, in denen es dem Kind nicht oder nicht flott genug gelingt, die gegebenen Selbsteuerungschancen zu nutzen; statt dessen wartet es passiv auf die Lenkung durch den Lehrer, oder dieser kommt dem Kind mit seinen Strukturierungen zuvor.

In den Klassen 2 und 4 gibt immerhin ein Viertel der Kinder zu, manchmal dazusitzen und zu warten, bis der Lehrer sagt, was getan werden soll. Die Lehrerin von Klasse 2 hatte sich mehrfach über den Unterrichtsstil ihrer Vorgängerin beklagt: Die Kinder seien in den ersten beiden Schuljahren in hohem Maße auf die führende und kontrollierende Autorität der Lehrerin »fixiert« worden, und dies habe sich nur allmählich abbauen lassen. Im großen und ganzen aber scheinen die Kinder auf die offenere Ausgangssitutation im WP-Unterricht eher aktiv als passiv zu reagieren.

Die Umschreibung des Antwortvorgangs als »Zugeben« bei Item 2 macht Mängel dieses und anderer Items deutlich. Allgemein und grob gesagt: Die Antwort auf manche Statements verlangt von den Kindern zuwenig Kritik des WP und zuviel Selbstkritik, wenn die Aussagen der Kinder primär zu einer kritischen Evaluation des WP beitragen sollten.

Die Antworten auf Item 3 machen ganz klar deutlich, was vom global positiven Urteil der Kinder über die Selbstkontrolle zu halten ist. Annähernd die Hälfte der Kinder »gibt zu«, manchmal Lösungen abzuschreiben, wobei allerdings erhebliche Differenzen zwischen den Klassen auftreten. Von den Beobachtungen, über die in Kapitel 2. berichtet wurde, wissen wir: Wenn im WP-Unterricht abgeschrieben wird, dann meist von den Kontrollblättern u.ä. Finden die Schüler Kontrollmöglichkeiten womöglich nur deshalb gut, weil durch sie die Chance besteht, »mühelos« zu den geforderten Resultaten zu gelangen? Die Statements 1 und 4 thematisieren einmal mehr prospektiv (Item 1) und im anderen Fall (Item 4) mit mehr retrospektivem Akzent der Aussage das Problem der Überforderung durch den WP. Auch diese Itemformulierungen sind fragwürdig, weil die Kinder hier indirekt sich selbst Mängel der Unterrichtsplanung zuschreiben müssen, wenn sie den Statements zustimmen. Bei Item 1 etwa könnte der letzte Teil statt »Das schaffst du nicht!« auch »Schon wieder soviel!« lauten.

Gleichwohl, ein relevanter Teil aus fast allen Klassen gibt Überforderungserfahrungen zu; entweder fühlten sich viele Kinder zu Beginn einer WP-Periode überfordert (Frage 1), oder die Woche endete für sie mit der wohl eher unangenehmen Tatsache, die Minimalanforderungen (den Plan) nicht bewältigt zu haben; dieser Befund gilt auch für Klassen mit längerer WP-Erfahrung.

Für die obengenannte Vermutung eines Zusammenhangs zwischen erlebten Überforderungen und der Bereitschaft, Lösungen von Kontrollblättern abzuschreiben, spricht folgendes: Aus Klasse 5 berichten die meisten Kinder von Überforderungen und sagen gleichzeitig auffällig oft (78%), von Kontrollblättern o.ä. abzuschreiben. Auch die Reaktionen auf andere Items sprechen für einen besonders starken Leistungsdruck in Klasse 5. Die Antworten der Kinder auf die Überforderungsitems korrespondieren mäßig mit ihren Schulleistungen, wie sie vom Lehrer durch die Noten eingestuft werden. Das sei in Tabelle 2 beispielhaft verdeutlicht:

Tab. 2: Kontingenztafel für den Zusammenhang zwischen Schulleistungsrang und den Reaktionen auf Item 4. Zeugnisnoten lagen nur vor von den Klassen 5–7. Diese wurden in vier Schulleistungsrangstufen zusammengefaßt. Kontingenzkoeffizient C = 0.32.

	Notenstufe	1	2	3	4
4. Am Ende der Woche bin ich mit dem Plan meistens fertig	ja	10	13	8	7
	nein	0	5	6	5

Die Aussagen der Kinder unterstreichen m.E. die Notwendigkeit, die Plananforderungen zu differenzieren. Eine globale Differenzierung nach dem Motto, den »guten« Schülern einen »schweren«, den »schwachen« einen leichten und weniger umfangreichen Wochenplan, könnte grobe Überforderungserfahrungen etwas lindern, keinesfalls aber völlig ausschließen, eben weil diese nicht sehr stark mit dem Schulleistungsrang korrelieren. So einfach ist die richtige »Passung« zwischen Lernvoraussetzungen und Anforderungen nicht herzustellen. Nach meinen heutigen Maßstäben ist die Frage 5 am besten formuliert. Sie enthält eine einfache Aussage, die den Kindern eine allerdings globale Stellungnahme zu ihren WP-Erfahrungen ermöglicht, ohne damit sich selbst irgendwelche negativen Attribute zuschreiben zu müssen, wenn die Antworten WP-kritisch ausfallen sollten. Bis auf eine Ausnahme (Klasse 4) wünschen sich mehr als die Hälfte jeder Klasse mehr WP-Stunden. Im großen und ganzen scheint es den Kindern mit dem WP ganz gutzugehen. Man darf daraus allerdings auch den umgekehrten Schluß ziehen, daß nämlich eine relevante Minderheit von Schülern den WP-Stunden nicht gerade mit Freude entgegensieht.

In Klasse 4 haben die Schüler eindeutig genug von WP, obwohl es bei ihnen nur jeweils etwa vier WP-Stunden pro Woche gegeben hat. Die Antworten zu weiteren Items stützen die Vermutung, daß in dieser Klasse eine insgesamt eher negative Atmosphäre mit ausgeprägter Schulunlust herrschte. Nun muß allerdings bedacht werden, daß »normalerweise« ohnehin etwa ein Viertel der Schüler in unseren Schulen allgemein »schulmüde« ist (bzw. mit der Zeit geworden ist; vgl. etwa Fend u.a. 1976, S. 435f, Pekrun/Fend 1991, Helmke 1993). Auf das Statement »Ich gehe gern zur Schule« aus einem anderen Schülerfragebogen des Grundschulprojekts antworteten im Durchschnitt zweier Stichproben (N (gesamt) = 377) 25% der Schüler mit »Nein«, wobei es allerdings erhebliche Unterschiede zwischen verschiedenen Schulklassen gab.

Der Wunsch nach mehr WP-Stunden wird in der Regel aus positiven Erfahrungen mit WP-Unterricht entstehen; wie das Beispiel von Klasse 5 zeigt, kann es allerdings auch eine Reaktion auf häufig erlebte Zeitnot sein: Wer wie in dieser Klasse sehr oft mit dem Plan nicht fertig wird, was wohl eher nicht angenehm ist, wünscht sich als Lösung mehr WP-Stunden.

Für die häufig geäußerte Vermutung, mit zunehmender WP-Routine und nach Abklingen einer anfänglich meist ausgeprägten Euphorie der Schüler müsse es zu einer Art WP-Verdrossenheit kommen, gibt es im vorliegenden Datenmaterial keine Unterstützung. Es finden sich keine Beziehungen zwischen der Länge der WP-Erfahrung der Klassen und der allgemeinen Bewertung des WP.

3.3 Statements zum Vergleich von WP und »anderem Unterricht«

Im zweiten größeren Abschnitt des Fragebogens sollten die Kinder zuerst allgemein zu Items Stellung nehmen und dann einen Vergleich zwischen WP und »anderem Unterricht« vornehmen. Der Text im Fragebogen lautete: »Die nächsten Fragen sind schwerer zu beantworten. Zuerst sollst du ankreuzen, wie du überhaupt zu der Frage stehst, egal ob WP-Unterricht oder anderer Unterricht, den ihr sonst noch von eurer Lehrerin bekommt. Das ist die Spalte ›Ja‹ oder ›Nein‹. Dann sollst du überlegen, ob das mehr (öfter) für den WP-Unterricht oder den anderen Unterricht zutrifft. Wenn du keinen Unterschied feststellen kannst, dann kreuzt du die letzte Spalte an.«

Für viele Kinder wäre es sicher eine Überforderung gewesen, wenn sie nur auf Grund der Lektüre dieser Anweisung die Vergleichsitems hätten beantworten sollen. Statt dessen wurde mit Beispielen an der Tafel ausführlich der Beantwortungsmodus erläutert. Es bleibt die Frage, inwieweit von Grundschulkindern sinnvollerweise verlangt werden kann, für jedes Item zunächst hinsichtlich ihrer Schul- und Unterrichtserfahrung allgemein ein Urteil zu treffen und dann zwischen WP und »anderem Unterricht«, der ja seinerseits aus recht heterogenen Elementen zusammengesetzt ist, hinsichtlich eines bestimmten Aspekts zu unterscheiden. In jedem Fall ist die kognitive Seite der verlangten Aufsummierungs-, Herauslösungs- und Unterscheidungsleistungen so anspruchsvoll und problematisch zugleich, daß Zweifel am Wert der Antworten angebracht sind. Gleichwohl zeigten die Nachfragen der Kinder bei der Erläuterung des Verfahrens, daß zumindest einige das Prinzip verstanden hatten. Die Antwortmuster sind auch durchaus nicht »sinnlos«; bei einigen der ausgefüllten Bögen waren Beantwortungsprobleme jedoch so offensichtlich, daß sie bei der Auswertung der Vergleichsitems nicht berücksichtigt wurden. Je nach Item reduziert sich dadurch die Zahl der Bögen, die den folgenden Tabellen zugrunde liegen, nochmals um bis zu insgesamt 10. Zum Zwecke der Darstellung habe ich die Statements thematisch geordnet, aber die Numerierung der Items beibehalten, entsprechend der sie im Fragebogen angeordnet waren.

A. Globaler Vergleich

Beginnen wir, anschließend an den letzten Abschnitt, mit einer Gruppe von Statements, mit welchen den Kindern vergleichsweise globale Urteile über ihre Unterrichtserfahrungen ermöglicht werden sollten. Tabelle 3 enthält die entsprechenden Items (1, 4 und 9) und die prozentualen Antworthäufigkeiten der Kinder aus den sieben Klassen. Die anderen Items der Tabelle thematisieren mehr die Lern- und Leistungsbereitschaft der Schüler sowie mögliche Umstände ihrer Förderung bzw. Beeinträchtigung. Die Reaktionen der Kinder auf die Items 1, 4 und 9 sind geeignet, die Aussagen über das Verhältnis von WP-spezifischer und allgemeiner Schulverdrossenheit von oben etwas weiter zu präzisieren: Etwa ein Fünftel der Kinder gibt an, sich im Unterricht häufiger zu langweilen, wobei in fast allen Klassen häufiger im »anderen Unterricht« Langeweile erlebt wurde als im WP (26 vs. 8%). Im großen und ganzen sind die Verhältnisse bei den Items 4 und 9 ähnlich.

Es scheint, als könne der WP-Unterricht (in Grenzen) der allgemeinen Unterrichtsverdrossenheit entgegenwirken. Dieser gegensteuernde Effekt nimmt auch mit zunehmender Dauer der WP-Erfahrung erstaunlicherweise nicht ab, obwohl in den fraglichen Klassen 4–7 ebensowenig wie in den anderen eine besondere inhaltliche und formale Weiterentwicklung des WP-Grundkonzepts stattgefunden hat.

Tab. 3: Antworthäufigkeiten in % zu den Itemgruppen A, »Globaler Vergleich«, und B, »Leistungsbereitschaft und -zufriedenheit«; fett geschrieben die Gesamthäufigkeit über alle 7 Klassen in %; daneben die Häufigkeiten für die Klassen 1–7. Die Klassengrößen (N) siehe Tabelle 1 (S. 68)

	ja	**im WP öfter**	**im anderen Unterricht öfter**	**kein Unterschied**
1. Ich langweile mich im Unterricht.	17 33 22 **20** 46 6 0 6	11 7 13 **8** 8 17 0 7	33 27 48 **26** 21 17 6 18	56 67 39 **66** 71 67 94 71
4. Der Unterricht macht mir Spaß.	78 64 100 **77** 75 56 83 71	33 29 70 **50** 29 61 75 45	28 21 0 **14** 25 11 6 18	39 50 30 **36** 46 28 19 36
9. Ich finde es meistens schade, wenn die Stunde zu Ende ist.	39 67 65 **60** 62 61 72 47	28 33 61 **33** 36 24 18 33	33 27 17 **23** 18 35 12 13	39 40 22 **44** 45 41 71 53
2. Im Unterricht muß ich mich manchmal richtiganstrengen.	28 53 83 **70** 62 94 94 76	0 0 30 **15** 36 6 7 17	33 60 52 **50** 14 89 73 33	77 40 17 **36** 50 6 20 50
5. Nach der Stunde bin ich zufrieden mit dem, was ich getan habe.	100 93 87 **87** 88 78 89 76	28 47 26 **21** 17 17 6 6	61 27 35 **31** 43 33 0 19	11 27 39 **49** 39 50 94 75
11. Ich finde es wichtig, daß ich alle Aufgaben richtig löse.	50 87 96 **73** 79 50 67 71	0 13 61 **21** 27 12 6 0	56 47 17 **24** 23 31 6 0	44 40 22 **56** 50 56 88 100

Tab. 3: Antworthäufigkeiten in % zu den Itemgruppen A, »Globaler Vergleich«, und B, »Leistungsbereitschaft und -zufriedenheit«; fett geschrieben die Gesamthäufigkeit über alle 7 Klassen in %; daneben die Häufigkeiten für die Klassen 1–7. Die Klassengrößen (N) siehe Tabelle 1 (S. 68) (Fortsetzung)

	ja	im WP öfter	im anderen Unterricht öfter	kein Unterschied
12. Manchmal habe ich Angst, daß ich nicht fertig werde mit dem, was ich tun soll.	33 71 43 **47** 71 50 11 35	22 43 61 **31** 62 7 0 0	28 43 17 **19** 0 33 15 9	50 14 22 **50** 38 60 85 91
19. Manchmal habe ich Angst, viele Fehler zu machen.	33 71 74 **64** 62 94 28 71	22 0 22 **9** 18 0 0 0	44 64 48 **51** 45 94 25 31	33 36 30 **40** 36 6 75 69
33. Manchmal habe ich das Gefühl, im Unterricht nicht richtig mitzukommen.	26 43 30 **43** 67 50 39 41	11 0 17 **9** 22 0 0 8	42 57 30 **40** 39 65 25 25	47 43 52 **50** 39 35 75 67

B. Leistungsbereitschaft und -zufriedenheit

Mit den Items der zweiten Gruppe in Tabelle 3 werden die Kinder um Stellungnahmen gebeten zu ihrer Leistungsbereitschaft und -zufriedenheit (Items 2, 5 und 11) und zu möglichen Beeinträchtigungen der Leistungsmotivation durch Erlebnisse des Versagens und der Überforderung (Items 12, 19 und 33). 70% der Kinder geben an, sich im Schulunterricht anstrengen zu müssen (Item 2). Bei etwa der Hälfte der Kinder ist diese Anstrengung eher emotional negativ, von Ängsten und Überforderungserlebnissen durchsetzt (Items 12, 19, 33). Alle Überforderungsitems korrelieren mit dem Schulleistungsrang (Noten) der Kinder ($0.30 < C < 0.43$). Kinder, deren Schulleistungen vom Lehrer weniger gut beurteilt werden, haben mehr negative Gefühle gegenüber dem Lernen und der Leistung. Die »Leistungsschule« hinterläßt bei den Kindern Spuren, die mich beunruhigen (vgl. dazu weiter unten, Abschnitt 8.2).

Zwischen den Klassen an ein und derselben Schule gibt es gravierende Unterschiede im Ausmaß des von den Kindern erlebten Distress. Der Lehrer ist eine bedeutsame »Moderatorvariable« zwischen Leistungsgesellschaft und unserem Nachwuchs. Ob »nur« ein Viertel der Schüler Angst hat, viele Fehler zu machen (Item 19, Klasse 6) oder aber fast alle (Klasse 5), das hängt zu einem guten Teil von Variablen der Lehrer-Schüler-Interaktion, aber auch vom Leistungsdruck der Eltern u.a. Bedingungen ab (vgl. z.B.: Fend u.a. 1976; Fend 1977, 1991).

Durch das Wochenplanmodell kommt eine gewisse Linderung der genannten Negativerfahrungen zustande; die Angst vor Fehlern (Frage 19) und dem »kumulativen Defizit« (Frage 33) ist hier deutlich geringer, und zwar auch bei leistungsschwächeren Schülern. Allerdings macht sich der umfangreiche WP-Auftrag auch als eine gewisse Bürde bemerkbar, sichtbar bei den Antworten zu Frage 12.

Im »anderen Unterricht« sind die Kinder stärker einem klassenöffentlichen Bewertungs- und Konkurrenzdruck ausgesetzt, was einerseits Angst auslösen kann. Andererseits ist dieser Rahmen auch geeignet, eine besondere Qualität von Zufriedenheitserlebnissen zu stiften, wie es sich bei den Antworten zu Item 5 andeutet. »Andere Unterrichtsstunden«, mit stärkerer Führung durch den Lehrer, prägnanter markierten Anfängen und Abschlüssen, ermöglichten wohl einigen Kindern Erfahrungen der Leistungstüchtigkeit, die ihnen im Rahmen stärker selbstorganisierter Tätigkeit im WP nicht möglich waren.

Fazit: Es scheint, als entlaste der WP die Kinder etwas vom sonst wohl üblichen Druck, immer gleich und für andere sichtbar die richtigen Lösungen oder Antworten parat haben zu müssen. Es sieht so aus, als erlebten die Kinder den WP als Linderung des Zwangs, einem vereinheitlicht vorgegebenen Arbeitstempo folgen zu müssen. Der relativ enge, formale Spielraum zur Selbstorganisation von Arbeitsprozessen, wie er den Kindern mit dem WP geboten wird, scheint doch eine Entlastung vom Anforderungsstreß »anderen Unterrichts« mit sich zu bringen. WP als Beitrag zur »Humanisierung des Arbeitslebens in der Schule«? Zu einem ähnlichen Ergebnis war ich auch schon bei der Interpretation der Unterrichtsbeobachtungen gekommen (vgl. S. 59).

Für eine gewisse Gültigkeit und damit indirekt auch Zuverlässigkeit der vorliegenden Fragebogenuntersuchung spricht zum einen die Tatsache, daß zwischen den »Angst- und Überforderungsitems« psychologisch plausible, mäßige Item-Interkorrelationen bestehen, wie sie aus Fragebogentests bekannt sind ($0.40 > C > 0.30$); zum anderen bestehen mäßige Kontingenzen zwischen diesen Fragen und dem Schulleistungsstatus (vgl. oben S. 70). Solche Beziehungen könnten nicht entstehen, wenn die Kinder den Fragebogen nicht doch überwiegend sinngemäß beantworten hätten.

C. Engpässe des Unterrichtsmanagements

Mit den Items 3, 7 und 10 (vgl. Tab. 4, S. 75) sollten »Engpässe« im Unterrichtsmanagement thematisiert werden, wie sie in üblichen Unterrichtsprozessen häufiger auftreten, bei denen also ein Lehrer in einheitlichen, vergleichsweise kleinen Schritten frontal eine heterogen zusammengesetzte Klassengruppe führt (vgl. dazu Jackson 1968, Good/Brophy 1973, Kounin 1976, Huschke 1980). Statement 3 sollte den »Leerlauf« benennen, der für wechselnde Teile der Schüler einer Klasse immer wieder entstehen muß, wenn die Arbeitszeiten für einzelne Unterrichtsabschnitte einheitlich und zwangsweise vorgegeben sind; die »Schnellen« müssen häufiger auf die »Langsamen« warten.

Item 7 geht dasselbe Problem von der anderen Seite her an: Einheitlich vorgegebene Arbeitsperioden bringen für manche Schüler häufiger die Situation hervor, eine Arbeit vor ihrem Abschluß abbrechen zu müssen (z.B.: »So, nun macht die Rechenhefte zu, den Rest macht ihr als Hausaufgabe ...«). Immerhin fast $^3/_4$ der Kinder geben an, manchmal diese Erfahrung zu machen.

Normalerweise ist der Lehrer als frontaler Lenker und Manager des Unterrichtsprozesses dermaßen in diese Aufgabe involviert, daß er wenig Zeit und Aufmerksamkeit für individualisierte Hilfen bei besonderen Lernproblemen einzelner Schüler übrig hat. Item 10 sollte dieses Problem aus der Sicht der Schüler ansprechen.

Die Unterrichtsorganisationsform WP sollte diese Engpässe entschärfen; gerade durch die Spielräume der individuellen Arbeitsorganisation, welche durch den Wegfall eines einheitlich vorgegebenen Arbeitsrythmus für die Schüler entstehen. Diese Erwartungen finden in den Antworten der Kinder keine Bestätigung; im großen und ganzen sieht die Mehrzahl der Kinder in dieser Hinsicht keinen Unterschied zwischen WP und »anderem Unterricht«.

Gerade bei Item 7 hatte ich klarere Ergebnisse erwartet, weil zwangsweiser Abbruch angefangener Aufgaben während einer WP-Stunde regelmäßig nur am Ende der Stunde vorkommt, dies auch nur dann, wenn das Ende für die Kinder ganz unerwartet kommt. Möglicherweise bezogen die Kinder bei ihren Antworten zu Item 7 Situationen mit ein, in denen sie ohne zwangsweise äußere Bedingungen Arbeiten abbrechen, z.B. wegen besonderer Schwierigkeiten, Desinteresse oder konkurrierenden Attraktionen in der Klasse. Vielleicht sollte der zweite Teil dieses Items bei einer Weiterverwendung als »... obwohl ich eigentlich noch weitermachen wollte« formuliert werden.

In die Antworten zu Statement 3 ist vermutlich auch mehr als nur das »Engpaß«-Problem eingeflossen: Im WP entstehen Wartezeiten eigentlich nur dann, wenn ein Material knapp ist (was in den Klassen sehr selten vorkam) oder aber, wenn ein Schüler Schwierigkeiten hat, seinen Arbeitsprozeß selbst zu initiieren und zu organisieren. In einer Itemrevision sollte stärker entweder dieses Problem oder das von außen erzwungene, unfreiwillige Warten thematisiert werden. Vorschlag: »Manchmal sitze ich rum und weiß nicht recht, was ich als nächstes machen soll.« »Manchmal muß ich auf andere warten, bis es endlich weitergehen kann«

Bei den Antworten zu Item 10 haben mit einiger Wahrscheinlichkeit nicht nur tatsächliche Erfahrungen fehlender Hilfe bei schweren Aufgaben eine Rolle gespielt, sondern auch allgemeine Gefühle der sozialen Isolation, Insuffizienz u.ä. Die Antworten korrelieren entsprechend mit Fragen nach der sozialen Situation (vgl. die folgenden Abschnitte). Immerhin ist es beruhigend, wenn durch die Differenzierung und Individualisierung der Schülertätigkeit im WP-Unterricht solche Erfahrungen und Gefühle nicht stärker als im »anderen Unterricht« virulent geworden zu sein scheinen.

Tab. 4: Antworthäufigkeiten in % zu den Itemgruppen C, »Engpässe des Unterrichtsmanagements«, und D, »Beziehung zum Lehrer«; fett geschrieben die Gesamthäufigkeit über alle 7 Klassen in %; daneben die Häufigkeiten für die Klassen 1–7. Die Klassengrößen (N) siehe Tabelle 1 (S. 68)

	ja	im WP öfter	im anderen Unterricht öfter	kein Unterschied
3. Es kommt öfter vor, daß ich warten muß und nichts zu tun habe.	39 43 52 **35** 75 11 6 6	33 21 39 **26** 52 19 0 0	11 36 30 **18** 24 25 0 0	56 43 30 **55** 24 56 100 100
7. Manchmal muß ich mit einer Aufgabe aufhören, obwohl ich sie noch nicht fertig habe.	72 67 87 **70** 83 28 67 71	22 27 26 **35** 24 9 71 69	44 22 48 **30** 24 45 6 19	33 53 26 **36** 52 45 24 12
10. Manchmal sitze ich an einer schweren Aufgabe und niemand hilft mir weiter.	17 47 43 **28** 42 6 6 18	22 20 35 **18** 30 10 6 0	28 0 57 **24** 26 30 12 0	50 80 9 **59** 43 60 82 100
27. Wenn ich mal nicht weiterweiß, frage ich den Lehrer um Rat.	72 71 100 **77** 79 83 78 47	11 36 35 **20** 22 0 0 33	44 21 30 **29** 4 94 6 11	44 43 35 **51** 74 6 94 56
29. Unser Lehrer zieht gute Schüler vor.	50 14 35 **30** 50 39 17 0	22 7 9 **7** 9 0 0 0	28 14 48 **24** 23 39 6 0	50 79 43 **71** 68 61 94 100
30. Wenn ich etwas richtig gemacht habe, werde ich vom Lehrer gelobt.	94 71 57 **74** 75 72 72 82	17 21 9 **10** 12 0 0 8	61 36 39 **40** 21 56 69 0	22 43 52 **50** 67 44 31 92
31. Unser Lehrer nimmt sich Zeit, Kindern zu helfen.	89 86 83 **90** 79 94 94 100	22 43 26 **17** 5 6 0 15	22 36 43 **35** 58 67 0 8	56 21 30 **48** 37 28 100 77
32. Ich muß mir Erklärungen vom Lehrer anhören, obwohl ich die Aufgabe längst kapiert habe.	56 71 70 **75** 88 94 94 35	6 0 26 **13** 35 0 0 8	44 57 43 **43** 13 83 47 25	50 43 30 **44** 52 17 53 67
34. Wenn ich etwas falsch gemacht habe, werde ich vom Lehrer geschimpft.	17 14 0 **11** 12 17 6 18	17 14 9 **8** 9 0 0 0	6 14 30 **18** 17 29 0 25	78 71 61 **75** 74 71 100 75

D. Beziehung zum Lehrer

Kommen wir zu der Gruppe von Items (vgl. Tab. 4, oben) in denen es um die Beziehung zum Lehrer geht. Der besondere organisatorische Rahmen des WP-Unterrichts schafft in gewissen Hinsichten einen anderen Kontext der Lehrer-Schüler-Interaktion. Die Figur des Lehrers ist im WP längst nicht in dem Maße kontinuierlich für alle Schüler psychologisch präsent wie im »anderen Unterricht«; präsent ist der Lehrer immer nur für wechselnde kleine Gruppen von

Schülern oder einzelne Kinder. Aus dem Kapitel über die Unterrichtsbeobachtungen (vgl. insbesondere S. 53f) wissen wir, in welchem Maße im WP-Unterricht für jedes Kind die direkte Interaktion mit dem Lehrer allein vom zeitlichen Umfang her reduziert ist. Für manche Kinder kann das von gewichtigem Nachteil sein.

Besonders deutlich wird das bei den Antworten zu Item 30: Deutlich mehr Kinder (10 vs. 40%) sagen, öfter im »anderen Unterricht gelobt zu werden, wenn sie etwas richtig gemacht haben. Dort haben die Kinder wohl, rein quantitativ gesehen, mehr Chancen des »Drankommens«, auch wenn das immer nur ganz kurze Episoden sind; vielleicht noch wichtiger: Sie können das Lehrerlob für die ganze Klasse oder für einzelne andere Kinder immer auch auf auch sich selbst beziehen (stellvertretende Verstärkung fällt im WP weitgehend weg). Die reduzierte psychologische Präsenz des Lehrers im WP-Unterricht zeigt sich hier deutlich. Dieser Aspekt sollte bei einer weitgehenden Vermehrung des Anteils von WP-Stunden am Stundenplan einer Klasse bedacht werden. Gerade jüngere Kinder »brauchen« ihrer Lehrer, und nicht nur als »Person im Hintergrund«.

Dieser Zusammenhang spiegelt sich auch noch in den Antworten zu Statement 31: »Objektiv« betrachtet kann der Lehrer sich im WP, entlastet vom frontalen Unterrichtsmanagement, mehr Zeit für einzelne Kinder mit besonderen Schwierigkeiten nehmen. Aber die praktischen Folgen dieser Chance zur Differenzierung des Lehrerhandelns werden nur vergleichsweise wenigen Kindern im Verlauf einer WP-Stunde direkt und wirkungsvoll zugute kommen können. Effekt: Die Kinder nehmen den Lehrer etwas häufiger im anderen Unterricht als hilfreich wahr. Dieser Befund dürfte auch damit zusammenhängen, daß die meisten Lehrer ihr Handeln im Sinne einer Individualisierung differenzieren; sie gehen auf einzelne Kinder zu. Vermutlich würden die Kinder ihren Lehrer in dieser Hinsicht anders sehen, wenn dieser sein Handeln im WP-Unterricht mehr auf Gruppen von Schülern orientierte.

Ein doch erstaunlicher Teil der Kinder (30%, bei deutlichen Unterschieden zwischen den Klassen) geht mit ihrem Lehrer scharf ins Gericht: Sie meinen beobachtet zu haben, gute Schüler würden vom Lehrer vorgezogen (Item 29). Es scheint, als spürten manche Kinder im Handeln des Lehrers die Wirksamkeit des »Matthaus-Effekts in der Leistungsschule« (vgl. dazu Abschnitt 8.2). Im WP-Unterricht scheinen weniger Kinder diese Beobachtung gemacht zu haben, was für die Hypothese spricht, hier sei ein veränderter Kontext der Lehrer-Schüler-Interaktion realisiert. Im »anderen Unterricht« werden Beiträge der Schüler viel häufiger vor der Öffentlichkeit der Schulklasse mehr oder weniger direkt daraufhin bewertet, ob sie »gut« oder »schlecht« sind, zum Fortgang des Unterrichtsgesprächs o.ä. beitragen oder nicht. Im WP ist dieser klassenöffentliche Bewertungsprozeß weniger markant ausgeprägt und psychologisch undramatischer.

Item 32 thematisiert nochmals eine Art »Engpaß«-Problem der Lehrer-Schüler-Kommunikation, wie es in frontal gesteuerten Unterrichtsformen häufiger als im WP auftreten sollte. Nur wenige Schüler (13%) meinen, im WP müßten sie sich öfter überflüssige Lehrererklärungen anhören, während annähernd die Hälfte dies vom »anderen Unterricht« sagt.

Das letzte Item (34) ist wohl zu scharf formuliert (»schimpfen«), um einen kritischen Aspekt der Lehrer-Schüler-Beziehung differenziert zu erfassen; als »Schimpfen« erleben nur wenige Schüler (11%) die bewertenden Kommentare des Lehrer zu ihren Beiträgen und Leistungen.

So streng und autoritär sind die Lehrerinnen und Lehrer in den sieben Klassen nicht. Bedenkenswert allerdings: Frage 34 wurde nur von Schülern mit eher »schlechtem« Schulleistungsrang (Noten) bejaht. Es geht ja darum, ob im Rahmen des WP eine entspanntere, weniger von globalen Richtig-falsch-Bewertungen geprägte Kommunikation zustande kommt oder nicht. Mein Vorschlag für ein in diesem Sinne revidiertes Item 34: Wenn ich etwas falsch gemacht habe, dann wird unser Lehrer ein bißchen ärgerlich.

In den Antworten auf ein Item der nächsten Gruppe (vgl. Item 24, Tab. 5, unten) wird deutlich, daß die »Entspannungshypothese« nicht ganz aus der Luft gegriffen ist: Etwas mehr Kinder (19 vs. 36%) geben für den »anderen Unterricht« an, andere Kinder würden durch die Klasse grölen, wenn sie mit einer Aufgabe als erste fertig sind. Für mich ist das verständlich, weil im WP der klassenöffentliche, auf den Lehrer zentrierte Bewertungsprozeß fehlt, der solche Handlungen in erster Linie motiviert (»Hier, ich, ich weiß es am besten.«).

E. Beziehungen der Kinder untereinander

Die nächste größere Gruppe von Items befaßt sich mit den Beziehungen der Kinder untereinander, insbesondere ihren Arbeitsbeziehungen, weniger den sozial-emotionalen Aspekten. Tabelle 5 (unten) enthält die Statements und die Antworthäufigkeiten. Im Kapitel 2. über die Unterrichtsbeobachtungen war ja bereits deutlich geworden, in welchem Maße Kontakte untereinander im Rahmen des WP für die Kinder an Bedeutung gewinnen und der Lehrer mehr in den Hintergrund tritt. Weil Kommunikation im und begleitend zum Lernprozeß für Kinder eine wichtige Rolle spielt und der Lehrer weniger kontinuierlich präsent ist, wird die Interaktion mit anderen für jeden Schüler zu einer fast zwingenden Notwendigkeit. Andererseits gibt es sonst am normalen Standard-WP-Konzept nichts, was Kooperation direkt begünstigen oder erleichtern würde. Die Antworten zu Item 26 zeigen: Hinsichtlich der Präferenz für kooperatives Arbeiten gibt es keinen bedeutsamen Unterschied zwischen WP und »anderem Unterricht«.

Tab. 5: Antworthäufigkeiten in % zur Itemgruppe E, »Beziehungen der Kinder untereinander«; fett geschrieben die Gesamthäufigkeit über alle 7 Klassen in %; daneben die Häufigkeiten für die Klassen 1–7. Die Klassengrößen (N) siehe Tab. 1 (S. 68)

	ja	**im WP öfter**	**im anderen Unterricht öfter**	**kein Unterschied**
20. Ich arbeite oft mit anderen Kindern zusammen an einer Aufgabe.	67 50 87 **77** 54 94 94 76	67 64 26 **54** 59 11 88 71	11 21 39 **17** 27 6 0 0	22 14 35 **30** 14 83 12 29
21. Viele Kinder wollen nicht zusammenarbeiten	67 29 30 **31** 54 17 6 6	67 36 22 **28** 52 6 6 0	17 21 22 **11** 5 6 0 0	17 43 57 **63** 43 89 94 100
22. Oft suche ich einen Arbeitspartner und kann keinen finden.	17 7 65 **33** 58 6 22 35	50 29 48 **34** 27 12 41 13	6 7 22 **11** 23 6 0 0	44 64 30 **56** 50 82 59 87
23. Wenn ich andere Kinder bitte, mir zu helfen, dann lehnen sie oft ab.	44 50 70 **38** 62 0 0 18	56 29 52 **32** 32 6 12 33	11 29 35 **16** 18 6 0 8	33 43 13 **52** 50 88 88 58
24. Manche Kinder grölen durch die ganze Klasse, wenn sie als erste mit einer Aufgabe fertig sind.	83 100 96 **62** 88 28 6 12	6 21 39 **19** 33 6 0 8	72 58 39 **36** 29 53 0 8	22 21 22 **46** 38 41 100 83
25. Bevor ich mit einer Aufgabe anfange, frage ich andere Kinder, ob sie mitmachen wollen.	50 43 65 **54** 50 6 72 76	67 29 48 **52** 50 0 94 75	0 21 0 **15** 23 50 6 0	33 50 52 **34** 27 50 0 25
26. Ich arbeite lieber für mich allein.	67 64 32 **50** 83 56 0 29	44 14 36 **26** 32 22 0 31	39 43 36 **28** 27 50 0 0	17 43 27 **46** 41 28 100 69
28. Wenn ich bei einer Aufgabe nicht weiterweiß, frage ich andere Kinder um Rat.	50 79 48 **69** 46 94 89 76	22 36 39 **43** 13 88 88 30	39 43 26 **23** 22 12 0 12	39 21 35 **35** 65 0 12 60

Bei Statements, die weniger die subjektive Präferenz für Kooperation thematisieren, sondern die Praxis der Zusammenarbeit und deren Schwierigkeiten, zeigen sich dagegen deutliche Differenzen zwischen den Unterrichtsformen, wie die Kinder sie erleben: Mehr als die Hälfte der Kinder geben an, häufiger im WP mit anderen zusammenzuarbeiten; weniger als ein Viertel sagen das vom »anderen Unterricht« (Item 20). Etwa die Hälfte der Kinder geben auch an, sich im WP-Unterricht öfter mit anderen abzusprechen, bevor sie mit einer Aufgabe anfangen; nur wenige Kinder sagen das vom »anderen Unterricht« (Item 25).

Die Antworten auf die anderen Items (21, 22 und 23) zeigen nun gleichzeitig mit aller Deutlichkeit, daß im WP das Gelingen der Kooperation für die Kinder problematisch wird, eben weil sie fast zwingend erforderlich ist: Deutlich mehr Kinder sagen von ihren WP-Erfahrungen, andere wollten gar nicht zusammenarbeiten (Item 21), beklagen sich, keine Arbeitspartner finden zu können (Item 22) oder häufiger erwünschte Hilfe von anderen nicht zu erhalten (Item 23). Einige deutliche Antwortdifferenzen zwischen den Klassen zeigen an, daß die Kooperation der Kinder vom Lehrer gefördert werden kann; allerdings folgen die Unterschiede nicht einem einheitlichen Muster.

Fazit: Vom dauerhaften Gelingen kooperativer Beziehungen der Kinder untereinander wird es zu einem guten Teil abhängen, ob WP-Unterricht für sie zu einer fruchtbaren Erfahrung wird. Für eine ganze Reihe von Kindern aus den befragten Klassen scheint das Gelingen von Arbeitsbeziehungen durchaus problematisch gewesen zu sein.

F. Rückmeldungsverhalten

In gewisser Weise können die Items 13–16 in Tabelle 6 unten zum Rückmeldungsverhalten der Kinder einige der bisherigen Interpretationen stützen, obwohl der Beantwortungsmodus gerade hier in besonderem Maße problematisch ist.

Strenggenommen verlangen die Items nämlich eine Zwangswahl: Wer bei 13 »ja« sagt, kann, streng logisch betrachtet, bei 14 nicht ebenfalls »ja« sagen – genau das haben aber viele Kinder gemacht.

Betrachten wir aber nun gleichwohl die Antworten der Kinder, so wie sie vorliegen, als ganz grobe Indizien für Handlungspräferenzen nach dem Abschluß von Aufgaben. Zusammenfassend läßt sich sagen:

Tab. 6: Antworthäufigkeiten in % zu den Itemgruppen F, »Rückmeldungsverhalten«, und G, »Urteile zu Aufgaben und Inhalten«; fett geschrieben die Gesamthäufigkeit über alle 7 Klassen in %; daneben die Häufigkeiten für die Klassen 1–7. Die Klassengrößen (N) siehe Tabelle 1 (S. 68)

	ja	im WP öfter	im anderen Unterricht öfter	kein Unterschied
13. Wenn ich mit einer Aufgabe fertig bin, lege ich sie erst mal weg.	63 62 86 **66** 67 6 83 94	69 23 62 **42** 52 0 41 40	25 23 19 **16** 24 17 12 0	6 54 19 **40** 24 83 47 60
14. Wenn ich mit einer Aufgabe fertig bin, zeige ich sie zuerst dem Lehrer.	89 79 80 **83** 83 100 67 88	39 14 30 **23** 55 6 6 0	44 36 35 **53** 9 76 94 92	17 50 35 **24** 36 18 0 8
15. Wenn ich mit einer Aufgabe fertig bin, vergleiche ich zuerst mit einem anderen Kind.	59 29 33 **36** 17 0 44 82	47 29 48 **45** 27 6 71 87	12 21 10 **13** 23 17 0 7	41 50 43 **44** 50 78 29 7

Tab. 6: Antworthäufigkeiten in % zu den Itemgruppen F, »Rückmeldungsverhalten«, und G, »Urteile zu Aufgaben und Inhalten«; fett geschrieben die Gesamthäufigkeit über alle 7 Klassen in %; daneben die Häufigkeiten für die Klassen 1–7. Die Klassengrößen (N) siehe Tabelle 1 (S. 68) (Fortsetzung)

	ja	im WP öfter	im anderen Unterricht öfter	kein Unterschied
16. Wenn ich mit einer Aufgabe fertig bin, überprüfe ich zuerst selbst, ob ich alles richtig habe.	89 71 81 **83** 71 100 94 71	50 43 38 **46** 24 89 50 33	28 29 10 **17** 29 0 12 8	22 29 52 **37** 48 11 38 58
8. Wenn unser Lehrer mal aus der Klasse geht, wird es laut.	100 87 94 **93** 92 100 89 94	28 20 22 **23** 9 22 6 55	50 20 48 **42** 39 39 88 0	22 60 30 **36** 52 39 6 45
6. Die Aufgaben sind käseleicht; sie könnten ruhig etwas schwerer sein.	44 20 26 31 42 33 17 35	56 27 22 **28** 10 28 18 50	28 20 52 **29** 38 17 6 33	17 53 26 **43** 52 56 76 17
17. Ich finde die Aufgaben gut.	81 86 96 **80** 75 67 83 71	75 50 74 **45** 14 35 35 35	25 29 4 **19** 45 6 12 0	0 21 22 **37** 41 59 50 65
18. Ich kann mich mit Sachen beschäftigen, die mich wirklich interessieren.	95 86 70 **88** 79 100 94 94	79 71 35 **49** 32 44 82 8	11 14 39 **19** 32 6 6 8	11 14 26 **34** 36 50 12 85

Die Person des Lehrers wird als »Rückmeldungsinstanz« eindeutig den Klassenkameraden vorgezogen (83 vs. 36% bei den Fragen 14 und 15. Im WP sind die Mitschüler wichtiger für die Kontrolle durch Vergleich als im »anderen Unterricht« (Item 15). Die Kontrollblätter im WP-Konzept haben Auswirkungen auf die Handlungstendenz von Kindern: Vom WP-Unterricht sagen mehr Kinder (46 vs. 17%), sie überprüften selbst ihre Resultate (Item 16).

Andererseits sagen viele Kinder (42%) von sich, im WP-Unterricht die Aufgaben erst einmal wegzulegen (Item 13). Muß dieses Ergebnis so interpretiert werden, als seien die Kinder im Kontext ihrer mehr selbstorganisierten Tätigkeit im WP weniger an Informationen über die Qualität ihrer Arbeit interessiert? Es mag sein, daß im »anderen Unterricht« einfach weniger Gelegenheit besteht, eine Aufgabe nach ihrer Bearbeitung erst einmal kurz wegzulegen und dann selbst zu überprüfen oder mit anderen zu vergleichen oder dem Lehrer zu zeigen.

Das Rückmeldungs- und Selbstkontrollverhalten der Kinder hätte eine sorgfältigere Untersuchung verdient, und zwar nicht mit Fragebogenmethoden, sondern eher durch fallstudienartige teilnehmende Beobachtung mit begleitenden Interviews.

G. Urteile zu Aufgaben und Inhalten

Kommen wir zur letzten Gruppe von Fragen, mit denen den Kindern Urteile über die Aufgaben und Angebote im WP-Unterricht ermöglicht werden sollten (vgl. Tab. 6, oben).

Item 6 ist eine Art Über-/Unterforderungsstatement und hätte auch der Fragengruppe B (vgl. S. 73f) zugeordnet werden können. Etwa ein Drittel der Kinder aus den sieben Klassen scheint sich eher unterfordert gefühlt zu haben. Die beiden Fragen 17 und 18 verlangen von den Schülern Äußerungen des Interesses hinsichtlich der Inhalte des Unterrichts i.e.S. Insgesamt (gemessen am Anteil »ja«) stellen die Kinder mit ihren Antworten den Lehrerinnen ein sehr gutes Zeugnis über ihre Unterrichtsplanungen aus. Mehr als $^3/_4$ der Kinder finden die Aufgaben und Angebote gut, wobei häufiger als im »anderen Unterricht« die Aufgaben des WP ihre Wertschätzung finden (19 vs. 45%), dies wohl auch deshalb, weil in den freien Angeboten sich Dinge finden, die für sie von besonderem Interesse sind (Frage 18).

Die insgesamt höhere Attraktivität der WP-Aufgaben mag sowohl durch den entspannteren Kontext, den gewissen Spielraum der Selbstorganisation zustande gekommen sein als auch durch reale inhaltliche Differenzen zwischen verbindlichen Planaufgaben und den Angeboten zu »freier Tätigkeit«.

Als Ergänzung zu den Fragen haben wir die Kinder am Ende des Fragebogens gebeten, für die einzelnen Inhaltsbereiche der Wochenpläne in ihrer Klasse Noten von 1 bis 6 zu vergeben, und zwar danach, wie gut ihnen die Aufgaben zu diesen Inhaltsbereichen gefallen haben. »Spiele«, »Malen« und »Basteln« wurden fast durchgängig m it »1« und »2« beurteilt, während WP-Aufgaben aus den »klassischen« Lernbereichen der Grundschule (Deutsch, Mathematik und Sachkunde) sehr unterschiedliches Gefallen gefunden haben. Die Urteile streuen gleichmäßig über die ganze Breite der Notenskala. Mehrere Bedingungen kommen zusammen, die das Urteil der Kinder verständlich machen: Aufgaben der ersten Art (Spiele, Künstlerisches usw.) kamen in fast keinem Plan als verbindliche Aufgaben vor, sondern nur als Angebote zu »freien Tätigkeiten«, während das Umgekehrte für die Aufgaben zu den traditionellen Lernbereichen galt. Die im WP-Konzept angelegten Dichotomien »Arbeit« vs. »Freizeit« und »mühsame Anstrengung« vs. »Entspannung und Belohnung« haben sich so vermutlich mit Tätigkeits- und Inhaltsbereichen assoziiert. Die Didaktik und Methodik von Aufgaben zu den klassischen Lernbereichen spielt hier natürlich auch eine Rolle; ein großer Teil der verbindlichen WP-Aufgaben hatte in der Tat nichts besonders Attraktives an sich. Im übrigen ist die (trockene) Lernarbeit zu den Bereichen Deutsch (insbesondere Rechtschreibung) und Mathematik (insbesondere Grundrechenarten) von solcher Dominanz in unseren Grundschulen, daß sich die Kinder vermutlich auf jedes Tätigkeitsangebot mit großer Begeisterung stürzen, das irgendwie von dieser »didaktischen Monokultur« abweicht.

Zum Abschluß des Fragebogens sollten die Kinder drei offene Fragen beantworten; gewiß wäre dabei mehr herausgekommen, wenn sie nicht vorher über 40 komplizierte Items hätten beantworten müssen. Gleichwohl ergaben sich gewisse ergänzende Aufschlüsse schon:
Frage 1 lautete: »Was findest Du am WP sonst noch gut?« Die meist nur stichwortartigen Antworten lassen sich in zwei Bereiche gliedern. Zum einen wurden bei Frage 1 Inhalte und Tätigkeiten genannt, die besonderes Interesse gefunden hatten, insbesondere eben diejenigen, die als Angebote zu »freien Tätigkeiten« vorgesehen waren. Nur in einer der zwei Klassen wird von einigen Kindern auf die besondere Attraktivität einer bestimmten Art von verbindlichen Aufgaben hingewiesen, nämlich Rätsel- und Knobelaufgaben.[2] In einer Klasse heben mehrere Kinder positiv hervor, die Chance gehabt zu haben, eine Leseecke aufzubauen.

Zum anderen beziehen sich die Äußerungen der Kinder auf Aspekte des WP-spezifischen Handlungsspielraums: sich aussuchen können, mit welcher Aufgabe man anfängt; zwischendurch mal spielen können; den Platz wechseln und den Arbeitspartner wählen können. Einige Kinder heben lobend die Möglichkeit zur Selbstkontrolle hervor. In wunderbarer Verdichtung schrieb ein Mädchen auf:

»Wir dürfen so langsam arbeiten, wie wir wollen.«

Frage 2 hieß: »Was gefällt Dir nicht?« Zum einen kamen hier viele kritische Äußerungen zur Dominanz der klassischen Lernbereiche (»zuviel Mathe«, »immer soviel Schreiben« u.ä.) und zum Umfang der verbindlichen Anforderungen überhaupt (»weniger Aufgaben«, »mehr Zeit zum Spielen«). In zwei Klassen äußerten sich Kinder über störende Unruhe.

Frage 3 lautete: »Was würdest Du ändern?« Die Antworten korrespondieren weitgehend denen zu Frage 1 und 2. Viele Kinder wünschen sich die Reduktion von Mathe und Deutsch; einige wenige wünschen sich allerdings mehr davon. Statt Mathe und Deutsch soll es mehr Spiele und Aufgaben zum Basteln, Werken, Malen und Knobeln geben.[3] Etwas mehr Ruhe in der Klasse ist für einige Kinder in zwei der sieben Klassen ein wichtiges Anliegen. Der Bericht über die Befragung wird hier ohne Zusammenfassung abgeschlossen; bestimmte Aspekte werden nun weiterverfolgt bei der Analyse der Lehrersprache im WP-Unterricht.

2 Daran zeigt sich: Kinder sind grundsätzlich an intellektuellen Abenteuern und Herausforderungen interessiert (Näheres dazu in den Kapiteln 5. bis 7.). Sollte das nur mäßige Interesse an »Deutsch«, »Mathe« und »Sachkunde«, wie es sich oben andeutete, auch daher kommen, daß bei der Auseinandersetzung mit diesen Inhalten keine oder zuwenig »Rätsel« (i.w.S.) für die Kinder entstehen, die zu lösen eine spannende, in sich lohnende Sache wäre?

3 Warum hatte »Mathe« für die Kinder sowenig mit »Knobeln« gemeinsam?

4. Lehrersprache im WP-Unterricht

Das WP-Konzept als ein formales Organisationsgerüst für Unterricht hat Stärken und Schwächen. Die Qualität konkreten WP-Unterrichts, die inhaltliche Füllung des Gerüsts, die Nutzung der Stärken des Konzepts hängen im wesentlichen von drei Bedingungskomplexen ab:

- den Inhalten der verbindlichen Aufgaben und der Angebote (darauf wird in den Kapiteln 5. bis 7. noch eingegangen);
- den schulischen Rahmenbedingungen (darauf wird in Kapitel 8. eingegangen);
- dem Handeln des Lehrers.

Zwar spielt, rein zeitlich betrachtet, die direkte Interaktion mit dem Lehrer für die Kinder »im Durchschnitt« eine relativ geringe Rolle (vgl. die Unterrichtsbeobachtungen in Kapitel 2.). Gleichwohl wird es wohl auch von der Art dieser Interaktion abhängen, welchen Sinn WP-Unterricht für die Kinder bekommt. Der WP könnte ja einen Rahmen abgeben für pädagogische Interaktionen, die »günstiger« sind im Sinne der Förderung individueller Lernprozesse der Kinder, und zwar, weil der Lehrer entlastet ist von den Zwängen des frontalen Unterrichtsmanagements. In gewissem Sinne hat der Lehrer im WP selber mehr Freiheitsgrade für sein Handeln, eben weil er nicht mehr gezwungen ist, das Unterrichtsgeschehen durch fortwährende eigene Aktionen und Reaktionen am Laufen zu halten.

Stimmt das? Gibt es für den Lehrer vielleicht neue Handlungszwänge? Oder wirken im WP die gleichen wie in anderen Unterrichtsformen auch? Findet eine Differenzierung und Individualisierung des Lehrerhandelns im WP-Unterricht statt, wo doch im WP stärker als sonst die Chance besteht, sich einzelnen Kindern und kleinen Gruppen u.U. auch für längere Zeitspannen zuzuwenden?

4.1 Material und Auswertungsmethode

Mir liegen Tonbandaufnahmen der WP-Lehrersprache von fünf Lehrerinnen vor, und zwar von jeweils mindestens zwei kompletten WP-Stunden. Die Aufnahmen wurden mit einer drahtlosen Mikrofonanlage gemacht, so daß fast jedes Lehrerwort auf den Bändern gut zu verstehen ist. Wegen der Nebengeräusche sind allerdings die Äußerungen der jeweiligen Gesprächspartner (Kinder) manchmal nur bruchstückhaft zu verstehen. Die Aufnahmen aus zwei Projektklassen liegen länger zurück (1974 und 1975); die anderen Mitschnitte habe ich im Rahmen von WP-»Erprobungen« von 1978 bis 1991 gemacht.

Die Auswertung dieses Materials wäre mit recht verschiedenartigen Methoden möglich gewesen. Langwierige Versuche mit diversen Kategoriensystemen, wie sie in der Literatur vorliegen (vgl. etwa Simon/Boyer 1967), und Bemühungen um geeignete Modifikationen solcher Systeme für meine Fragestellungen habe ich aufgegeben. Probeweise Anwendungen der Systeme auf die Tonbandabschriften endeten immer wieder mit dem Ergebnis, daß mit ihrer Hilfe die Differenzen zwischen den fünf Lehrerinnen und die Spezifik des Lehrerhandelns im WP-Unterricht nicht in der von mir gewünschten Prägnanz herausgearbeitet werden konnten.

Schließlich habe ich folgendes Vorgehen gewählt: Beim mehrfachen Durchsehen der Abschriften habe ich wiederkehrende Arten von Äußerungen markiert, notiert und dann versucht, diese allgemeiner zu umschreiben. Ich habe also versucht, meine »Impressionen« vom jeweiligen WP-Handlungsstil der fünf Lehrerinnen zu präzisieren und »auf den Begriff« zu bringen. Die Auswertungsmethode und ihre Resultate sind problematisch, weil sie in nicht streng kontrollierbarer Weise von meinen impliziten Theorien über Unterricht, WP, Lernen, Interaktion usw. abhängen und damit die Wahrscheinlichkeit von verzerrenden Beobachtungsfehlern relativ groß ist, etwa in dem Sinne, bei der WP-Sprache einer Lehrerin bestimmte Aspekte bevorzugt wahrzunehmen und andere Merkmale weniger oder gar nicht zu beachten.

Unproblematisch werden diese methodischen Gefahren insofern, als es mir primär darum geht, an Hand der WP-Lehrersprache Chancen und insbesondere aber die Grenzen des WP-Konzepts als Rahmen für »günstige« pädagogische Handlungen kritisch akzentuiert herauszuarbeiten.

Mit einem WP konfrontiert der Lehrer eine Gruppe von Kindern (Schulklasse) mit einem Komplex von verbindlichen Aufgaben (Anforderungen) und einem mehr oder weniger vielfältigen Angebot für Tätigkeiten nach eigener Wahl. Beim Anhören und Abschreiben der Tonbandaufnahmen ist mir nun aufgefallen, wie unterschiedlich die Handlungsstile und -elemente sind, mittels deren die fünf Lehrerinnen versuchten, die erfolgreiche Planbearbeitung der Kinder zu gewährleisten – gewiß war jeder Lehrerin daran gelegen. Ebenso interessant aber sind die einheitlichen Tendenzen im WP-Handeln.

Zum Zwecke der Darstellung habe ich vier grobe Kategorien des WP-Lehrerhandelns unterschieden: Unter den Überschriften »Strukturierungshilfen, Druck« (Abschnitt 4.2), »Aufgaben- und inhaltsbezogene Lern- und Arbeitshilfen Disziplin (4.3), »Kontaktvermittlung; Forderung und Förderung von Kooperation« (4.4) und »Arten der Bekräftigung und emotionaler Beteiligung« (4.5) werde ich nun versuchen, prägnante Tendenzen im verbalen WP-Handeln der fünf Lehrerinnen herauszuarbeiten und durch Abschriften von einzelnen Episoden zu illustrieren.

4.2 Strukturierungshilfen, Druck, Disziplin

Die erste Klasse von Lehrerhandlungen, die wir betrachten wollen, sind solche, die sich auf den WP-spezifischen Selbstorganisations- und Entscheidungsspielraum der Kinder beziehen. Lehrerin A begegnet den Kindern im Verlauf von zwei WP-Stunden immer wieder mit Äußerungen des Mißtrauens in bezug auf deren Leistungsbereitschaft. Sie fragt immer wieder danach, welche WP-Forderungen die Kinder bereits erfüllt haben, um sie dann darauf hinzuweisen, was sie in der knappen Zeit alles noch zu machen hätten, z.B.:

L.: »Haste 's Rechnen schon gemacht?«
S.: »Ne, noch nich'.«
L.: »Ja, dann fang bitte jetzt mit dem Rechnen an.«

Funktional ähnliche Äußerungen, mit denen den Kindern ihre WP-spezifischen Entscheidungsmöglichkeiten schlicht abgenommen werden und direkt verbindliche Forderungen oder allgemeine Aufforderungen zu mehr Leistungseinsatz formuliert werden, sind die deutlich dominierenden Strukturierungshandlungen. In einigen Situationen spitzt sich das Dilemma zwischen formalem Leistungsdruck, den die Lehrerin an die Kinder weitergibt, und einer stärker kindzentrierten Haltung drastisch zu:

K.: (zeigt seine WP-Arbeiten)
L.: »Ja, sehr schön. Wirklich gut. Aber find' ich für zwei Stunden Wochenplan doch unheimlich wenig. Was machst 'n jetzt noch?«
K.: »Weiß nicht.«
L.: »Ja, dann fang wenigstens noch das Arbeitsblatt X an.«

Planaufgaben, welche die Kinder noch nicht geschafft haben, werden z.T. einfach zu Zusatzhausaufgaben erklärt. Mahnende, kritische Äußerungen zum Leistungswillen der Kinder sind häufig verknüpft mit der immer wiederkehrenden Aufforderung, leiser zu sein oder »Kabbeleien« mit anderen Kindern einzustellen, obwohl in der Klasse keine besonders große Unruhe herrschte.

In den zwei WP-Stunden kommt ansonsten nur eine Sequenz vor, in der ein Kind in seinen WP-spezifischen Entscheidungsmöglichkeiten unterstützt wurde: Nach Abschluß einer Arbeitsphase lobt sie ein Kind (»›Sehr schön«) und fragt dann, ob es nun lieber malen oder Bücher anschauen möchte.

Im übrigen gibt es eine deutliche Differenzierung der Handlungen, mit denen Lehrerin A die Arbeit verschiedener Kinder begleitet. Einigen begegnet sie mit offenem Mißtrauen in bezug auf deren Leistungsbereitschaft; gegenüber anderen macht sie, meist allerdings nur kurze, optimistisch getönte, ermunternde Bemerkungen, z.B.:

L.: »Kommste zurecht?«
K: »Hmhm.«
L.: »Prima!«

Von Lehrerin A liegen mir Tonbandmitschnitte von zwei weiteren WP-Stunden vor – der Unterschied ist auffällig: In diesen beiden Stunden agiert sie längst nicht so dominant im Sinne formalen Leistungsdrucks. In längeren Episoden bespricht sie mit einzelnen Kindern deren Schwierigkeiten bei der WP-Bearbeitung; sie fragt, ob sie vielleicht zuviel verlangt hat usw. M.a.W.: Es scheint, als könnte auch im WP-Unterricht die »Tagesform« des Lehrers deutliche Auswirkungen auf sein Handeln haben oder als könnten bestimmte situative Umstände von einiger Bedeutung für das konkrete Verhalten sein. Das bedeutet: Zwei WP-Stunden würden eine reichlich schmale Stichprobe des Lehrerverhaltens abgeben, wenn es darum ginge, zu abschließenden Aussagen über den jeweiligen persönlichen Handlungsstil von Lehrern zu gelangen.

Bei Lehrerin B spielen, wie bei den anderen drei auch, strukturierende Äußerungen eine weniger gewichtige Rolle als bei Lehrerin A. Die wenigen Aussagen dieser Kategorie treten jeweils zu Beginn der beiden WP-Stunden auf und haben die Funktion, Entscheidungen der Kinder zu forcieren, sie ihnen aber nicht ganz abzunehmen; z.B.:

L.: »So, mein lieber Jörg, was willst 'n du machen? Haste dir schon was ausgesucht?«
K.: »Vielleicht, ähm ...«
L.: »Ja, dann mach des mal.«

Formaler, nicht direkt aufgabenbezogener Leistungsdruck wird von Lehrerin B ausgeübt, indem sie mehrfach Kinder mit scharfen Worten ermahnt, »keinen Quatsch« zu machen und an ihren Aufgaben zu arbeiten.

In den zwei WP-Stunden von Lehrerin C kommen nur zwei Episoden vor, die sich auf WP-Strukturierungsprobleme der Kinder beziehen: In der einen weiß ein Kind schon, was es machen will; die Lehrerin fragt danach, aber das fragliche Material wird gerade von anderen gebraucht. Sie hilft bei der Verteilung des Materials (Rechenkärtchen) und berücksichtigt dabei den Schwierigkeitsgrad. In der anderen Episode rät sie einem Kind davon ab, Zusatzaufgaben zu bearbeiten, bevor nicht alle anderen verbindlichen Aufgaben erledigt sind:

L.: »Machst du die Zusatzaufgaben schon?«
K.: »Ja.«
L.: »Aber weißt du, das solltet ihr erst machen, wenn du mit den anderen fertig bist. Hm? Ja? Gell. Mach erst mal die anderen.«
K.: »Aber die sind so schwer.«
L.: »Ja? Na, versuch mal die anderen rauszukriegen.«

Die letzte Äußerung kommt mir vor wie eine mehrdeutige Mischung aus echtem Rat und Anweisung. Die Aufnahmen von den Lehrerinnen D und E stammen jeweils aus deren ersten beiden WP-Stunden und ergeben insofern wohl ein etwas anderes Bild, als es bei längerfristig eingespielter WP-Praxis entstanden wäre. Sie waren die Leiterinnen von zwei Parallelklassen (4. Schuljahre), die Pläne waren inhaltlich identisch; deshalb ist der Vergleich zwischen diesen beiden besonders interessant.

Die einführende Erläuterung des WP allgemein war jeweils schon in Unterrichtsstunden vorher gelaufen, so daß am Anfang der Tonbandaufnahmen jeweils nur noch eine kurze Wiederholung der wesentlichen Aspekte vorkommt, die ich im folgenden unberücksichtigt lasse. Lehrerin D weist die Kinder im Verlauf der beiden Stunden mehrfach auf den zeitlichen Spielraum und die Möglichkeiten zu »freien Tätigkeiten« hin; z.B.:

L.: »Ja, das (Zusatzaufgabe) mußt du nicht machen, das kannst du machen. Du hast heute bis 5 nach 10 Zeit, entweder an den Aufgaben zu arbeiten oder zu spielen oder sonstwas zu machen.«
L.: »Guck mal, Andreas, du hast soviel Zeit, die ganze Woche. Du mußt das jetzt nicht fertig machen. Du kannst auch erst mal was anderes machen.«

Die mehrfach wiederholte Aufforderung, »sonstwas« oder »was anderes« (als Arbeit am WP) zu machen, war möglicherweise mitverantwortlich für die später in dieser Klasse auftretende Undiszipliniertheit von Kindern, die mit ihrem WP fertig geworden waren (während andere noch daran zu arbeiten hatten).

Lehrerin E äußert sich im Verlauf der ersten WP-Stunde nach den einführenden Erläuterungen gar nicht mehr zu Strukturierungsproblemen; in der zweiten Stunde kommen vier Episoden vor:

L.: »Wie weit bist 'n mit deinen Arbeiten schon?«
K.: (...) (= unverständlich)
L.: »Es ist ziemlich viel, der WP. Auch das Rechnen, unterschätzt das nicht.«

L.: »Gut, Stefan, und willste heut schon da drangehen? Oder willste erst mal lieber spielen? Hast du schon mal gespielt? (...) Nur gearbeitet? Na ja, dann haste nachher um so mehr Zeit zum Spielen.«

L.: »So, Verena, wollen wir mal gucken. Die Nr. 6, haste die schon gemacht?«

K.: »Ne, ich fang' jetzt grad' an mit dem Rechnen.«

L.: »Ah ja, du fängst jetzt an. Ach so. Prima!«

L. (laut zur ganzen Klasse): »Wer Lust hat, das mit dem Zeichnen oder was ihr heute in Kunsterziehung gemacht habt, hier weiterzumachen, der kann das ja jetzt auch hier machen.«

Bei den Lehrerinnen D und E wird das Problem mit den »freien Tätigkeiten« deutlich: Der einfache Hinweis auf die Möglichkeit, »was anderes« zu machen, schafft eine u.U. bedenkliche Dichotomie zwischen den verbindlichen WP-Forderungen und der Spiel-/Freizeit. In der vierten Episode zeigt Lehrerin E gleichzeitig einen der Wege, um das zu verhindern: Aufgreifen und Verstärken von Interessen aus anderem Unterricht, welche die Kinder nun im WP selbständig weiterführen können.

Einen der grundlegenden Mängel des bisherigen WP-Konzepts sehe ich darin, daß es dem Lehrer keine zulänglichen Hilfen bietet, um im WP-Unterricht durch sein Handeln wirklich eine Balance zwischen verbindlichen Anforderungen und einem Angebot von Spiel- und Lerngelegenheiten herzustellen. Eine Episode aus dem Unterricht von Lehrerin B mag das abschließend verdeutlichen:

L.: »Sag mal, seid ihr fertig (mit dem Plan), Peter und Martin?? Mit allem!? Ja, dann holt euch doch bitte was zum Spielen oder irgendwas und tobt hier net so rum!«

Die »freien Tätigkeiten« müssen zu einer Art »beschäftigungstherapeutischem Lückenfüller« verkommen, wenn das primäre Interesse des Lehrers auf die Erfüllung der verbindlichen Leistungsanforderungen gerichtet ist (oder sein muß?). Für diesen Verdacht spricht: Mit Ausnahme von Lehrerin E haben sich die Lehrerinnen gar nicht oder nur in ganz wenigen Kurzepisoden auf die »freien Tätigkeiten« der Kinder eingelassen. Dazu weiter unten mehr.

4.3 Aufgaben- und inhaltsbezogene Lern- und Arbeitshilfen

Bei vier der Lehrerinnen fällt der überwiegende Teil der Äußerungen in diese weitgefaßte Kategorie. Gewissermaßen ersatzweise hat Lehrerin A sich über weite Strecken darauf beschränkt, die Kinder formal zum Arbeiten anzuhalten, ohne sich ebensohäufig wie die anderen auf die Lernarbeit der Kinder i.e.S.

einzulassen. Weiter oben habe ich bereits darauf hingewiesen, welche Rolle hier situative Umstände, die »Tagesform« o.ä. gespielt haben können.

Grundsätzlich haben die Lehrerinnen also die Chance genutzt, den Kindern individuell, manchmal auch als Mitglieder kleiner Arbeitsgruppen, bei ihren Lernprozessen zu helfen. Für die weitere Analyse führe ich nun eine grobe Zweiteilung möglicher Lern- und Arbeitshilfen ein, wie sie im pädagogischen Austausch zwischen Lehrer und Schüler vorkommen können (vgl. dazu Roth 1970, Riedel 1973, Einsiedler 1978).

Direkte Hilfen nehmen dem Lernenden das eigene Bemühen um die Klärung der Aufgabe, das Finden und eventuell sogar das Ausführen der Lösung in mehr oder weniger starkem Maße ab, etwa indem gesagt wird: »Du mußt das und das tun!« oder indem die Aufgabe in eine Folge enger Teilfragen zerlegt wird.

Indirekte Hilfen haben die Funktion, dem Lernenden bei seinem Bemühen um Klären der Aufgabe, Finden und Ausführen der Lösung Hinweise und Tips zu geben, die geeignet sind, dieses Bemühen weiterzubringen und nicht, möglichst schnell und direkt zu einem Ergebnis zu führen. Indirekte Hilfen entsprechen eher den Prinzipien der »minimal erforderlichen Hilfe« und der »Hilfe zur Selbsthilfe«. Sie zielen auf die Stützung und Förderung der Möglichkeiten des lernenden Subjekts, mit eigenen Kräften weiterzukommen. Sie hängen eng zusammen mit mehr inhaltlichen, auf die konkrete Lerntätigkeit bezogenen Aspekten von »Selbstorganisation« und »Selbststeuerung«.

Natürlich gibt es viele Zwischenformen zwischen direkten und indirekteren Hilfen. Die Kunst des Unterrichtens nicht nur im WP-Unterricht besteht wohl auch darin, Hilfen je nach den im Einzelfall beobachteten Lernschwierigkeiten flexibel einsetzen zu können, u.U. auch von indirekten Hilfen zu direkteren überzugehen. Frontale Unterrichtsarrangements erfordern diese Individualisierung des Lehrerverhaltens weniger stark; in deren Rahmen ist sie auch weniger gut möglich.

Nun zur Charakterisierung der Lern- und Arbeitshilfen der fünf Lehrerinnen in ihrem WP-Unterricht: Lehrerin A hat sich, wie schon gesagt, im Vergleich zu den anderen weniger auf die konkrete Lernarbeit der Kinder eingelassen. Meist reagierte sie nur aufgaben-/inhaltsbezogen, wenn Kinder mit bestimmten Problemen zu ihr kamen.

Eine Episode eindeutig indirekter Hilfe besteht in schlichtem, geduldigem Zuhören: Ein Kind erhält die Gelegenheit, eine Textaufgabe der Lehrerin vorzulegen, in eigenen Worten das Problem zu formulieren. Stocken des Kindes wird mit einem ruhigen »Hmhm« überbrückt. Das genügt, damit das Kind selbst zum Verständnis der Aufgabenstellung gelangt, um schließlich mit einem »Ah ja, jetzt kapier' ich's!« schnell an seinen Platz zurückzugehen. »Lautes Sprechen« fördert die Denkprozesse nicht nur von Kindern, es kann auch bei Erwachsenen zur Systematisierung und Folgerichtigkeit der Gedankenarbeit beitragen (vgl. Wygotski 1977, Oerter 1981). Ein Gesprächspartner, der erst einmal nur zuhört, wenn man die eigenen Gedanken »ins unreine« spricht, kann eine gute Denk- und Lernhilfe sein.

Wahrscheinlich war es auch die »Tagesform«, die es Lehrerin A in den beiden ausgewerteten WP-Stunden nur selten ermöglichte, sich häufiger mit geduldigem Abwarten auf die Probleme der Kinder einzulassen.

Ihre aufgabenbezogenen Äußerungen fallen ansonsten in vier Kategorien:

1. Einige Kinderfragen bringen Unklarheiten darüber zum Ausdruck, was genau ein bestimmter WP-Auftrag verlangt; diese Fragen werden teils direkt und zum anderen Teil durch Verweis auf den Plan oder ein bestimmtes Arbeitsmaterial beantwortet (»Das steht genau auf deinem Plan.«).
2. Die Kinder stellen gezielte Informationsfragen zu einzelnen Aufgaben, z.B. »Was ist ein Vergaser?«, und die Lehrerin beantwortet sie z.T. direkt, obwohl die Kinder im gegebenen Fall ebensogut andere Informationsquellen hätten benutzen können und im Sinne der Aufgabe auch hätten benutzen sollen. In anderen Fällen wird auf diese Informationsquellen (hier: Lexikon) verwiesen.
3. Auf Schwierigkeiten der Kinder wird mit der einfachen Wiederholung oder Paraphrasierung der Arbeitsanweisungen auf den Arbeitsblättern oder in den Schulbüchern reagiert, z.B.:
   L.: »Ihr sollt die Wortteile trennen und dann ... «
   Auch bei den anderen Lehrerinnen kommt diese Art »Hilfe« leider sehr oft vor.
4. Mehrmals kommen arbeitstechnische Tips vor. In diesen Situationen schien die Lehrerin nicht zu warten, bis Kinder mit Anliegen zu ihr kamen, sondern selbst auf die Kinder zuzugehen (die Tonbandaufnahme allein erlaubt da nicht immer sichere Entscheidungen). Z.B.:
   L.: »Nimm doch lieber noch ein Blatt dazu, dann brauchste das andere Blatt nicht immer umzudrehen.«

Vermutlich handelte es sich um eine Sortier- und Herausschreibaufgabe o.ä. Solche Tips können den Kindern ihre WP-Arbeit erheblich erleichtern, indem sie auf Dauer effektive Arbeitstechniken fördern.

Lehrerin B: Bei ihr kommen in zwei WP-Stunden auch nur wenige Episoden mehr indirekter Hilfe vor. Zwei prägnante Beispiele:

1. Einem Kind erklärt sie das Prinzip einer Aufgabe zur Wortzusammensetzung (eine Art Silbenrätsel), indem sie das Kind mit Aufforderungen zum genauen Lesen, Festhalten der erlesenen Wortteile und durch Wiederholen und Zusammenziehen der Teile zum ersten ganzen Wort führt, z.B.: »Ho-sen-träger«. Dann fordert sie das Kind auf, selbst so weiterzumachen, bis sich ein

ganzer, im konkreten Fall ziemlich langer Satz ergibt. Diese Anweisung zum Selberweitermachen verknüpft sie mit der Aufforderung, einem anderen Kind am Tisch die Aufgabe zu erläutern. Ähnliche Situationen kommen häufiger vor, wobei allerdings den Kindern, noch mehr als im beschriebenen Beispiel, die Elemente der Lösungstechnik ungeduldig abgenommen werden. Wenn die Lehrerin für die Kinder die Silben festhält, wiederholt und zusammenzieht, statt sie zu veranlassen, das selbst zu tun, dann wird der Verselbständigungseffekt dieser Hilfen zweifelhaft. Nicht zufällig muß die Lehrerin B häufiger sagen:

L.: »Du bist ja immer noch net weiter! Also bis wohin waren wir gekommen?« Und damit beginnt die Prozedur von neuem.

2. Viktor, einem Schüler mit schwachen Leistungen im Rechnen, versucht sie in einer längeren Episode zu helfen, indem sie für ihn und vor seinen Augen arithmetische Ergänzungsaufgaben (z.B.: 25 + ? = 49) mit Hilfe von Rechenstäbchen veranschaulicht. Wieder ist sie allerdings nicht geduldig genug, das Kind mit den Stäbchen operieren zu lassen, sie macht ihm nur vor, wie es geht, und erhofft sich davon, daß Viktor nun selber einen Weg wüßte, Ergänzungsprobleme für sich lösbar zu machen.

In anderen Fällen zerlegt sie die Ergänzungsaufgaben mit Hilfe einer Folge von engen Fragen für die Kinder so weit, daß diese vor der nächsten Aufgabe wahrscheinlich auch wieder hilflos sind. In vielen anderen Situationen läßt sich Lehrerin B noch weniger auf die konkreten Schwierigkeiten der Kinder ein, läßt sich und den Schülern kaum eine Sekunde (im wörtlichen Sinne!) Zeit, die kleinen und großen Probleme zu verstehen, die bei der Bearbeitung von WP-Aufgaben für die Kinder entstehen können. Mit einiger Hektik greift sie hier kurz ein, spricht dort eine Mahnung aus usw. Einfache Wiederholungen und Paraphrasierung von Arbeitsanweisungen, welche die Kinder selber gerade gelesen haben oder gelesen haben sollten, kehren immer wieder. In diesem Stil und auf dieser Ebene wird erheblicher Leistungsdruck in einem negativen Sinne ausgeübt, eben weil dadurch allein wohl nur in seltenen Fällen das Aufgabenverständnis und die lernwirksame Bearbeitung von Aufgaben gefördert werden kann. Eine längere Episode zur Illustration:

L.: »Ergänz doch mal auf 81 von 69 aus (ca. 1 Sekunde Pause). 69 plus wieviel ist 70?«‹

K.: »70 oder 17?«

L.: »Ei, 70!«

K.: »10.«

L.: »69 plus wieviel ist 70?? Ei, Siegfried!?«

K.: »1.«

L.: »Ich mein's aber auch. Jetzt sind wir bei 70. Wir wollen bis 81 (ca. 1 Sekunde Pause). 70 plus wieviel ist 81?«
K.: »11.«
L.: »11, und 1 hatten wir schon. Das sind zusammen?«
K.: »12.«
L.: »Also 69 plus wieviel ist 81?«
K.: »11, äh ne, 12.«
L.: »12. Und hier bei den Aufgaben geht's genauso.«

In anderen Fällen bestehen die »Hilfen« aus Äußerungen wie »Das mußte addieren und da ergänzen«. Im günstigen Fall wird dadurch den Kindern das eigentliche Problem nur abgenommen, ohne Wesentliches zu seiner Bewältigung beizutragen, das Problem nämlich, aus einer Konstellation von Operationszeichen und Zahlen ablesen zu können, welche Operationen im konkreten Fall wie durchzuführen sind. Im Handlungsstil von Lehrerin B wird nur selten die Bereitschaft sichtbar, die Schwierigkeiten der Kinder mit bestimmten Aufgaben wahrnehmen und verstehen zu wollen. In einigen Situationen signalisiert sie ihr Unverständnis und Desinteresse für die Kinder ganz offen; z.B.:

K.: »Frau B, ich komm' da net weiter.«
L.: »Da möcht' ich wissen, was es da net zum Weiterkommen gibt! Ho-senträ ...«
K.: »... ger.«
L.: »Also, Hosenträger. Und so weiter. Hopp. Los jetzt!«

Es wäre m.E. falsch, solche Handlungsweisen einfach als Ausdruck des persönlichen Unterrichtsstils von Lehrerin B zu interpretieren. Frau B kann anders handeln; in einigen kurzen Episoden signalisiert sie Kindern ermunterndes Verständnis; z.B.:

L. (in freundlich-lockerem Tonfall): »Klappt's, Stefan? (Einige Sekunden Pause; vermutlich durch Zuschauen) Prima. Hier haste 21 hingeschrieben, 12 haste gemeint und die Zahlen hier vertauscht. Bei den anderen Aufgaben geht das genauso.«

Lehrerin C und D sind auch schnell bei der Hand mit Wiederholung und Paraphrasierung von Arbeitsanweisungen, was den Kindern wie gesagt eine wichtige Lerngelegenheit nimmt, nämlich mit Verständnis eine Anweisung zu lesen und dann in die Tat umzusetzen. Weiter oben haben wir gesehen, daß schon schlichtes Zuhören hier hilfreich sein kann.

Lehrerin C äußert sich selbstkritisch zu einer WP-Aufgabe, als Kinder ihre Schwierigkeiten mit dieser Aufgabe vorbringen. Die Kinder sollten bei einer

Menge von Wörtern durch Unterstreichen mit Buntstiften die Wortklasse (Wiewort, Tuwort, Namenwort usw.) bestimmen. Sie wußten, daß am Ende zu jeder Klasse zehn Wörter gehören sollten, wenn sie die Aufgabe richtig lösen (Selbstkontrolle). Mehrere Kinder gelangen nun zu anderen Ergebnissen und damit in eine Verwirrung, die sie durch mehrmaliges Nachprüfen ihrer Ergebnisse nicht auflösen können: Die Wortklassen umfassen am Ende neun oder sogar zwölf Wörter. Die Lehrerin klärt den Ursprung des Problems mit und vor den Kindern:

K.: »Jetzt hab' ich immer noch zwölf Namenwörter.«
L.: »Ja wißt ihr, das liegt daran, z.B. ›stolz‹ hab' ich als Wiewort aufgeschrieben. Wie ist jemand? Stolz. Aber ihr habt recht, da hab' ich net dran gedacht, daß es ja auch als Namenwort geht: ›der Stolz‹. Drum habt ihr eine mehr. Kannste auch stehenlassen, is' ja net falsch.«

Ein ähnliches Problem tritt mit den Wörtern »Wissen« und »Neun« auf. So gut und wichtig der selbstkritische Tenor dieser Äußerungen ist – die Kinder können daraus lernen, daß auch ihre Lehrerin nicht allwissend ist; aber auch hier wird eine (unvorhergesehen entstandene) produktive Lerngelegenheit durch (vor)schnelle Aufklärung des Problems verpaßt. Die Lehrerin hätte den Kindern die Problemstellung auch zurückgeben können, etwa so: »Also, ich wollte auf dem Blatt zehn Namenwörter aufschreiben; ihr habt aber nun zwölf gefunden. Wer hat da einen Fehler gemacht? Oder haben wir vielleicht beide recht? Wie kann das sein?« Mit diesen Worten hätten die Kinder vielleicht auf die Spur einer Entdeckung gelenkt werden können, die bei günstigem Ausgang doch einiges zur Relativierung von schulmäßigen Grammatikformalismen hätte beitragen können. Leider kommen solche oder ähnliche Situationen, soweit sich das am verbalen Lehrerhandeln ablesen läßt, in den zehn WP-Stunden der fünf Lehrerinnen überhaupt nicht vor. Gelegenheiten, die sich in dieser Richtung nutzen ließen, entstehen immer wieder: Lehrerin C hatte einige Rätsel- und Knobelaufgaben in den WP aufgenommen:

K.: »Ich saufe blaues Bier und lauf' Schlittschuh auf Papier. Hahahaha!«
L.: »Das habt ihr. Das liegt sogar hier, auf dem Tisch.«

Selbst dann, wenn die Aufgabe eine Merkwürdigkeit enthält, die Kinder beeindrucken und motivieren kann, ihr »Hirn einzuschalten«, neigt Lehrerin C dazu, schnell und weitgehend den »Suchraum« einzuengen. Wie schwer muß es dann sein, grammatische Zusammenhänge den Kindern als Rätsel (i.w.S. des Wortes) zu präsentieren. In unseren Schulen scheint es primär darum zu gehen, die Kinder möglichst schnell zu Ergebnissen zu bringen und anzunehmen, die dann vorzeigbaren Arbeitsergebnisse könnten so wirklich zu geistigen Errungenschaften der Kinder geworden sein.

Lehrerin D läßt sich nur in einigen wenigen Episoden ausführlicher auf die Schwierigkeiten der Kinder ein; z.B.:

L.: »Hier ihr, ihr wollt jetzt alle wissen, wie die Aufgabe 7 geht? Da komm mal hierhin, dann kannste das besser mitkriegen. So, am 15. Mai 1973 besuchten soundso viel Schüler die Wiesbadener Schulen, davon war also 'n Teil in Realschulen und ein Teil in Gymnasien. So, jetzt ist die Frage.«
K.: »Ach so ...«
L.: »Wieviel bleiben also an der Volksschule? Wie macht man das jetzt?«
K.: »Das weiß ich.«
L.: »Mach mal 'n' Vorschlag.«
K.: »Zuzählen, ne, Abziehen.«
L.: »Was denn, was ziehste ab?«
K.: »Das und das und das von der da.«
L.: »Und was bleibt dann übrig, das Ergebnis, was sagt das dann?«
K.: »Soundso viel Volksschüler.«
L.: »Richtig. Haste kapiert? Die Zahl der Schüler, die zur Realschule gehen, und die Zahl der Kinder, die zum Gymnasium gehen, die ziehen wir von allen Schülern ab, dann bleibt die Zahl der Schüler, die auf die Volksschule gehen.«
K.: »Das sind 16000.«
L.: »Das ist ja jetzt egal. Das sollen die anderen am Tisch ja jetzt mal ausrechnen.«

Beispiele mehr indirekter Hilfe habe ich in den zwei WP-Stunden von Lehrerin D nicht gefunden. Entweder sind sie von der Art des Beispiels, meist nur viel kürzer, oder sie bestehen nur aus der Wiederholung/Paraphrasierung von Arbeitsanweisungen.

Lehrerin E bedient sich des mit Abstand umfangreichsten Repertoires von Lern- und Arbeitshilfen. Ich muß gestehen, daß mir schon beim ersten Abhören der Bänder das verbale WP-Verhalten von Frau E am besten »gefallen« hat. Ein »Haloeffekt« kann also bei meiner Auswertungsarbeit so gewirkt haben, daß ich bei Lehrerin E vorwiegend das »Gute« und bei den anderen eher das »Schlechte« gesehen habe. Handlungsweisen, die ich bei den anderen Lehrerinnen als problematisch herausgestellt habe, kommen in ihrem WP-Handeln auch vor; daneben gibt es aber doch einige davon abweichende Episoden; z.B.:

L.: »So. Fritz.« (Einige Sekunden Pause)
K.: »Da steht, wir sollen das ins Heft machen in zwei Gruppen. Wie denn?« (Als

Bilder dargestellte Worte mit »ch« und »ck« sollen, in Gruppen geordnet, abgeschrieben werden.)

L.: »Na, in welche Gruppen könnte man das denn einteilen. Guck mal, mittendrin, da steht die Überschrift!«

K.: »›ch‹ oder ›ck‹.«

L.: »Hmhm.«

K.: »Erst solle mer alle Wörter mit ›ch‹ raussuche und dann alle Wörter mit ›ck‹ raussuche.«

L.: »Ja, gut.«

Diese Episode gewinnt an Bedeutung, wenn man erfährt, daß Fritz zu den Schülern mit den schwächsten Leistungen in »Deutsch schriftlich« gehörte. Ein anderes Kind sitzt an einer Geschichte, die es lesen sollte, um dann eine recht komplizierte Frage zu dieser Geschichte zu beantworten:

K.: »Was sollen wir 'n da machen?«

L.: »Ich glaub', du mußt es noch mal gründlich durchlesen, dann kommst du dahinter. Nein, nicht die Geschichte, ich meine die Fragestellung.«

In einigen anderen Situationen veranlaßt Lehrerin E die Kinder, möglichst genau zu erklären, was sie nicht verstanden haben. Sie hört zu, wie Kinder ihr Problem formulieren, bestätigt das (»Hmhm«), stellt eine Frage zurück oder gibt einen gezielten Hinweis darauf, was besonders zu beachten ist usw.; z.B. bei einer Textaufgabe, in der es um die Ausschüttung einer Heilquelle in verschiedenen Zeiträumen geht:

K.: »Im Rechenbuch, soll'n wir da 'n ganzen Tag, 24 Stunden, oder nur 12 Stunden nehmen oder?«

L.: »Überlege mal, was sind natürliche Quellen? Is' des was, was mer aufdreht und wieder zu?«

K.: »Ne, also da muß ich den ganzen Tag nehmen?«

L.: »Ja, hm.«

In anderen Situationen zerlegt auch Lehrerin E eine Aufgabenstellung (vor-)schnell in enger werdende Teilfragen an das Kind, ohne diesem Gelegenheit zum Formulieren seines Vorverständnisses zu geben. Einfache Wiederholung oder Paraphrasierung kommt jedoch überhaupt nicht (!) vor.

Insgesamt habe ich den Eindruck, als gelinge es Lehrerin E am besten, sich in die Lernarbeit der Kinder und die vielerlei Probleme, die dabei auftreten können, hineinzuversetzen und von diesem Verständnis aus zu handeln. An einem Beispiel subtilen arbeitsorganisatorischen Managements sei das abschließend verdeutlicht: In wenigen Sekunden ist die erste WP-Stunde in der Klasse von

Lehrerin E zu Ende. Einige Kinder sind noch mit einer Aufgabe zur Mengenlehre beschäftigt, nämlich eine Schlange mit immer zwei Unterschieden von Plättchen zu Plättchen aus einem Formen-Begriffsspiel zu legen und abzumalen. Diesen Kindern bietet sie an, während der großen Pause mit Schlüssel im Klassenzimmer zu bleiben und die Aufgabe zu beenden; die Kinder hätten sonst in der nächsten WP-Stunde am folgenden Tag mit der Aufgabe noch mal von vorne beginnen müssen. Im Kinderinteresse wird das Diktat des Klingelzeichens und der Pausenordnung partiell außer Kraft gesetzt. Alle Kinder, die mit der Mengenlehreaufgabe befaßt waren, nutzten die gebotene Chance. Solche Lehrerhandlungen signalisieren den Kindern so ganz nebenbei vermutlich mehr Lehreinteresse für ihre Lernarbeit, als hundert »Toll«, »Prima« usw. es je vermöchten.

4.4 Kontaktvermittlung; Forderung und Förderung von Kooperation

Alle fünf Lehrerinnen fordern mehr oder weniger häufig die Kinder zu gegenseitiger Hilfe und Kooperation bei der Bearbeitung von WP-Aufgaben auf. Statt also den Kindern immer selbst bei ihren Schwierigkeiten zu helfen (das geht objektiv nicht), werden die Kinder häufiger aufeinander verwiesen.

L.: »Fragt mal eure Nachbarn erst, bevor ihr mich fragt.«

L.: »Da mußt du mal versuchen, das mit dem Jakob und dem Berti zu besprechen, die haben damit gerade angefangen, und wenn du dann gar nicht klarkommst, dann kannst du immer noch zu mir kommen.«

L.: »Wer würde denn mit der Moni Rechenkärtchen machen; sie kann das sehr gut.«

L.: »Guck mal, vielleicht suchste jemand, der das Blatt auch gerade ..., guck mal, Timo und Tina, die machen das gerade. Da macht's doch zusammen. Da hat mer mehr Ideen.«

L.: »Wenn de bei nem' bestimmten Wort net zurechtkommst, da fragste jemand.«

Die große Zahl von Lehreräußerungen dieser Art ist ein weiterer Beweis für die schon weiter oben hervorgehobene Tatsache, daß im WP-Unterricht die Kooperation der Kinder wichtiger und problematischer wird als im »anderen Unterricht«. Eben weil die Lehrer nicht überall (bei allen Kindern) gleichzeitig sein können, müssen möglichst viele Arbeitsbeziehungen zwischen den Kindern bestehen.

Allerdings haben nun die kontaktvermittelnden Äußerungen der fünf Lehrerinnen überwiegend den Charakter allgemein gehaltener Aufforderungen. In den zehn WP-Stunden habe ich nur wenige Aussagen gefunden, die nicht so sehr Kooperation einfach nur forderten, sondern geeignet scheinen, kooperative Beziehungen der Kinder indirekter zu fördern. In dieser Hinsicht habe ich bei Lehrerin B »gute« Episoden gefunden (bisher habe ich ja bei ihr nur Bedenkliches herausgestellt); z.B.:

Sabine: »Frau B, die Karin, die macht als so, die stumpt mich (= stößt mit den Ellenbogen)!«
Karin: »Gar net.«
Sabine: »Doch!«
Karin: »Ich schreibe, aber stumpen tu' ich keinen.«
L.: »Ja, es ist ungünstig, wenn du als Linkshänderin hier sitzt. Es wär' günstiger, wenn du dich hierhinsetzt. Dann kommste ihr nämlich nicht dauernd mit 'm Arm ins Gehege, verstehste? Wenn du am linken Platz sitzt, dann kann dein Arm ja über die Tischkante hängen.«
L.: »Das könnt ihr in Partnerarbeit machen, euch Zahlen oder Aufgaben diktieren. Der eine überlegt sie erst, erst macht der Helmut dir eine, du legst sie dann (mit Rechenstäbchen), und dann sagst du ihm eine. Willst du auch noch mitmachen, Tanja?«
Helmut: »Ja, das können wir zu dritt machen.«

Eben weil die Kinder im WP-Unterricht ohnehin einem gewissen allgemeinen Zwang zur Kooperation unterliegen, ist es wichtiger, Hindernisse und Störquellen für die Kooperation aus dem Weg zu räumen (Linkshänderbeispiel) und Hinweise zu spezifischen Techniken der Zusammenarbeit zu geben (Beispiel Partnerarbeit), als einfach nur Kooperation zu fordern oder die Kinder aufeinander zu verweisen. Gerade wegen der Bedeutung, die das Gelingen von Kooperation für die Kinder im WP-Unterricht hat, sind für meine Begriffe fördernde Handlungen bei den fünf Lehrerinnen zu selten vorgekommen, nur fordernde dagegen überflüssig oft.

4.5 Arten der Bekräftigung und emotionaler Beteiligung

Bei allen fünf Lehrerinnen dominieren ergebnisorientierte Bekräftigungen. Wenn Kinder eine Aufgabe erfolgreich abgeschlossen haben oder mit ihrem Plan fertig geworden sind und ihre Lehrerin das wahrnimmt, dann bekommen sie meist »Gut«, »Ja, in Ordnung«, »Prima«, »Klasse«, »toll!« usw. zu hören. Solche Äußerungen haben für die Kinder einmal den Sinn sachlicher Information (Rückmeldung); sie beantworten ihre Frage: »Habe ich alles richtig?« Selbstkontrolle kann das nicht immer zureichend klären. Zugleich haben die lobenden Bestätigungen auch einen mehr affektiv bedeutsamen Sinn, nämlich Antwort auf die Frage zu geben: »Habe ich alles so, wie meine Lehrerin das haben will?« Oder weiter gehend: »Bin ich als Schüler so, wie meine Lehrerin mich haben will und gern hat?«

Wenn Lob nun fast ausschließlich als Bestätigung von richtigen Aufgabenlösungen vorkommt, dann wird dem Schüler signalisiert, es käme dem Lehrer primär auf das schnelle Produzieren von richtigen Lösungen für vorgegebene WP-Aufgaben an. Andere Arten affektiv getönter Beteiligung an den Tätigkeiten der Schüler sind sehr selten in der WP-Sprache der fünf Lehrerinnen vorgekommen – so gehört es sich für die »Leistungsschule«. Die wenigen Ausnahmen kommen in den WP-Stunden der Lehrerinnen A und E vor:

L.: »Und du sitzt immer noch an den Rechenaufgaben? Find' ich ganz toll, daß du dich so daran festbeißt und das so richtig durcharbeitest bis zum Schluß.«

K.: »Ich will das rauskriegen.«

Hier wird durchaus Leistungsmotivation gestützt und bekräftigt, ausnahmsweise aber nicht nur ergebniszentriert. In anderen auffälligen Episoden lassen sich die Lehrerinnen mit echter Emphase auf Tätigkeiten bzw. Produkte der Kinder ein, die nicht durch WP-Aufgaben verbindlich vordefiniert waren; z.B.:

K.: »Frau E, gucke Se mal, das bin ich mit meiner Freundin, als ich noch klein war.« (Das Kind hat eine Art Fotomontage zu seiner Familie und seiner Biographie gemacht.)

L.: »Hahaha. Ist das goldig (einige Sekunden Pause). Und das kommt da mit rein, oder? Ist das nicht 'n bißchen zu groß für den Bogen. Kann man ja auch verkleinern.«

K.: »Und meine Schwester hier ist noch ganz klein.«

L.: »Och, das is' aber niedlich, ist das süß! Hm.«

Nur die Lehrerinnen A und E kommunizieren in längeren Episoden mit den Kindern über deren »freie Tätigkeiten« und »informelle Themen«. Das sind die wenigen Ausnahmesituationen in der ansonsten weitgehend auf die Erfüllung der jeweiligen WP-Forderungen ausgerichteten Lehrer-Schüler-Interaktion.

Lehreräußerungen mit eindeutig negativ getöntem Affekt kommen häufiger vor allem in der WP-Sprache der Lehrerinnen A und B vor. Bei beiden richten sie sich gegen undiszipliniertes Schülerverhalten, d.h. Aktivitäten, die zu laut sind oder andere Kinder irgendwie belästigen. Bei Lehrerin A sind diese Aussagen meist verknüpft mit Kritik bzw. Mißtrauen hinsichtlich der Leistungsbereitschaft der Kinder allgemein (vgl. auch S. 86); z.B.:

L.: »Ärger doch die anderen nicht immer, und sei nicht so laut. Was hast du heute gemacht? Zeige mir, wie weit du im WP bist!«

Lehrerin B verknüpft ihre z.T. sehr heftigen Ermahnungen enger mit der Arbeit der Kinder an konkreten Aufgaben; z.B.:

L.: »Jetzt stellt ihr euch aber langsam doofer an, als ihr seid. Liebe Susanne! Gell! Reiß dich mal ein bißchen zusammen, und mach nich' so 'n Quatsch. Wenn mer natürlich mit 'm Kopf ganz woanders is', kann das hier nix werden, kein Wunder. Was mußt 'n hier rechnen, hm? Auf, sag's!«

Sowohl die positiven wie auch die negativen Sanktionen (Bekräftigungen) sind bestimmt und »durchtränkt« von der »Leistungsmoral«. Manche Kinder müssen sich anscheinend immer wieder »zusammenreißen«, um in der Leistungsschule mit dem Lernen weiterzukommen. Ohne inneren oder äußeren Zwang kann man es wohl zu nichts bringen in dieser Schule.

Fazit: Es scheint, als ermögliche es das WP-Konzept den fünf Lehrerinnen, alle sehr engagierte und »fortschrittliche« Vertreterinnen ihres Berufes, nur begrenzt, in wünschenswerte pädagogische Interaktionen einzutreten. Primär ist das WP-Modell eine bestimmte Art, Leistungsforderungen an die Schüler zu stellen. In ihrem verbalen WP-Handeln verlängern die Lehrerinnen gewissermaßen dominant diesen Forderungsdruck. Ihre wesentliche Sorge, wie sie sich in der Wahl und den Schwerpunkten ihrer Handlungsweisen zeigte, gilt der Erfüllung der Forderungen. Es kommen einfach nur sehr wenige Episoden vor, in denen nicht der schnellste Weg zum Resultat, sondern das mehr indirekte Ansprechen, Aufgreifen, Verstärken und Weiterführen von Elementen der kindlichen Lern- und Arbeitsprozesse Leitlinie pädagogischen Handelns gewesen ist. Das wäre durchaus in größerem Umfang möglich, weil in allen WP-Stunden, die ich bis jetzt erlebt habe, die Kinder sich unmittelbar nach Beginn der Stunde schnell und mit großem Eifer an die Arbeit gemacht haben. Die Zuwendung zu den Aufgaben braucht nicht erzwungen zu werden. Zunächst bräuchte den Forderungen gar kein weiterer Nachdruck verliehen zu werden.

»Im Prinzip« wäre es den Lehrerinnen möglich gewesen, sich gelassener auf den Prozeß der Wechselwirkung zwischen Sache (Aufgabe) und den jungen, lernbereiten Subjekten einzulassen. Die Beziehung zwischen Sache und Subjekt nehmen die Lehrerinnen aber primär von den vordefinierten Ergebnissen her wahr. In frontalen Unterrichtsformationen ist das zwangsläufiger notwendig, weil es dabei nur begrenzt möglich ist, auf Grund eines Einblicks in den Stand von 30 individuellen Lernprozessen zu agieren. Aber auch in den zehn WP-Stunden scheint es so gewesen zu sein, obwohl der strukturelle Zwang zu dieser Handlungsorientierung »im Prinzip« geringer sein müßte.

5. Fallstudie »Stromkreis« – grundsätzliche Problematisierung des WP-Modells

Mit Hilfe einer Fallstudie möchte ich nun das WP-Hauptproblem, so wie ich es heute sehe, noch schärfer fassen. Folgende Beobachtungen habe ich im WP-Unterricht einer vierten Grundschulklasse gemacht. Die Beschreibung beruht auf Notizen, die ich mir einige Stunden nach Schulschluß an dem betreffenden Tag gemacht habe. Im Plan der Woche gab es eine Aufgabe zur Wiederholung eines Abschnitts aus dem Sachunterricht; sinngemäß lautete sie: »Hast Du Lust, noch einmal auszuprobieren, wie man einen Stromkreis aus Batterie, Lampe und Schalter bauen kann?« (Die Kinder konnten dazu die Materialien aus dem Experimentierkasten »Stromkreise« des Verlags Cornelsen-Velhagen & Klasing benutzen.)

Bei meinem Besuch im WP-Unterricht der Klasse konzentrierte ich meine Beobachtungen auf die Kinder, die sich diese Aufgabe vorgenommen hatten. Ein Teil der Kinder begnügte sich damit, wie verlangt, einen einfachen Stromkreis zu bauen. Die Stromkreise funktionierten in einigen Fällen nicht auf Anhieb, so daß Schraubverbindungen mehrfach gelöst und wieder hergestellt werden mußten – der feinmotorische Umgang mit Schraubenzieher, Schrauben, dünnen Drähten usw. verlangte von einigen Kindern die ganze Konzentration. Einige Kinder experimentierten in einer Weise, die eine nur vage Ahnung von den Aufbauprinzipien eines Stromkreises verriet. Eine »klassische« Sachunterrichtsstunde zum Thema »Stromkreis« bringt offensichtlich ein breites Spektrum von Lernergebnissen hervor. Die Weiterbearbeitung des Themas, z.B. als WP-Aufgabe, war in der Klasse also voll berechtigt. In zwei Fällen entstanden Schaltungen, bei denen die Lampe brannte, wenn der Schalter offen war. Das eine Kind wunderte sich darüber überhaupt nicht. Ich betätigte den Schalter und sagte zu dem Kind: »Das find' ich komisch; wenn ich deinen Schalter zumache, dann geht in deinem Stromkreis die Lampe aus; bei den anderen brennt sie dann.« Das Kind antwortete: »Aber meine Lampe brennt doch!« Auf den Effekt – Lampe geht aus und an – kam es diesem Kind an. Das andere Kind mit der merkwürdigen Schaltung zeigte seine Schaltung der Lehrerin und fragte: »Wie kommt das? Wenn ich zumache, geht das Licht aus?«

Darauf die Lehrerin: »Das ist komisch. Weiß ich auch nicht.« Unfreiwillig haben Kinder hier eine Aufgabe beim »Herumprobieren« abgewandelt; wiederum aber wird eine potentiell produktive Lerngelegenheit verpaßt. Die Lehrerin interessierte sich nicht weiter für die Merkwürdigkeit.[1] Es handelte sich in beiden Fällen um Stromkreise, die durch den geschlossenen Schalter kurzgeschlossen wurden, etwa folgenden Aufbaus:

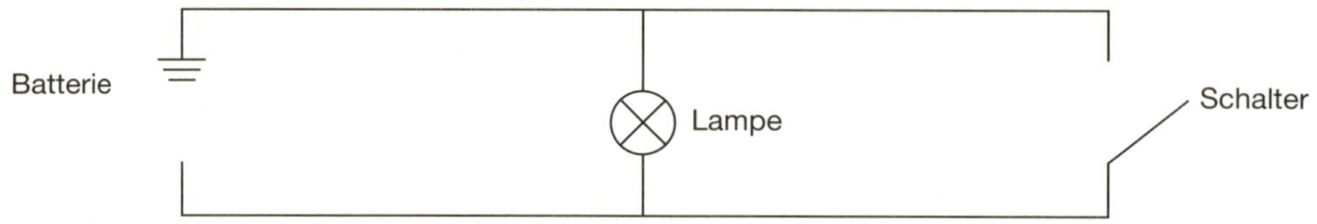

Eine Gruppe von vier Jungen wandelte die Aufgabe ebenfalls ab, dies aber nicht »unfreiwillig«, sondern wohlüberlegt: Einer machte den Vorschlag, zehn Lampen auf einmal zum Brennen zu bringen, und die anderen waren sofort von dieser Idee begeistert. Die Fassungen im CVK-Kasten wurden knapp. Andere Kinder beklagten sich zunächst über den hohen Materialbedarf der vier, waren dann aber bereit, früher als geplant ihre Fassungen wieder zurückzugeben, um das gewagte Unternehmen der vier zu unterstützen. Die sind handwerklich einigermaßen versiert, so daß nach wenigen Augenblicken eine Batterie, ein Schalter und zehn Fassungen mit Birnen hintereinandergeschaltet sind. Erstmals kommt der große Augenblick: Der Schalter wird heruntergedrückt. Ergebnis: nichts. Einer der Jungen hält seine beiden Hände über eine Birne, um durch die Abdunkelung ein eventuell nur schwaches Licht erkennen zu können. Die anderen machen ihm das nach. Nicht einmal ein Glimmen ist zu erkennen. Ein kurzer Augenblick des Nachdenkens genügt, um einen anderen auf eine neue Idee zu bringen: »Die eine Batterie ist zu schwach. Die schafft die zehn Lampen nicht!«

Diese Idee löst hektische Geschäftigkeit aus. Andere Kinder werden nachdrücklich gebeten, eine Batterie herauszugeben. So kommt die Gruppe zu einer kleinen, interessierten Zuschauerschaft. Nun werden vier Batterien an den Stromkreis angeschlossen. Wieder nichts. »Woran kann das liegen?« fragen sie sich mehrfach nachdenklich. Nach etwa einer halben Minute meint einer der vier Elektroniker: »Vielleicht ist eine Birne kaputt.« Das ist ein erstaunlich intelligenter Gedanke, weil in der Tat eine defekte Birne das ganze Unternehmen scheitern lassen müßte. Schnell werden alle Birnen nacheinander herausgeschraubt und an einer Batterie überprüft. Sie brennen alle und werden wieder in die Fassungen des großen Stromkreises eingesetzt. Wieder ein Moment des Nachdenkens. Plötzlich fängt einer an, die Draht- und Schraubverbindungen zu überprüfen, indem er die Fassungen festhält und an den Drähten zieht. Die

1 Kann einer Lehrerin, die keine naturwissenschaftlich-technischen Fächer studiert hat, dieses Nichtwissen vorgeworfen werden? Ich meine: nein. Kritisch aber ist, daß sie dem Kind in keiner Weise signalisierte, selbst diesen merkwürdigen Stromkreis verstehen zu wollen.

anderen verstehen und tun es ihm gleich. Effekt: wieder nichts. Nun hat einer der vier den Einfall, Knicke und Verschlingungen in den Drahtverbindungen zu beseitigen. »Vielleicht fließt der Strom nicht, weil die so ›verkrumpelt‹ sind.« Auf diese Idee, sie hängt wohl mit intuitiven Analogievorstellungen Wasserschlauch – Stromleitung zusammen, sprechen die anderen nicht so stark an und lassen ihren Kameraden die Zuleitungen geradebiegen und ordnen.

Aber nun nähern sie sich dem entscheidenden Punkt: »Vielleicht ist eine Batterie leer.« Das ist wiederum eine sehr intelligente Idee. Die Überprüfung der Batterien mit einzelnen Birnen ergibt, daß sie alle noch in Ordnung sein müssen. Während der bisher vergangenen gut 15 Minuten haben sich die vier Jungen durch meine räumlich nahe Anwesenheit und Neugier nicht stören lassen. Weil das Ende der Stunde naht, sage ich: »Die einzelnen Batterien sind in Ordnung. Es hat aber trotzdem was mit den Batterien zu tun.« Dieser Hinweis löst sofort eine Rückfrage aus: »Haben wir die nicht richtig verbunden?« Darauf sage ich: »Wie ihr vielleicht wißt, gibt es an jeder Batterie einen Plus- und einen Minuspol; welche Pole habt ihr miteinander verbunden?« Es fällt ihnen nichts auf. Die Zeit eilt nun sehr, und ich frage: »Wenn man die Pluspole von zwei Batterien verbindet, kann dann Strom fließen?« Die Frage war zu suggestiv, um wirkliches Nachdenken auszulösen. Sie überprüfen ihren Batteriensatz und stellen fest, daß sie gleiche Pole (in einer Reihenschaltung) miteinander verbunden haben, korrigieren das, und dies führt nun endlich zur »großen Erleuchtung«.

Diese Gruppe hat ebenfalls eine Modifikation der vorgegebenen Aufgabe realisiert; die vier Jungen haben sich selbst eine weiter gehende Experimentier- und Lernsituation geschaffen, ohne von einem »schlauen Didaktiker« entsprechende Anweisungen erhalten zu haben. Sie haben eine Gelegenheit für ihre Lernbedürfnisse abgewandelt und genutzt. Mich hat es sehr beeindruckt, welche Vielzahl von Fragen und Hypothesen über elektrischen Strom innerhalb von nur etwa 20 Minuten in dieser Gruppe mehr oder weniger implizit entworfen und mehr oder weniger systematisch überprüft wurde. Sollte es nicht möglich sein, diese und andere Kinder durch weitere »günstige Gelegenheiten« dieser oder noch besserer Art zur Vertiefung ihrer Einsichten und zur Ausweitung ihrer praktisch-elektrotechnischen Kenntnisse und Fertigkeiten zu führen? Wie das im Rahmen eines erweiterten WP-Konzepts möglich sein könnte, werde ich in Abschnitt 7.3, nach einigen »theoretischen Intermezzi«, erläutern.

An dieser Stelle ergänze ich nun die Beobachtungen zu dem Fallbeispiel in bezug auf das Verhalten der Lehrerin: Insgesamt gab es während der 20 Minuten fünf Kontakte der Lehrerin zu der beobachteten Vierergruppe. Beim ersten zeigt sie wohlwollendes Interesse für das Vorhaben der Gruppe und greift helfend in den drohenden Konflikt um die Materialverknappung ein, den das Unternehmen der vier heraufbeschwört. Die weiteren Lehreräußerungen laufen alle darauf hinaus, die Gruppe darauf hinzuweisen, sie habe auch noch andere

WP-Aufgaben zu erledigen und sie könne darum nicht soviel Zeit mit dieser Sache verbringen. Mit der letzten Äußerung mahnt sie die Gruppe, an das nahe Ende der Stunde zu denken und rechtzeitig die Materialien wieder wegzuräumen. Mit keinem Wort bezieht sie sich auf die experimentelle Aktivität der vier Kinder selber.

WP-kritische Konsequenzen aus der Fallstudie »Stromkreis«:

Mit einem WP werden Lern-/Leistungsforderungen an die Schüler gestellt, die sie innerhalb eines vorgegebenen Zeitraums zu erfüllen haben. Wenn Kinder sich mit großer Intensität auf eine Sache einlassen (siehe Fallbeispiel), so steht im WP-Unterricht (und nicht nur in diesem) davor und dahinter immer der »Druck« (konkretisiert vor allem auch als Zeitdruck), andere Forderungen auch noch erfüllen zu müssen, die mit der gerade so spannenden Sache nicht das geringste zu tun haben. Wirklich anregende, das Subjekt berührende Auseinandersetzungen mit einer Sache/Aufgabe lassen sich nur schwer in einem Rahmen inszenieren, der dem Subjekt vorschreibt, es könne dafür z.B. nicht mehr als 15 Minuten verwenden und müsse sich dann mit etwas ganz anderem befassen. In den bisher realisierten Versionen von WP-Unterricht, wie sie auch in meiner WP-Darstellung dokumentiert sind, wird die Tätigkeit der Schüler inhaltlich partialisiert dadurch, daß eine Summe von inhaltlich unzusammenhängenden »Lernbefehlen« vorgegeben wird. Auf 15 Minuten »Stromkreis« folgen zehn Minuten Rechtschreibübungen oder Übungsaufgaben zum Rechnen.

Das WP-Konzept mag für die Anregung einer bestimmten Art von Leistungsmotivation einen günstigen Rahmen schaffen (»Schaffe ich die drei Aufgaben heute noch ...?«); die Anregungsbedingungen »epistemischer«, an die Gewinnung neuer Erkenntnisse gebundener Motivation scheinen mir jedoch mit den Merkmalen des bisherigen Standard-WP nur partiell verträglich zu sein.

Am Handeln der Lehrerin in unserem Fallbeispiel wurde das deutlich: Es ist mehr daran orientiert, die Erfüllung von Forderungen (»Lernbefehlen«) zu gewährleisten, als die Verwicklung der Kinder in eine Sache/Aufgabe einzuleiten, weiterzubringen usw. Das WP-Modell ist ein – noch nicht optimal gelungener – Kompromiß zwischen zwei »didaktischen Philosophien«; einer, von der aus effektives Lernen der Schüler nicht anders als durch eine Folge von ausgeklügelten »Lernbefehlen« bewirkt werden kann; und einer anderen, aus deren Perspektive Lernen grundsätzlich nicht befohlen werden kann, sondern »nur« mehr oder weniger günstige »Gelegenheiten« für lernbereite Subjekte geschaffen werden können.

In Kapitel 6. folgen nun einige Bemerkungen zu allgemeinpsychologischen Grundlagen einer »Didaktik der Lerngelegenheiten«; im Kapitel 7. werden

Beispiele für die Realisierung einer solchen Konzeption von Unterricht skizziert. In einem Exkurs zu Abschnitt 6.2 und in Abschnitt 7.3 werde ich andeuten, in welcher Richtung das WP-Modell verändert werden müßte, um seine Widersprüche und Grenzen zu überwinden und zum Hilfsmittel für eine »Didaktik der Lerngelegenheiten« zu werden. Um möglichen Mißverständnissen vorzubeugen, greife ich jedoch zunächst die Diskussion des »Selbststeuerungs«-Begriffs (vgl. Kapitel 1.) noch einmal auf.

6. Anmerkungen zu psychologischen Grundlagen einer »Didaktik der Lerngelegenheiten«

Bereits in den Anfängen meiner Auseinandersetzung mit dem Selbststeuerungskonzept habe ich mich mit motivationspsychologischen Theorien befaßt. Die Rezeption dieser Theorien war selektiv in zweierlei Hinsicht: Zum einen habe ich bestimmte Theorien, vor allem die zur Leistungsmotivation, im Sinne der SST-Idee umgedeutet, so als könne das autonome Individuum nicht anders zu einer sinnvollen Lernarbeit gelangen als eben in Zyklen leistungsmotivierten Handelns. Zum anderen habe ich bestimmte für das Thema relevante Theorien nicht zur Kenntnis genommen und/oder in ihrer Bedeutung für meine Problemstellung nicht erkannt oder verkannt.

Gleichwohl bleibt die Frage nach den »Beweggründen des Lernens« in der Schule von grundlegender Bedeutung für eine Didaktik des Schulunterrichts, besonders dann, wenn die real vorherrschenden »Beweggründe des Lernens« in vieler Hinsicht problematisch erscheinen; z.B. das Ausmaß von Leistungs- und Prüfungsangst, aber auch von Gleichgültigkeit, Langeweile und Apathie oder die Vorherrschaft des Karrierestrebens (vgl. dazu auch Schiefele 1993 und Krapp 1993a). Zwar läßt sich Didaktik nicht auf Motivationsfragen reduzieren. Grundlegende Bedeutung bekommen sie aber, weil sie ganz eng damit zusammenhängen, welchen »Sinn« die Lernenden ihrer (Lern-)Tätigkeit, ihrem Bildungsprozeß geben oder auch nicht geben und welche Relation sie damit zu ihrer eigenen Entwicklung und Bildung haben oder nicht haben.

Die möglichen »Sinn«gebungen des Lernens im allgemeinen und des schulischen Lernens im besonderen sind von sehr großer Vielfalt und in komplexer Weise miteinander verflochten. Welche der vielen möglichen Sinngebungen im konkreten Fall eines bestimmten Unterrichtsprozesses entstehen und wirksam werden, ist seinerseits von vielen objektiven und subjektiven Bedingungen abhängig.

Mit dem Selbststeuerungskonzept und der Leistungsmotivationstheorie allein wird dieser ganze Problemkomplex in einseitiger Weise vereinfacht. Von der Fülle möglicher und durchaus auch wünschenswerter »Sinn«gebungen des Lernens wird nur ein begrenzter Sektor berücksichtigt. Mehr illustrativ als systematisch möchte ich nun die Voreingenommenheit der SST-Idee verdeutlichen: Gewiß entwickeln Kinder früh in ihrem Leben den Wunsch, in bestimmten Situationen etwas selber machen zu wollen, ohne Anleitung und Führung etwas herausfinden zu wollen usw. Das Selbständigkeitsstreben wird als eines der Vorläufermotive der Leistungsmotivation betrachtet (vgl. z.B.: Heckhausen 1972, S. 971f, 1980, S. 683f). Zugleich aber entstehen solche Wünsche fast immer in und sind zurückbezogen auf soziale Beziehungszusammenhänge. Das Kind mochte etwas können und nachmachen, was es bei seinen erwachsenen Bezugspersonen oder anderen Kindern gesehen hat. Mit dem Gewinn der Fähigkeit zur Imitation (Nachahmung) vermag das Kind seine Lernmöglichkeiten zu vervielfachen. Durch Imitation (oft auf der Basis weiter gehender Identifikation) vermag das Kind, zunehmend komplexere Handlungsschemata von Partnern zu übernehmen und im sich differenzierenden sozialen Austausch zu verwenden. Besonders deutlich und wesentlich ist dies beim Erwerb der Sprache. Ohne soziale Beziehungsfähigkeiten – Imitation und Identifikation gehören zu den ganz elementaren – würden die meisten Entwicklungsschritte der menschlichen Ontogenese nicht möglich sein (vgl. dazu Piaget 1975d, Rauh 1995, S. 190f).

Nachahmung heißt, einen sozial-kulturellen Bestand von Handlungsschemata mit anderen Menschen zu teilen. Darum wird das Kind, das erstmals allein, ohne Führung, seine Schuhe bindet, mit dieser Errungenschaft zum Erwachsenen kommen und voller Stolz zeigen und sagen wollen: »Ich kann es jetzt auch! Sieh mal!« Als SST-Theoretiker habe ich nur die eine Seite dieses Vorgangs gesehen, nämlich das »Selbermachenwollen« und die »Selbstbekräftigung«. Sagt nun der erwachsene Bezugspartner: »Toll, ich freue mich mit dir!«, dann wäre das eine simple »Fremdbekräftigung«, die gemäß SST-Idee möglichst durch »Selbstbekräftigungen« zu ersetzen wären. Das Beispiel macht deutlich, wie arg verzerrt diese Perspektive ist. Die – immer noch berechtigte – Kritik überflüssiger Fremdsteuerung des Lernens in der Schule hatte mir den Blick für wichtige Grundtatsachen der menschlichen Entwicklung verstellt; vor allem die Bedeutung dialogischer Austauschprozesse als Ausgangspunkt, Material, Rahmen und Medium von Lernprozessen habe ich ausgeblendet. Das dialektische Ineinander von individuell-organismischen und sozialen Dimensionen in der Lernmotivation betonen z.B. neuerdings Deci und Ryan (1993). An einem Schulbeispiel sei das nochmals verdeutlicht:

Ein Kind, das beginnt, Worte abzuschreiben (Schrift nachzuahmen), die der Lehrer an die Tafel oder auf ein Vorlageblatt geschrieben hat, kommt zum Lehrer und zeigt mit erwartungsvollem Blick sein Werk vor. »Dieses Kind ist noch auf ›Fremdbekräftigungen‹ angewiesen«, hätte ich als SST-Theoretiker gesagt und dem Lehrer empfohlen, möglichst »sachbezogene Rückmeldung« zu geben und dem Kind bei der Ausbildung »eigener Gütemaßstäbe« zu helfen. Damit wird so getan, als sei »Schreiben« eine Sache, die den Beteiligten gänzlich äußerlich ist und mit ihren Beziehungen zueinander nichts zu tun hat.

Das Kind freut sich über eine sozial-kulturelle Errungenschaft, die es ohne Lehrer und dessen Vorlage wahrscheinlich gar nicht erstrebt hätte. Ein Lehrer, der sich nun weigert, sich mit dem Kind über dessen Errungenschaft zu freuen, verfehlt den Gehalt dieser Errungenschaft. Die motivierende »mittlere Diskrepanz« besteht im günstigen Fall nicht allein zwischen kindlichen Fähigkeiten und Schreibvorlage als einer neutralen Sache; motivierende Diskrepanz (»Gefälle«) besteht auch zu dem Lehrer, der die diese Schreibvorlage geschaffen hat.

So gesehen erweist sich der Begriff »Fremdbekräftigung« und die darin implizierte normative Perspektive, das Individuum habe von diesen unabhängig zu werden, sich von der »Fremdsteuerung« zu emanzipieren, als abwegige und irreführende Fiktion. Mit dem SST-Konzept wird Lernen, Entwicklung und Bildung individualistisch verzerrt gesehen. Motivierende Anreize für individuelle Lernprozesse, die aus dem Dialog und der Zusammenarbeit von Menschen hervorgehen, werden zu nur äußerlichen »Zutaten« dieser Prozesse erklärt. Gewiß finden in unseren Schulen Arten und Formen der Interaktion zwischen Lehrern und Schülern statt, die ihrerseits fragwürdige Beweggründe (»Sinn«gebungen) für das Lernen hervorbringen. Daraus kann aber nicht gefolgert werden, solche Interaktionen seien prinzipiell von Übel (weil »Fremdsteuerung«) und darum möglichst weitgehend in »selbstgesteuerte« Auseinandersetzung der Schüler mit Angeboten/Aufgaben/Sachen zu verwandeln. Im übrigen ist es ein Irrtum anzunehmen, es sei keine oder weniger Steuerung, wenn der Lehrer seinen Schüler z.B. Schreibvorlagen anbietet. Das ist eine besondere Art der didaktischen Steuerung, aber nicht deren Negation.

Damit gelange ich nun zu einem anderen Punkt, von dem aus die SST-Idee zu kritisieren, zu revidieren und in einem veränderten Konzept »aufzuheben« wäre. Tatsächlich sind menschliche Individuen früh in ihrer Entwicklung in der Lage und bereit, sich mit Objekten ihrer Umwelt lernend, d.h. sich selbst verändernd auseinanderzusetzen, ohne daß ein Lehrer in jedem Augenblick sagen müßte: »Jetzt tu dies, und dann tu das.« (Vgl. die Stromkreisfallstudie in Kapitel 5. und das nachschreibende Kind.) Ein »guter« Lehrer ist jener, der es versteht, solche Interaktionsprozesse so anzustoßen, aufzugreifen, zu unterstützen, daß der Lernende sein »autodidaktisches Potential« (Lernfähigkeit) anzuwenden und womöglich auszuweiten vermag. Ohne dieses »Potential« müßte letztlich jedes Lehren fruchtlos bleiben. Ein weiteres entscheidendes Defizit meines früheren SST-Begriffs sehe ich darin, daß er keine Aussagen darüber machte, wie und wodurch die »selbstgesteuerte« Tätigkeit von Kindern zu einer Lerntätigkeit werden könne und wie auf dieser Basis Lehren, die pädagogische Interaktion mit lernbereiten Schülern, zu bestimmen sei. Dieses Defizit rührt auch daher, daß die wesentliche Bezugstheorie, auf die ich mich früher verlassen habe (die zur Leistungsmotivation), im Kern keine Lern- und Entwicklungstheorie ist. In Abschnitt 6.2 werde ich versuchen, der Leistungsmotivation ihren Platz zuzuweisen.

Eine Kritik des Schulunterrichts und korrespondierender didaktischer Theorien würde ich heute (u.a.) entlang der Frage versuchen, ob, wie und mit welchem Ziel jenes »autodidaktische Potential« in Unterrichtsprozessen zur Geltung kommt und ausgeweitet wird bzw. in seinen Wirkungsmöglichkeiten überflüssigerweise beschränkt wird. Nur insoweit es eine solche Lernfähigkeit gibt, ist es nämlich erlaubt, von »überflüssiger Fremdsteuerung« im schulischen Lernprozeß zu sprechen. In den folgenden Abschnitten 6.1 bis 6.3 möchte ich skizzieren, worin jenes »autodidaktische Potential« besteht und welche Prinzipien sich daraus für die Gestaltung von Lehr-/Lernprozessen ergeben.

6.1 Epistemische, an Erkenntnisgewinn orientierte Lernmotivation

In verschiedenen Theorie- und Forschungsrichtungen der Psychologie gibt es eine unübersehbare Evidenz für die Behauptung, die Lernbereitschaft der menschlichen Subjekte sei mit dem Augenblick ihrer Geburt gegeben und entwickle sich aus den Beziehungen, welche die Subjekte zu den Objekten ihrer Umwelt herstellen oder auch »unfreiwilliger« eingehen.

Vor allem durch Piagets unübertroffen subtile Beobachtungen der frühkindlichen Entwicklung (Piaget 1975a und b)[1] wissen wir, daß der Mensch vom Augenblick seiner extrauterinen Existenz in einem aktiven Austausch mit seiner Umwelt steht.

Mag die erste Betätigung des Saugreflexes noch als nur biologisch-physiologisch bedingtes Geschehen erklärbar sein, die zweite Betätigung ist es schon nicht mehr, weil die erste ihre Spuren hinterlassen hat. Der Säugling beginnt sehr bald und zunehmend geordnet, nach der Brustwarze der Mutter oder dem Schnuller zu suchen, wenn seine Wangen mit menschlicher Haut in Berührung kommen. Der Reflex entwickelt und perfektioniert sich im Kontakt mit seinem Objekt. Der Reflex wird zu einem Verhaltensschema, das sich differenziert und verallgemeinert, indem es fortwährend wiederholt und auf andere Objekte ausgeweitet wird. Gesaugt wird bald auch ohne akuten Hunger, eben weil das Saugen mit dem Mund den ersten aktiven Zugang zu den Objekten der Welt erlaubt. Der anthropologisch angelegte »Beziehungshunger« des menschlichen Subjekts erscheint in seiner Ontogenese zuerst als Saugen. Die erste mögliche Maßnahme zur »Verdummung« des jungen Menschenkindes wäre, neben physiologischen Schädigungen, die Unterbindung des Saugens durch das Vorenthalten passender Objekte.

Noch deutlicher wird der aktive Charakter des frühen menschlichen Lernens bei der Entwicklung des Greifens. Die Betätigung des Greifreflexes führt allmählich, vor allem durch die Koordination von Sehen und Greifen, zu einem

1 Die Jahresangaben zu Piagets Publikationen beziehen sich, wie bei vielen anderen Büchern ausländischer Autoren, auf neuere deutsche Ausgaben. Im Literaturverzeichnis sind die Jahrgänge der Erstveröffentlichungen jeweils in (...) zusätzlich angegeben. Die beiden genannten Bücher hat Piaget 1936 und 1937 zuerst publiziert. Obwohl über 40 Jahre alt, kann ihre Lektüre auch heute noch sehr wertvoll sein.

System sensumotorischer Explorationstätigkeiten, vermittels deren sich das Kind durch Be-Greifen immer neuer Objekte Informationen über Eigenschaften der Objekte erzeugt, die bloß passiver Anschauung für immer verborgen bleiben müßten. Die Eigenschaft von Gegenständen, nach unten zu fallen, ist ihnen nicht anzusehen. Daraus ergeben sich weitere Möglichkeiten, die jungen menschlichen Subjekte früh zu verdummen, nämlich ihnen den Zugang zu Objekten ihres explorativen Interesses zu verwehren bzw. überhaupt »Nahrung für ihren Beziehungshunger« vorzuenthalten. Verdummungsmaßnahmen dieser Art sind weit verbreitet. Ein großer Teil der Handlungen von Eltern, insbesondere gegenüber ihren ein- bis zweijährigen Kindern, besteht darin, die Kleinen davon abzuhalten, die Schubladen im Wohnzimmer und die Schränke in der Küche auszuräumen und deren Inhalt sorgfältiger Untersuchung zu unterziehen. Das »Herz für Kinder« scheint in unserer Gesellschaft nicht größer als das »Herz für Kochtöpfe« zu sein.

Die Spiele der Kinder können zu einem großen Teil verstanden werden als ein Bestreben, allen möglichen (und »unmöglichen«) Objekten durch das Einbeziehen in immer wieder variierte Handlungsschemata immer wieder andere Seiten abzugewinnen (vgl. dazu auch Klix 1971, S. 524f, Oerter 1995a, S. 250f). Piaget hat das Muster, nach dem Kinder ihre Handlungsschemata erproben und ausweiten, als Zirkulärreaktionen beschrieben. Handlungen werden zunächst wiederholt, um bestimmte vertraute Reaktionen des Objekts erneut hervorzurufen (reproduktive Assimilation). Führen Variationen der Handlung zu überraschenden, neuen Effekten oder werden vertraute Handlungsschemata in neuen Situationen eingesetzt, so setzen spontan Bemühungen ein, den Effekt durch Anpassung des Handlungsschemas reproduzierbar zu machen (Akkommodation). Schließlich werden, nach Piaget ist das die erste intentionale Intelligenzhandlung, Handlungsschemata gezielt als Mittel zu bestimmten Zwecken eingesetzt (z.B.: Gegenstände mit einem Stock heranholen, der bisher nur als Schlaginstrument verwendet wurde) und später im Hinblick auf Ziele gedanklich konstruiert (»erfunden«).

Früh in der menschlichen Ontogenese finden sich Handlungsmuster, die von anderer Seite als TOTE-Einheiten bzw. Rückmeldungsschleifen bezeichnet worden sind. Zirkulärreaktionen können auch als TOTE-Einheiten beschrieben werden. Sie konstituieren jene Lern- und Entwicklungsfähigkeit des menschlichen Subjekts, die im tätigen Austausch mit den Objekten entsteht und sich sukzessive weiterentwickelt. Dies geschieht auch in den ersten Lebensjahren ohne ein didaktisch geordnetes Curriculum durchaus in systematischer Art und Weise, eben weil jeder Austauschzirkel Spuren hinterläßt und Folgen für den nächsten hat.

In Anlehnung an Miller, Galanter und Pribram (1991) und Klix (1971) stelle ich nun ein einfaches TOTE-Grundmodell dar und erläutere es an Hand der Stromkreisfallstudie aus dem Kapitel 5. Es ließe sich ebenso am Beispiel ontogenetisch früherer Errungenschaften erläutern, was auf seine allgemeine Bedeutung hinweist. Was sich im Bildungsprozeß des Subjekts verändert, sind qualitative und quantitative Merkmale der Komponenten und ihre Beziehungen untereinander. »TOTE« ist eine Abkürzung für den grundlegenden Handlungszyklus des Modells: Test-Operate-Test-Exit.

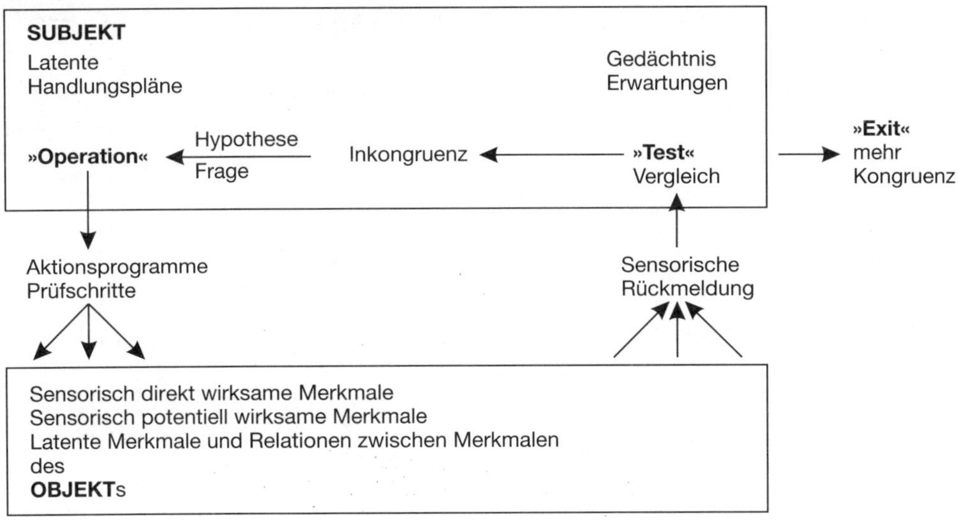

Die SUBJEKTE (Kinder) bauen einen Stromkreis (OBJEKT). Unter der Führung von bereits erworbenem Wissen (Gedächtnisbesitz) über die Elemente von Stromkreisen und deren Beziehungen untereinander werden sensumotorische Aktionsprogramme (z.B. Klemmen zuschrauben) eingesetzt, um einen realen Stromkreis aus bestimmten vorgegebenen bzw. zu suchenden Materialien aufzubauen. Die Prüfung des Stromkreises auf sein Funktionieren (Schalter betätigen) führt zu sensorischen Rückinformationen, die nun daraufhin ausgewertet werden, ob die Schaltung wie beabsichtigt funktioniert (Vergleich, »Test«). Stimmen Rückinformation und Erwartungen bzw. Absichten überein (Lampe brennt), so bedeutet das Kongruenz im aktuellen Wahrnehmungs- und Handlungsfeld des Subjekts. Das aktivierte Wissen und die realisierten Handlungen werden unmittelbar bestätigt und verfestigt. Somit entsteht kein Anlaß zur Revision von Wissen und/oder Handlungen gegenüber dem Objekt.

Nichtübereinstimmung (Inkongruenz) zwischen beabsichtigten oder erwarteten und wahrgenommenen Ergebnissen (Rückinformation: Lampe brennt nicht) jedoch geben dem Lernenden Anlaß zu Fragen und Zweifeln hinsichtlich seiner bisherigen Aktivitäten und damit verknüpfter Wissenselemente. Unter Aktivierung relevanten Vor-Wissens werden nun weitere Prüfschritte angewendet oder, wenn nicht direkt verfügbar, u.U. neue konstruiert (»erfunden«, »entdeckt«). Sie haben zunächst oft die Form von Fragen und Hypothesen, z.B.: »Woran könnte es liegen?«, »Wie kann das sein?«, »Könnte es sein, daß...?«

Bei kleinen Kindern sind »Fragen« und »Hypothesen« gewissermaßen vorsprachlich in ihren explorativen, sensumotorischen Handlungsschemata verkörpert. Die Entwicklung der Fähigkeit zur symbolischen, insbesondere sprachlichen (Re-)Konstruktion von Erwartungen in bezug auf Objekteigenschaften ist die wesentliche Voraussetzung für die Ablösung des Denkens von den Grenzen der Wahrnehmung (bloßen Anschauung) und des konkreten Handelns.

Inkongruenzerlebnisse motivieren das Subjekt zum Entwurf von Fragen und (evtl. experimentellen) Aktivitäten, die zur Beantwortung der Fragen beitragen können. Wußten oder ahnten die vier Jungen vor ihrem Experiment, daß eine defekte Glühbirne in ihrem Stromkreis genügt hätte, um ihn ganz zu unterbrechen? Implizit müssen sie das angenommen haben, denn sie haben alle zehn Lampen überprüft und nicht etwa alle ausgetauscht, gemäß der simpleren Hypothese: »Lampen, die nicht brennen, sind kaputt.« Der kritische Fall (nur eine bestimmte Birne ist kaputt) ist nicht eingetreten, so daß ein möglicher Erkenntnisgewinn ihres Experiments für mich als Beobachter nicht sichtbar geworden ist. Ihre Hypothese (eine Lampe könnte defekt sein) verlangte es im übrigen, unmittelbar nicht wahrnehmbare Objektmerkmale in einem eigenen Prüfschritt sichtbar zu machen: Den kleinen Glühbirnen ist nicht direkt anzusehen, ob sie defekt sind oder nicht. Implizit wenden die vier Jungen bei ihrem experimentellen Prüfschritt auch eine Aussage über das Objekt an, die mit ihren Mitteln nicht sichtbar (wahrnehmbar) zu machen ist (latentes Merkmal), nämlich die Aussage: Birnen, die brennen, leiten (im Regelfall) auch den Strom weiter; und umgekehrt: eine Birne, die nicht brennt, leitet (im Regelfall) den Strom nicht weiter.

Mit »Inkongruenzerlebnissen« und »fragender Ungewißheit« geht eine allgemeine psychische Aktivierung einher: Emotionale Erregung setzt ein, und Wahrnehmung (Aufmerksamkeit), Denken und Handeln des Subjekts richten sich ganz auf die problematisch gewordene Seite des Objekts. Es kann ein Zustand völliger Versunkenheit und Hingabe an die Situation entstehen, der von einer besonderen Gefühlsqualität begleitet ist. Vermutlich gibt es inter- und intraindividuell variierende Zeitspannen, über die hinaus die aktivierenden Inkongruenzen so unangenehm werden (können), daß der Kontakt zum Objekt abgebrochen wird. Allerdings besteht eine starke Tendenz, den Kontakt (nach einer Pause) wieder herzustellen.[2]

2 Das sogenannte ZEIGARNIK-Phänomen läßt sich inkongruenz- und aktivationstheoretisch gut erklären: Unter bestimmten Bedingungen werden nichtroutinehafte Aufgaben, bei deren Bearbeitung ein Individuum unterbrochen wurde, besser erinnert als Aufgaben, die zu Ende geführt werden konnten (vgl. Hilgard/Bower 1984, Bd. 1; S. 320f). Dieser Zusammenhang sollte auch für Aufgaben gelten, bei denen sich das Individuum selbst unterbricht. Jeder wird schon öfter an sich selbst erlebt haben, wie ein bestimmtes Denkproblem über lange Zeit hinweg immer wieder ins Bewußtsein zurückkehrt und manchmal sogar des Nachts die Träume beherrscht.

Von großer Bedeutung ist nun die Tatsache, daß Inkongruenzen nicht etwas sind, was die Menschen nur passiv, gewissermaßen gegen ihre eigentlichen Bedürfnisse nach Sicherheit und Ruhe, »erleiden« würden. Schon viele der ontogenetisch frühen Spielaktivitäten lassen sich deuten als »Zirkel der Aktivierung«, in deren Verlauf Inkongruenzen vom Subjekt fast systematisch hergestellt und gesucht werden.[3]

Die menschlichen Bedürfnisse nach mäßigen Unsicherheiten und Herausforderungen oder auch nur schlichter Abwechselung (»Reizhunger«) sind dergestalt ausgeprägt, daß kaum ein »normaler« Mensch länger als ein paar Tage sensorische Deprivation (Isolierung von Außenreizen) auszuhalten vermag, ohne Anzeichen schweren Stresses und psychischer Desorganisation zu zeigen (vgl. z.B.: Portele 1975, S. 91f). Ganze Industriezweige (Funk, Fernsehen, Verlage, Adventure-Parks) sind damit befaßt, rund um die Uhr passende Waren für die Stillung des »Reiz-« und »Problemhungers« von Menschen (fast aller Altersgruppen) anzubieten.[4]

Warum haben die vier Jungen aus unserem Fallbeispiel (vgl. Kapitel 5.) die vorgegebene Aufgabe aus freien Stücken abgewandelt, genauer gesagt: komplizierter und nicht etwa einfacher gemacht? Das ist wohl nicht anders erklärbar als durch die Annahme eines Bestrebens, langweilige Routine zu vermeiden und, wo möglich, neue Herausforderungen, Unsicherheiten, also inkongruenzträchtige Situationen zu schaffen. Der durch die Aufgabenstellung geforderte einfache Stromkreis war für die vier Jungen, nicht für andere Kinder, wohl zu vertraut und selbstverständlich, um noch ihr Interesse finden zu können.

Gelingt die Reduktion der objektbezogenen Ungewißheiten und Spannungen durch epistemische Aktivität (Erzeugung, Aufnahme, Verarbeitung neuer Information), so stellt ein Lernprozeß ein neues Niveau relativer Kongruenz her. Der Abbau der Aktivierung, die Lösung der Spannung und das wunderbare Gefühl, eine neue Kompetenz erarbeitet zu haben, sind gleichzeitig die aus dem Lernprozeß selbst resultierenden »intrinsischen« Verstärkungen seiner Ergebnisse. Es gibt eine große Zahl von Untersuchungen, welche die nachhaltigen Wirkungen so motivierter Lernprozesse belegen (vgl. dazu etwa White 1959, Hunt 1965, Smith 1968, Csiszentmihalyi/Schiefele 1993, Deci/Ryan 1993, Oerter 1995b, S. 758f).

An dem Stromkreisbeispiel wurde auch deutlich, wie unterschiedlich die Art und die kognitiven Niveaus der experimentellen Vorgehensweisen sind, über

3 Heckhausen (1964) hat das in seinem »Entwurf zu einer Psychologie des Spielens« sehr klar herausgearbeitet. Vor kurzem habe ich mit einem gut einjährigen Jungen innerhalb von einigen Tagen immer wieder verschiedenartige Objekt-verschwinde-Objekt-erscheine-wieder-Spiele gemacht, auf die wir uns beide (aus unter schiedlichen Gründen) mit großer Begeisterung einließen. Immer wieder veranlaßte er mich fortzufahren, indem er ein Tuch hochhob, das wir bei unseren Spielen benutzt hatten.

4 »Problemhunger«? – es gibt ihn, wie z.B. die Rätsel- und Denksportseiten in jeder Illustrierten beweisen.

die Kinder einer Altersstufe, bezogen auf einen Objektbereich (Stromkreise), verfügen, und welche Grenzen ihr spontanes, intuitives Experimentieren hat. Zwar hatten die vier Jungen »Erfolg« mit ihrem Versuch; gleichwohl war es aber doch – zumindest für mich als Beobachter – offengeblieben, welchen besonderen inhaltlichen Erkenntnisgewinn die vier Jungen aus ihrer Aktivität ziehen konnten.

Von hier aus ließen sich der Sinn und die Notwendigkeit von Unterricht begründen als Anregung und Hilfe zur Systematisierung experimenteller und anderer epistemischer Aktivitäten, über die Kinder zwar mit dem Eintritt in die Schule immer schon verfügen, deren Grenzen aber schnell offenbar werden, z.B. dann, wenn der Erwerb neuer Erkenntnisse über einen Objektbereich es erfordert, über das hinauszugehen, was der »einfachen« Wahrnehmung und dem intuitiven Experimentieren zugänglich ist.

Fazit und einige weitere Folgerungen für »Unterricht«:

1. Lernen wird immer dann zu einer unfruchtbaren und in überflüssiger Weise mühseligen Angelegenheit, wenn »man« (Kinder wie Erwachsene auch) sich aufgefordert sieht, einen Lernstoff zu »schlucken«, d.h. einfach nur passiv zu rezipieren, nach dem der Lernende nicht gefragt hat. Fragen (i.w.S.), die ein lernbereites Subjekt sich und einem fragwürdigen Objekt stellt, haben gewissermaßen die Funktion von Filtern; sie regulieren, welche Seiten oder Eigenschaften des Objekts (seien dies sensorisch erfaßbare oder nur gedankliche) überhaupt ins Zentrum der wachen Aufmerksamkeit gelangen, und sie determinieren, ob und mit welchem Ergebnis eine neue Information über das Objekt zu einer neuen kognitiven Konstruktion verarbeitet werden kann. In Fragen konkretisiert das Subjekt gewissermaßen seine Lernziele. Sie leiten die Lerntätigkeit.
   Strategien des (Be-)Fragens sind, ebenso wie andere Methoden des Erkenntnisgewinns, einem Entwicklungsprozeß unterworfen und können systematisch gefördert werden (vgl. z.B. Skowronek 1971, Suchmann 1973, Oerter 1981, Neber 1974, 1975, 1993). Ein großer Teil der schulischen »Motivierungsprobleme« ist darin begründet, daß die Schüler viel »Stoff schlukken« müssen, nach dem zu fragen sie erst gar nicht die Gelegenheit bekommen, und sich zu selten als aktive Konstrukteure neuer Einsichten und Fertigkeiten betätigen können. Die Schule überfordert die Fähigkeit zu passiver Rezeption großer Stoffmengen und unterfordert gleichzeitig »autodidaktische Fähigkeiten« der Schüler, eben z.B. die, einem Objekt interessierende Fragen zu stellen.
2. Unterricht könnte und sollte die Aufgabe haben, die spontanen Erkundungsaktivitäten von Kindern zu systematisieren, sich ihrer zu bedienen, sie dadurch fördern und gleichzeitig eine Folge von inhaltlichen Erkenntnisschrit-

ten ermöglichen, die mit ungeleiteten experimentellen Aktivitäten (dem »spontanen Entdecken«) entweder gar nicht oder nur mit sehr vielen Umwegen und Zeitaufwand möglich wären. Am Beispiel des Stromkreisfalles: Ein Lehrer könnte eine oder mehrere der Hypothesen (Fragen), welche die Jungen im Verlauf ihrer experimentellen Aktivität mehr intuitiv gestreift haben, aufgreifen und, etwa durch geeignete Aufgaben- und Problemstellungen, zu deren systematischer Untersuchung anregen.
Wäre in jener WP-Stunde mehr Zeit gewesen, so hätte ich den großen Stromkreis ausschalten können, eine Birne herausnehmen und gegen eine andere austauschen können, von der die vier Jungen wußten, daß sie kaputt ist. Dann hätte ich sie fragen können: »Was wird jetzt passieren, wenn wir wieder einschalten?« Wahrscheinlich hätten die vier diese Lehrerfrage, nach dem voraufgegangenen Prozess, zu ihrer eigenen machen können (sicher darf man da nie sein!) und hätten mit einer Diskussion hypothetischer Antworten begonnen. Ohne Lehrer (Anleiter) wären sie wahrscheinlich sehr schnell zum empirischen Test übergegangen. Ein Lehrer kann hier die Funktion haben, eine sorgfältigere und tiefer gehende »theoretische« Diskussion möglicher Ausgänge des Experiments zu ermöglichen. Aus der Diskussion mit dem Lehrer könnten Elemente des Theoretisierens über einen physikalischen Sachverhalt übernommen werden, und die »Antworten des Objekts« könnten gezielter auf bestimmte Annahmen über das Objekt zurückbezogen werden.
M.a.W.: In der Kooperation mit einem Lehrer können die »TOTE«-Einheiten der Lernaktivität (vgl. S. 111) systematischer auf inhaltliche (objektbezogene) Erkenntnisse orientiert werden, die sich ihrerseits aus der spontanen Aktivität der Kinder und gleichzeitig aus einer Art Rahmencurriculum ergeben, das der Lehrer »im Hinterkopf« hat. Die dann in besonderer Weise mögliche Aufeinanderfolge von geistigen Errungenschaften wird dann der epistemischen Motivation auch eine neue Qualität hinzufügen können, weil sie einen Horizont erhielte, der über den Augenblick eines mehr oder weniger zufällig entstandenen Experiments hinausginge.

Auf didaktische Theorien und Unterrichtsentwürfe, die sich all dies, mit im einzelnen unterschiedlichen Akzenten, zum Anliegen gemacht haben, werde ich in Kapitel 7. noch eingehen. In Abschnitt 7.3 möchte ich das Stromkreisbeispiel noch etwas »weiterspinnen«. Zuvor jedoch möchte ich im folgenden Abschnitt 6.2 einem naheliegenden Einwand begegnen, der gegen das bisher zur »Motivationsfrage« Gesagte vorgebracht werden könnte: Es mag ja sein, daß junge Menschen gern an geeignetem Material ihre spielerisch-experimentelle Forschung betreiben und mit problemhaltigen Situationen zum Nachdenken bewegt werden können; aber in der Schule muß auch etwas »geleistet« werden, müssen bestimmte Fertigkeiten trainiert werden usw. Was nutzt uns der große

Denker und kreative Entdecker, wenn er nicht flüssig lesen, schreiben und rechnen kann?

6.2 Lernmotivation als Könnenwollen (Leistungsmotivation)

Bei der im vorigen Abschnitt besprochenen Klasse von (potentiellen) Lernsituationen ist dem Subjekt das Ergebnis des möglichen Lernprozesses nicht im vornhinein vollständig bekannt. Der Lernprozeß besteht gerade darin, etwas bis dahin Unbekanntes zu (re)konstruieren, eine Frage/Hypothese zu entwerfen, zu überprüfen und das erarbeitete Ergebnis in eine dann weniger inkongruente Struktur zu integrieren.

Bei einer anderen wichtigen Klasse von Lernprozessen ist das Subjekt dagegen in der Lage, vor Abschluß des Lernvorgangs dessen Ergebnis genau als Ziel vorwegnehmend zu definieren. Roth (1970) hat diesen Unterschied immer wieder betont. Beim Lernen vieler Arten von Fertigkeiten ist das der Fall. Das Kind sieht andere radfahren, und dies läßt den Wunsch entstehen, das auch zu können. Ein Jugendlicher weiß, was es bedeutet, welche Vorteile es haben kann, mit einer Schreibmaschine schnell schreiben zu können. Die Beobachtung eines anderen beim Tippen mag ihn zu dem Entschluß führen, sich zu einem entsprechenden Kurs anzumelden oder sich Material für autodidaktisches Training zu besorgen. Die u.U. nur partielle Identifikation mit Vorbildern, die über eine bestimmte Kompetenz bereits verfügen, bringt dieses Motiv des Auch-können-Wollens hervor.[5]

In allen diesen Fällen gibt es einen Komplex von Fertigkeitselementen, die es anzueignen, miteinander zu verbinden und in einer Stufenfolge zu perfektionieren gilt. Das Üben neu erworbener Elemente der Fertigkeit und ihrer Verbindungen spielt dabei eine ganz wichtige Rolle. Die sukzessive Reduktion von Fehlern beim Üben eines neuen Stückes für Gitarre oder sonst ein Instrument

5 Zu einigen meiner Hobbys kann ich »sachbezogene Idole« nennen, die ich in hohem Maße bewundere. Als mäßiger, aber begeisterter Gitarrespieler blicke ich zu Julian Bream (Klassik), Paco de Lucia (Flamenco), Klaus Weiland (Folk und Blues) und John McLaughlin (Rock und Jazz) mit großer Bewunderung auf. Ihnen zuzuhören ist mir eine besondere Freude; es erweckt in mir den Wunsch, das Instrument mit ihrer Perfektion zu beherrschen, und gleichzeitig realistische Zweifel, ob ich es jemals noch so weit bringen kann wie diese Idole, zumal ich neben dem Gitarrespielen auch noch andere Interessen habe. Gewiß spielen beim Erlernen eines Instruments Zyklen leistungsmotivierten Handelns eine große Rolle: sukzessive Perfektionierung der eigenen Tüchtigkeit, gemessen an subjektiv verbindlichen Gütemaßstäben, korrespondierende Erfolgs- und Mißerfolgserlebnisse usw. Gleichzeitig aber ist das Spielen des Instruments und das Entstehen der Bereitschaft zu persistentem Üben untrennbar und, nicht nur äußerlich, verbunden mit sozialen Kontexten. Die genannten Meister könnten wohl ohne weiteres von ihren Einkünften aus Plattenproduktionen leben. Trotzdem suchen sie in öffentlichen und privaten Konzerten immer wieder Situationen auf, in denen sie ihre indivdiduelle Fähigkeit/Meisterschaft im Rahmen eines aufmerksamen Publikums erfahren können. Ist es sinnvoll, das als »Abhängigkeit von Fremdbekräftigungen« zu deuten?

ist ein schönes Beispiel für den Zusammenhang zwischen Übung und Fehlerreduktion, Flüssigwerden der Fertigkeit und Zielannäherung.

Niemand behaupte, daß Kinder »eigentlich« am Üben einer Fertigkeit keinen Spaß haben und es nicht u.U. mit großem Engagement betreiben würden. Ich entsinne mich noch genau der vielen schmerzhaften Verletzungen, vor allem an den Knien, die mich vor gut 35 Jahren nicht davon abhalten konnten, das Radfahren zu lernen und – bis zum »Freihändigfahren« – zu perfektionieren. Ein Ausnahmefall?

Die oben getroffene Unterscheidung zwischen zwei Arten von Lernprozessen (Lernziel ist dem Lernenden bekannt/vorwegnehmbar bzw. mehr oder weniger unbekannt/nicht vorwegnehmbar) ist keine absolute. Beim Erwerb von komplexen Fertigkeiten, wie z.B. Erlernen eines Musikinstruments, gehen »Einsehen von Neuem« und »sensumotorisches Training« (Übung) z.T. zeitlich parallel. An einem schulnahen Beispiel sei nun erläutert, wie »Einsicht« und »perfektionierendes Üben« bei einem Lerngegenstand eher zeitlichaufeinander folgen: Die Aneignung arithmetischer Grundoperationen (z.B. Einmaleins) erfordert vom Subjekt zunächst die Rekonstruktion einer Struktur von Operationen, wobei das einsichtige Nachvollziehen oder Entdecken der multiplikativen Verknüpfung von Zahlen als einer Verkürzung ihrer additiven Komposition das Wesentliche ist. Danach erst kann sinnvollerweise perfektionierendes Üben einsetzen mit dem auch vom Lernenden nachvollziehbaren Ziel, das Ergebnis einer bestimmten Menge von Standardverknüpfungen schnell parat zu haben. Allerdings wäre dieses Üben sinnlos und unökonomisch, wenn der Übende z.B. die beiden Verbindungen »4 x 8« und »8 x 4« als voneinander getrennte verstehen und üben würde oder das Wissen um 8 x 5 = 40 ihm nicht dabei helfen würde, relativ schnell herauszufinden, was bei 8 x 6 = ? herauskommt (vgl. zum sog. operatorischen Üben Aebli 1991 und Piaget u.a. 1970).

In der ersten Phase des Aneignungsvorgangs wird auf seiten des Lernenden ein Inkongruenzerlebnis entstehen, wenn er sich etwa an einer Balkenwaage oder am Beispiel der Komposition von Strecken mit der Tatsache konfrontiert sieht, daß gilt: 2 + 2 + 2 = 3 + 3 = 6; oder: 3 + 3 + 3 + 3 = 4 + 4 + 4 = 12. Die Überwindung des (scheinbaren) Widerspruchs ist mit der Entdeckung der Möglichkeit identisch, additive in multiplikative Verknüpfungen zu verwandeln und zu verkürzen. Wenn diese neue operatorische Errungenschaft verallgemeinert und überprüft ist, etwa beim Aufbau einer Einmaleinstabelle, erst dann wird perfektionierendes Üben effektvoll einsetzen können. Motivierende Unsicherheit kann hier entstehen, wenn sich das Subjekt ein genau definierbares Ziel setzt, nämlich seine Reproduktionszeiten für bestimmte Einmaleinsverknüpfungen zu reduzieren. In dieser Phase kann das lernende Kind selbst klare IST-SOLL-Diskrepanzen erkennen; z.B.: »Das 2er- und das 4er-Einmaleins klappen jetzt sehr gut, aber mit dem 3er-Einmaleins hapert es noch«, und es kann gezielt an der Überwindung der Diskrepanzen arbeiten. Der motivierende Prozeß, der das Üben in Gang setzt und aufrechterhält, besteht im Erleben eines Fortschreitens in Richtung selbstgesetzter oder als sinnvoll übernommener Ziele (»Bis morgen will ich das 3er-Einmaleins genausogut können wie das 2er.«). Die Rückmeldung, d.h. Informationen darüber, wie weit der Lernende/Übende sich seinen Zielen angenähert hat, sind dann die entscheidende Verstärkung des Lernens.

Bei meinen Beobachtungen in Grundschulklassen habe ich sehr selten Äußerungen von seiten der Lehrer gehört, die dieses für Schüler so wichtige Erleben eines Fortschreitens in Richtung konkret definierter Ziele fördern könnten; das gilt auch für die WP-Sprache der fünf Lehrerinnen, über die ich in Kapitel 4. berichtet habe. Fast ausschließlich gibt es statt dessen allgemein formuliertes Lob (»Prima«) und globalen Tadel.

All das bedeutet: Es lassen sich mindestens zwei Klassen von Lernsituationen bzw. Lernprozessen unterscheiden, in denen motivierende Unsicherheiten auf verschiedene Weise entstehen und abgebaut werden. Ich schlage vor, das in einer begrifflichen Unterscheidung festzuhalten: Im einen Fall sind die verunsichernden Ausgangssituationen auf seiten des Subjekts begriffliche Konflikte, Inkongruenzen, intellektuelle Zweifel usw. (»Was ist das?«, »Warum ist das so?«, »Das kann doch eigentlich nicht sein.«); die Reduktion der Unsicherheit geht einher mit dem Aufbau neuer, weniger widerspruchsvoller Operationen, Erklärungsschemata usw.; kurz, es wird eine neue Einsicht gewonnen. Das berühmte »Aha-Erlebnis« drückt die affektive Seite der intellektuellen Ent-Spannung aus und ist gleichzeitig die entscheidende erste sachimmanente Verstärkung des Lernvorgangs. Das Subjekt sah sich veranlaßt, sich selbst und einem Objekt Fragen zu stellen und hat neue, zufriedenstellendere Antworten erhalten bzw. erarbeitet. In Anlehnung an Berlyne (1974) und Neber (1974) sei die motivationale Seite dieser Klasse von Lernvorgängen »epistemische Motivation« genannt.

Im anderen Fall besteht nicht Unsicherheit über einen Gegenstand, sondern Unsicherheit im Grad der Beherrschung der Fähigkeit, d.h. ein Wunsch nach mehr Perfektion im Umgang mit dem Objekt, wobei dieser Umgang keine grundsätzlichen intellektuellen Probleme des Begreifens, Verstehens usw. mehr aufwirft. Dies paßt gut zu einer Definition von Leistungsmotivation, die Heckhausen (1970, S. 194) gegeben hat: Leistungsmotivation »... läßt sich definieren als das Bestreben, die eigene Tüchtigkeit in all jenen Tätigkeiten zu steigern oder möglichst hoch zu halten, in denen man einen Gütemaßstab für verbindlich hält und deren Ausführung deshalb gelingen oder mißlingen kann.« An anderen Stellen hebt Heckhausen (1972, 1973/74, 1980) in Ausarbeitung dieser Definition vier notwendige Komponenten leistungsmotivierten Handelns hervor:

a) Es muß offen sein, ob dem Subjekt die Aufgabe/Tätigkeit gelingt oder mißlingt. Erfolg bzw. Mißerfolg dürfen nicht von vornherein feststehen.
b) Das Individuum muß Schwierigkeitsgrade der Aufgabe/Tätigkeit unterscheiden können (Ergänzung: Die Aufgabe/Tätigkeit selber muß das auch erlauben).
c) Das Resultat, den Effekt des eigenen Tuns, muß der Handelnde auf sich selbst und seine Bemühungen zurückführen und nicht etwa als deren zufälligen Nebeneffekt ansehen.
d) Der Handelnde muß einen Gütemaßstab für verbindlich halten und daraus für eine konkrete Aufgabe/Tätigkeit ein Leistungsziel (Anspruchsniveau) bilden, an Hand dessen schließlich beurteilt werden kann, ob das Ergebnis als Erfolg oder Mißerfolg zu gelten hat.

Das Erleben von Erfolgsfreude bzw. Mißerfolgsbeschämung nach Vollzug einer Tätigkeit wird durch das Zusammentreffen dieser Bedingungen möglich, etwa ab dem 3. Lebensjahr; gleichzeitig sind sie die für die Leistungsmotivation entscheidenden (Selbst-)Bekräftigungsfolgen. Dem leistungsmotivierten Subjekt geht es darum, besser, schneller usw. oder doch mindestens ebenso gut zu sein, wie seine Güte- und Leistungsmaßstäbe es ihm nahelegen. Konkurrenz in zweierlei Varianten, die sich ergänzen können, spielt also bei der Leistungsmotivation die entscheidende Rolle:

a) Konkurrenz des Individuums mit sich selber; z.B.: etwas noch besser als in der Vergangenheit können oder ebensogut können wie etwas anderes (vgl. das Einmaleinsbeispiel von oben);
b) Konkurrenz mit anderen Individuen; besser oder mindestens ebenso gut sein wie eine zum Vergleich gewählte Gruppe von Kontrahenten. Insbesondere bestimmte Arten sportlicher Betätigung legen diese Momente leistungsmotivierten Denkens, Handelns und Fühlens nahe und sind in ihnen in idealtypischer Weise verkörpert, z.B. Leichtathletik und Schwimmen als Wettkampf- und Leistungssport. Die obengenannten vier Bedingungen leistungsthematischen (Re-)Agierens sind in diesen Sportarten auch besonders klar erfüllt. Da wird bis auf Bruchteile von Sekunden mit elektronischer Genauigkeit gemessen, um Sieger und Verlierer zu ermitteln. Die Kontrahenten nehmen u.U. knochenhartes Training auf sich, um ihre Bestleistungen noch weiter zu steigern und/oder irgendwann einmal ganz oben auf dem »Treppchen« zu stehen und auf andere herabblicken zu können. Die Mühen des Trainings – Spiel oder Spaß spielt dabei meist keine besonders große Rolle – nimmt der Leistungssportler auf sich; er macht sich das erträglich vor allem durch die trainingsbegleitende Antizipation möglicher Leistungssteigerungen und zukünftiger Erfolgsfreuden. Solche emotional positiv getönten Erwartungen werden oft mit negativ gefärbten, d.h. Zweifeln an der eigenen Erfolgschance, Befürchtung von Niederlagen usw., im Konflikt liegen. Lei-

stungssportler werden sich immer wieder fragen müssen: »Lohnt sich die ganze Mühe?«

Betrachtet man die Art von Aufgaben, Situationen und Tätigkeiten, die in Experimenten zur Leistungsmotivation untersucht worden sind, so sind dies meist keine Lernsituationen i.e.S., also keine Situationen, in denen eine bedeutsame Veränderung des Subjekts geschieht oder geplant wäre. Es geht fast immer um die leistungsmotivierte Betätigung bereits erworbener Fähigkeiten. Beliebt und bei Experimenten mit Kindern oft verwendet sind Turmbauaufgaben. Im Wettbewerb mit sich selber oder dem Versuchsleiter versuchen die Kinder, einen möglichst hohen Turm zu bauen bzw. den Turm des Konkurrenten an Höhe zu überbieten (vgl. z.B. Heckhausen 1973, Wasna 1970). Leistungsmotiviertes Handeln wird bei älteren Versuchspersonen stimuliert, indem sie angewiesen werden, möglichst viel einer Kolonne von einfachsten Rechenaufgaben auszurechnen, und zwar innerhalb einer vorgegebenen Arbeitszeit. Nach einem Durchgang sollen sie dann ein Anspruchsniveau für den nächsten, ebenso langen Durchgang angeben. So konnte gezeigt werden, wie Mißerfolge das Anspruchsniveau eines Individuums mehr oder weniger schnell und deutlich sinken lassen und Erfolge es steigen oder gleichbleiben lassen. Hier gibt es bedeutsam interindividuelle Unterschiede.

Das leistungsmotivierte Individuum sucht u.U. selektiv solche Situationen auf, aus denen es Informationen über seine Tüchtigkeit gewinnen kann; es beachtet vorzugsweise solche Informationen, die sich auf sein »Selbstkonzept eigener Fähigkeit« beziehen. Im Extremfall stark verallgemeinerten Tüchtigkeitsstrebens werden möglichst alle Handlungsbereiche des Alltags leistungsthematisch strukturiert. Solche Menschen werden, wenn sie auch nur über das Aufklopfen eines Frühstückseies nachdenken, am Ende immer darüber nachdenken, wie sie es gut aufklopfen können (vgl. Wacker 1976, S. 109).

Leistungsmotivation ist ein Problem auf individueller und gesellschaftlicher Ebene. Es gibt eine »Pathologie der Leistungsmoral«, wenn Menschen nur noch als etwas Leistende zufrieden sein können. Fahren sie dann in Urlaub, klappen sie erst mal zusammen oder fahren mit dem »Trimmen« unmittelbar fort bis zum »Gehtnichtmehr«. Weiter unten in Abschnitt 8.2 folgen einige Bemerkungen zum Lernen in der »Leistungsschule«. Hier nun will ich einen Vorschlag machen zur Präzisierung eines Teils der Problematik: Viele Handlungen der Menschen sind potentiell leistungsthematisch; vgl. die obengenannten Bedingungen für leistungsmotiviertes Handeln (S. 118f). Die Menschen orientieren ihr Handeln an Zielen, arbeiten Pläne ab usw. Die Orientierung an Handlungszielen schließt häufig die Möglichkeit des Scheiterns, des Mißerfolgs mit ein, damit natürlich auch die Möglichkeit eines Erfolgs, der für das Subjekt nicht gänzlich banal ist (»Prima, daß ich das geschafft habe!«). Wesentlich ist nun folgender Gedanke: Die Ziele und damit auch die Kriterien, nach denen eine Handlung und ihre

Resultate bewertet werden, können vielfältige inhaltliche Ausprägungen haben, und sie können in einer Hierarchie angeordnet werden. Individuen, die gemäß einer verallgemeinerten Leistungsmotivation handeln, suchen und bewerten Tätigkeiten und deren Ergebnisse, die im einzelnen unterschiedlichster Art sein können, dominant nach einem allgemeinen Bezugsmaßstab; nämlich danach, inwieweit sie dem Subjekt als erneutes Indiz für seine hervorragende Tüchtigkeit und allgemeine Leistungsfähigkeit gelten können.

Meyer (1973) spricht in seiner Theoriekonzeption zur Leistungsmotivation vom »Selbstkonzept eigener Fähigkeit« als dem zentralen Bestimmungsstück der Leistungsmotivation. Stark leistungsmotiviert ist demnach jenes Individuum, das unterschiedlichste Tätigkeiten sogleich und dominant auf diesen hochgradig verallgemeinerten Aspekt des Selbst bezieht. Genau das ist es, was uns an dem Eieraufklopfer von oben so merkwürdig vorkommt. Problematisch an Leistung und Leistungsmotivation ist nicht die Tatsache, daß Menschen sich für eine Tätigkeit anspruchsvolle Ziele setzen und hart dafür arbeiten können. Kritisch wird es dann, wenn sie dies zugleich und vorrangig als quasimoralisches Selbstbewertungsproblem erleben (»Bin ich tüchtig genug?«, »Bin ich der Beste?« bzw. »Bin ich ein Versager?!« usw.).

So gesehen läßt sich Leistungsmotivation als die zentrale handlungsleitende Ideologie einer »Leistungsgesellschaft« begreifen. Deren Idealmitglieder sind durch ein in ihnen verankertes Handlungsregulativ (Leistungsmotiv) ständig bereit, ihr Bestes zu geben, suchen den Grund für Mißerfolge günstigerweise zuerst bei sich selber, ebenso wie sie natürlich Erfolge zum höheren Zwecke ihrer Selbstaufwertung verbuchen.

Wir sind nun in der Lage zu präzisieren, unter welchen besonderen Bedingungen die Motivation zum Lernen in unproblematischer Weise die Form der Leistungsmotivation annehmen kann und unter welchen Bedingungen kritische Widersprüche auftreten: Leistungsmotivation ist dann die adäquate Motivierung, wenn das Subjekt selbst klare IST-SOLL-Diskrepanzen und geeignete Lern- und Übungsschritte zu ihrem Abbau definieren kann. Die Trainingsschritte selber dürfen keine größeren Probleme des Begreifens mehr aufwerfen. Meist handelt es sich dabei um Vorgänge der Fertigkeitssteigerung; z.B.: »Ich will einen Standardtext von 1000 Anschlägen in weniger als sieben Minuten mit nicht mehr als drei Fehlern abtippen können.« »Ich will meine Hochsprungtechnik und meine Sprungkraft so verbessern, daß ich meine persönliche Bestleistung noch in diesem Sommer auf 1,60 m steigern kann.« »Ich will das 3er-Einmaleins genausogut können wie das 2er.«

Man kann es nicht als zufällig ansehen, wenn die Modellierung von Unterrichtsprozessen gemäß den Prinzipien der Leistungsmotivation dann am sinnfälligsten ist und entsprechende Experimente dann zu klar überzeugenden Resultaten geführt haben, wenn Fertigkeitstraining der Inhalt war. Alschuler u.a. (1971, 1973) haben einen Schreibmaschinenkurs entwickelt und erprobt, bei dem es insbesondere um realistische Zielsetzung und Ausnutzung von Rückmeldungsinformationen ging; Fehlerreduktion und Geschwindigkeitssteigerung sind hier die wesentlichen Zielkriterien. Ein Versuch mit einem Mathematikkurs hat nicht zu so klar überzeugenden Resultaten geführt. Hecker (1971) hat Teile eines Sportcurriculums gemäß Prinzipien der Leistungsmotivationstheorie umgebaut; auch sein Experiment hat zu überzeugenden Ergebnissen geführt.

Leistungsdenken impliziert immer quantitativ abstufbare Relationsurteile zwischen Anspruchsniveaus und Zielen auf der einen sowie konkreten Leistungsergebnissen und -fortschritten auf der anderen Seite. Diese Art des Denkens »paßt« nur zu einer begrenzten Klasse von Lernprozessen, hier Fertigkeitstraining genannt. Konkurrenz des Subjekts mit sich selber schadet diesen Lernvorgängen niemals, ergänzender mäßiger Wettbewerb mit anderen wohl auch nicht.

Bei einer anderen Klasse von Lernvorgängen kann es dagegen problematische Konsequenzen für das Lernen selber haben, wenn das Leistungsdenken bei ihnen als motivierender Begleitprozeß die dominante Rolle spielt. Das gilt insbesondere für die Fälle, in denen das Subjekt dabei ist, eine qualitative Umbildung seines Handelns und Denkens zu erarbeiten. Hier stehen objektbezogene Inkongruenz- und Konflikterlebnisse im Mittelpunkt des Motivierungsgeschehens (»epistemische Motivation«). Wenn in solchen Situationen Individuen sich veranlaßt sehen, den Lernprozeß vorwiegend als leistungsthematische Situation zu erleben, dann tritt eine bedenkliche Verschiebung im Objektbezug ein:

Im Mittelpunkt stehen dann nicht mehr Fragen wie »Was ist das?«, »Wie könnte das mit dem zusammenhängen?« (Fragen der gegenstandsbezogenen Strukturbildung); im Mittelpunkt stehen dann Fragen und Selbstinstruktionen wie »Schaffe ich das?«, »Jetzt denke ich schon zehn Minuten darüber nach und bin immer noch nicht weiter; bin ich denn ganz blöd!?«, »Ich muß das schneller rauskriegen als der Fritz!«.

Das Individuum unterwirft sich also selber einem zusätzlichen Bewährungsdruck; die aktivierenden Unsicherheiten sind nicht dominant objektbezogen, sondern auf das verallgemeinerte Selbstkonzept eigener Tüchtigkeit gerichtet. Man sollte erwarten, daß hochleistungsmotivierte Menschen, nicht nur die sogenannten Mißerfolgsorientierten, in problemhaltigen Situationen sogar weniger gut abschneiden als andere, die sich ganz auf das »Ringen mit der Sache« einlassen können und nicht einen relevanten Teil ihrer Aufmerksamkeit auf das allgemeine Bewährungsproblem ausrichten (müssen). Verallgemeinerte Leistungsmotivation kann die Funktion einer Art »sachfremder Störmotivation« annehmen (vgl. dazu Oerter 1981).[6]

6 Eine pädagogische Konsequenz daraus wäre: Beim perfektionierenden Üben des Einmaleins kann der Lehrer unbedenklicher einen Wettbewerb inszenieren, während dies in der Phase der Erarbeitung des Prinzips multiplikativer Verknüpftungen wohl eine recht zweifelhafte Maßnahme wäre.

Mit der Andeutung eines weiteren kritischen Aspekts der Leistungsmotivation sei dieser Abschnitt abgeschlossen: Individuen, die sich veranlaßt sehen, dominant nach Bestätigung ihres Selbstkonzepts eigener Fähigkeit zu suchen (»Bring ich's?«), wird es eher gleichgültig sein, was sie lernen, Hauptsache, der Lernprozeß und seine Ergebnisse erbringen ihnen Indizien für ihre allgemeine Leistungstüchtigkeit. Der Lerninhalt wird austauschbar. Lerngegenstände werden vom Subjekt nicht primär daraufhin befragt: »Was weiß ich bereits darüber?«, »Das möchte ich gerne wissen.«, »Warum ist es hier so, dort aber anders?« usw. Im Extremfall entsteht als auslösende Bedingung des Lernprozesses keinerlei Wechselwirkung zwischen dem Vor-Verständnis des Subjekts und dem Gegenstand. Auslösende Bedingung für die Annäherung an einen Ort des Lernens wird dann eher die Frage sein: »Wie kann ich hier die maximale Punktzahl erreichen?« In einem Schreibmaschinenkurs kann es sinnvoll sein, so zu fragen, weil »Punkte« sachbezogen als Fehlerzahl pro Anschlag operationalisierbar sind. Wenn aber das Lernen allgemein diesen Prinzipien des Leistungsdenkens unterworfen wird, dann muß das bedenkliche Konsequenzen und Voraussetzungen haben. In Abschnitt 8.2 wird darauf noch eingegangen; vgl. dazu auch Knörzers Ausführungen über Einschätzungs- und Motivationspathologien (Knörzer 1978, S. 280f) und Klafkis Vorschlag, zwischen produkt-/ergebnisorientiertem Leistungsbegriff und einem stärker prozessorientierten Verständnis von Leistung zu unterscheiden (Klafki 1974, S. 90f).

Exkurs: Leistungsmotivation und WP-Unterricht als Rahmen für innere Differenzierung von »Übung« und »Anwendung«

Schon weiter oben habe ich darauf hingewiesen, daß mit dem WP ein Arrangement aufgebaut wird, das leistungsthematisches Denken und Handeln auf seiten der Schüler in gewisser Weise anregen kann (»Schaffe ich die drei Aufgaben heute?« u.ä.). Der relativ umfangreiche Auftrag und der gewisse Spielraum der Selbstorganisation legen den Schülern solche Gedanken nahe. Das Abarbeiten der Forderungen, die Möglichkeiten zur Selbstkontrolle und das Eintragen erledigter Aufgaben erlauben Erlebnisse des Fortschreitens in bezug auf ein vorgegebenes SOLL (Planerfüllung). Vergleichsweise ist die Eigenverantwortung für die eigene Arbeit und ihre Ergebnisse größer; wohl etwas mehr als in frontalen Unterrichtsformationen können sich die Schüler als Urheber von Leistungsfortschritten erleben.[7]

7 Mehr oder weniger stark wird dieses Moment in Theorien zur Leistungsmotivation hervorgehoben – bei Decharms (1973, 1979) wird es sogar zum zentralen Bestimmungsstück der Theorie und einer Reihe von schul- und unterrichtsbezogenen Trainingsmaterialien.

Selbst wenn das alles so sein sollte, so sieht man doch an dieser Interpretation des WP, daß die WP-spezifische Leistungsmotivation den Inhalten des Lernens, den konkreten Aufgaben gegenüber äußerlich bleibt. Leistungsmotivierte Schüler haben gewissermaßen den formalen WP-Forderungsdruck internalisiert; sie können sich selbst sagen: »Du mußt es schaffen, wenn du tüchtig sein willst. Los, streng dich an!« Ihnen braucht der Lehrer nicht mehr zu sagen »Reiß dich mal ein bißchen zusammen, und mach nich' so'n Quatsch!« (vgl. S. 100); sie können sich so etwas wirkungsvoll selbst sagen.

Inhaltlich dominieren nun in den Wochenplänen, wie sie für den WP-Unterricht in der Praxis von Lehrern entwickelt worden sind, Aufgaben zur Wiederholung, Übung und Anwendung von Kenntnissen und Fertigkeiten, denen die Schüler erstmals außerhalb des WP-Unterrichts, also im »anderen Unterricht«, begegnet sind. In einer bestimmten Version kann und soll WP-Unterricht zur Perfektionierung von Könnenselementen beitragen und die relativ selbständige Beherrschung von Regeln, Fertigkeiten usw. ohne kontinuierliche und direkte Anleitung durch den Lehrer fordern und fördern.

Im vorangegangenen Abschnitt wurde gezeigt, wodurch Übungsprozesse subjektiv sinnvoll (motiviert) werden können: durch klar vom Subjekt strukturierbare IST-SOLL-Diskrepanzen in einem bestimmten Könnensbereich. Gemessen daran ist die übliche WP-Praxis, d.h. die inhaltliche Struktur der Wochenpläne, nicht besonders »gut«, und zwar gerade deshalb, weil durch die Pläne einer Gruppe von Lernenden mit jeweils recht unterschiedlichem Stand des Lernprozesses eine Serie von Aufgaben aus nicht zusammenhängenden Inhaltsfeldern vorgegeben wird, komponiert aus Aufgaben zudem, die kaum eine Variation erlauben in dem Sinne, verschiedenen Schülern die Definition unterschiedlicher, nämlich für sie »passender« IST-SOLL-Diskrepanzen zu erlauben.

An einem Beispiel aus dem Rechtschreibunterricht möchte ich verdeutlichen, durch welche Art von Aufgaben und Übungsmethoden der WP-Unterricht als ein Feld sinnvollen und differenzierten Übens konzipiert werden könnte. Diktate zur Übung und Kontrolle der Rechtschreibleistungen in einer Klasse werden nach meinen Beobachtungen meistens nur mit Korrekturen und Feststellung der Fehlerzahl zurückgegeben, ohne Anlaß und Ausgangspunkt für eine gezielte, an den Fehlern des einzelnen Schülers orientierte, d.h. differenzierte Lernarbeit zu sein. Meistens wird einfach im geschlossenen Klassenverband zu einem neuen Komplex von Rechtschreibproblemen übergegangen, oder es werden für alle Schüler einheitliche Übungsarbeitsblätter ausgeteilt (z.B. als WP-Aufgabe) – trotz der unterschiedlichen Fehlerarten. Die Kumulation von weiteren »Defiziten« bei bestimmten Schülern wird so vorprogrammiert (vgl. dazu und dem folgenden vor allem Jeziorsky 1965).

Statt dessen könnte jedem Schüler ein Zettel zurückgegeben werden, auf dem, in richtiger Schreibweise, die im Diktat falsch geschriebenen Wörter stehen, eventuell mit Hinweisen auf relevante Regeln. Die Schüler erhalten nun folgenden allgemein gehaltenen WP-Auftrag, den sie selbst fortlaufend zu konkretisieren haben: Sie sollen die Wörter ausschneiden und in einem »Kästchen für besonders schwierige Wörter« sammeln. Der Inhalt dieses Kästchens wird für jeden Schüler anders sein. Zu Beginn einer Übungsphase nehmen sie sich einen Teil der Wörter vor (evtl. solchen mit ähnlichen »Stolpersteinen«) und versuchen, sich deren Wortbild einzuprägen. Dafür gibt es verschiedene Techniken, die den Schülern vorgemacht und erläutert werden sollten. Ein Partner übernimmt dann die Aufgabe, diese Wörter zu diktieren. Bei Unsicherheiten darf der Schreiber sich das fragliche Wort noch einmal ansehen. Anschließend erfolgt gemeinsame Kontrolle. Früher falsch geschriebene Wörter können mit diesem Verfahren in Abständen noch einmal überprüft werden, bis völlige Sicherheit erreicht ist. Dann werden sie aus dem »Kästchen für schwierige Wörter« entfernt. Dies ist das operationalisierte Erfolgskriterium für das Üben; als solches ist es den Schülern unmittelbar evident und kann der Übungsarbeit einen »Sinn« geben. Dieser äußert sich dann etwa in dem ganz konkreten Erfolgs-/Fortschrittserlebnis: »Hm, heute wieder fünf bisher schwierige Wörter zu leichten gemacht. Ich kann wieder ein Stück besser schreiben.« Fragt man, wodurch sich diese Art der Aufgabenstellung und Arbeitsweise von den üblichen (einheitliche Arbeitsblätter o.ä.) unterscheidet, so wird folgendes deutlich:

Jeder Schüler vermag IST-SOLL-Diskrepanzen zu definieren, die für ihn und seine Rechtschreibleistung bzw. -fehlleistungen spezifisch sind. M.a.W.: Die Lernziele sind differenziert und orientieren sich ganz eng an den spezifischen Lernproblemen des einzelnen Schülers. Leistungsmotivation wird auf der Ebene der einzelnen Aufgabe und des Lernprozesses i.e.S. angeregt und nicht nur auf einer globaleren Ebene (Erfüllung einer Menge von Forderungen).

Jeder Schüler kennt eine kooperative Arbeitstechnik, die mit einiger Wahrscheinlichkeit zu Lernfortschritten führt. Zu den individuellen Fortschrittserlebnissen tritt das Bewußtsein hinzu, in kleinen Arbeitsgruppen aufgrund einer kooperativen Anstrengung etwas geschafft zu haben. Das ganze Verfahren ist auf eine relativ breite Klasse von Lernproblemen/-zielen im Bereich Rechtschreibung anwendbar und erübrigt dadurch einen großen Teil frontal gelenkter Unterrichtsstunden zu einzelnen Rechtschreibproblemen, die meistens ohnehin nur ein Teil der Schüler hat. Vieles wird »intuitiv« richtig geschrieben und bräuchte eigentlich nicht mit der ganzen Klasse behandelt zu werden; manchmal wird sogar gerade dadurch die visuell-schreibmotorische »Intuition« gestört.

Ich bin davon überzeugt, daß solche Verfahrensweisen auch in dem ungeliebten Lernbereich Rechtschreibung zu effektiver Lernarbeit führen (können) und das Üben von dem »schlechten Geruch« befreien (können), den es nach Diederichs Diagnose in unseren Schulen allgemein hat (Diederich 1978). Was vermieden werden muß, ist Üben um des Übens willen, ohne sich an Zielen auszurichten, die den Schülern im Vollzug ihrer Arbeit evident werden (können). Die Mühen der Übungsarbeit müssen sich immer wieder auf verschiedene Weise sichtbar lohnen, um von anspruchsvoller gewordenen Schülern akzeptiert zu werden.

Verallgemeinert man das Beispiel, so würden WP-Aufträge, die differenzierte Übungs-/Anwendunqsprozesse anleiten sollen, nicht länger für alle Schüler einheitlich lauten können: »Bearbeite Arbeitsblatt 1, 2 und 3.« Statt dessen müßten den Schülern Arbeitsmaterialien angeboten werden, die es ihnen ermöglichen würden, an Lernproblemen weiterzuarbeiten, die sich für sie sichtbar und spürbar aus dem »anderen Unterricht« fortwährend ergeben.

Nehmen wir an, im »anderen Unterricht« sei in einer Mathematikstunde die 100er-Überschreitung vorwärts und rückwärts eingeführt worden. Für verschiedene Schüler wird diese Stunde wahrscheinlich ganz unterschiedliche Probleme aufgeworfen, ungeklärt hinterlassen oder auch geklärt haben. Manche mögen den Wunsch haben, die Lösung von Rechenaufgaben dieses Typs übend zu perfektionieren. Andere dagegen verspüren vielleicht den Wunsch, sich das Geheimnis dieser Operation nochmals anschaulich zu vergegenwärtigen. Wieder andere möchten die gewonnene Einsicht verallgemeinern und auf andere 100er-Übergänge oder gar 1000er-Übergänge übertragen. WP-Unterricht könnte diesen differenzierten Lernbedürfnissen (es gibt sie, wenn sie nur Gelegenheit zur Artikulation haben) nur gerecht werden, wenn Arbeitsmittel und -techniken verfügbar wären, die in die »Breite« und »Tiefe« dieser Lernbedürfnisse gestaffelt sind. Ein Element eines solchen »Systems von Lern- und Übungsgelegenheiten« könnte eine Arithmetikaufgabenkartei sein, sei dies eine kommerzielle (z.B. die von Kiewel 1974 oder die von Gensheimer o.J.) oder eine von Lehrer und Schülern aufgebaute Kartei.[8]

Schüler, die mit Partnerarbeit vertraut geworden sind und die in Frage stehende arithmetische Regel in etwa verstanden haben, werden bereit und in der Lage sein, »passende« Übungsaufgaben aus einer solchen Kartei zu finden und sich gegenseitig zu stellen. Anderen Schülern könnte damit geholfen sein, wenn sie Materialien vorfänden, mit denen sie sich das (fraglich gebliebene) Problem nochmals anschaulich und handelnd vergegenwärtigen und durcharbeiten können. Rechenstäbchen, Zollstöcke und Pappstreifen verschiedener Länge könnten dafür passende Hilfsmittel sein.

M.a.W.: Ich plädiere dafür, im WP-Unterricht u.a. eine Arithmetikecke zu einer kontinuierlichen Einrichtung zu machen, deren Ausgestaltung parallel zu dem »anderen Unterricht« verändert oder erweitert wird (vgl. dazu auch Wagner 1978 und die Beiträge in Silbermann 1973, S. 630f). Statt von allen Schülern die Bearbeitung einer einheitlichen Serie von Arbeitsblättern zu verlangen – so die bisher übliche Praxis –, bestünde für die Schüler ein Spektrum von inhalt-

8 Der Arbeitsaufwand von Lehrern zur Produktion von Arbeitsblättern wäre wahrscheinlich besser »angelegt«, wenn er statt dessen in die Entwicklung einer Kartei o.ä. »investiert« würde.

lich differenzierten Möglichkeiten, Lernprobleme individuell und/oder kooperativ (mit Lehrer oder Mitschülern) nacharbeitend oder weiterführend zu bearbeiten. Zum nur »formalen Spielraum der Selbstorganisation« könnte so ein inhaltsbezogener hinzutreten.

Gewiß wird zunächst die Hilfe des Lehrers erforderlich sein, damit die Schüler lernen, ihre Lernziele (IST-SOLL-Diskrepanzen), bezogen auf das Material, zu finden, zu definieren und in einen Arbeitsprozeß zu transformieren. Diese Hilfe kann z.B. in »Tips« bestehen, die der Lehrer zwischen der einführenden Arithmetikstunde und dem folgenden WP-Unterricht gibt, etwa der Art: »Manche von euch möchten vielleicht jetzt noch einige weitere Übungsaufgaben zur 100er-Überschreitung machen, damit das noch sicherer und schneller geht. In unserer Rechenkartei sind dazu einige Aufgaben, und zwar die grünen Karten, Abteilung A. In Abteilung B sind Aufgaben dieser Art, in denen zusätzliche Schwierigkeiten stecken. Wer will, der versuche sich daran. Auch in unserem Rechenbuch sind auf S. 67 einige Aufgaben dazu. Wer aber das Gefühl hat, das mit der 100er-Überschreitung noch nicht so ganz verstanden zu haben, den bitte ich, mit Hilfe der Rechenstäbchen noch einmal an das Problem heranzugehen. Ich werde mich zu Anfang der heutigen WP-Stunde dazusetzen.«

Ich bin einigermaßen sicher, daß sich nicht nur die »Matheasse« auf eine dieser »Lerngelegenheiten« einlassen würden, sondern gerade auch Schüler, für welche die Rechenstunde mit dem Gedanken endete: »Na ja, so ganz klar ist mir das noch nicht, mal sehen, was mir die leichten Aufgaben aus der Kartei bringen werden.«

Die Konsequenz dieser Art von WP-Unterricht wäre eine Veränderung dessen, was der Lehrer in den Plan schreibt, den die Schüler erhalten. Dort würde nicht mehr eine Serie von zu bearbeitenden Aufgaben benannt, sondern es würden Arbeits- und Lernziele für die bevorstehende Woche aufgeführt, z.B.: »Versuche mindestens fünf schwierige Wörter aus Deinem ›Kästchen für besonders schwierige Wörter‹ herauszuarbeiten. Sichere Beherrschung von Aufgaben des Typs 95 + 8 = ?; 104 – 5 = ? (100er-Überschreitung).«

Sache der Schüler (in Kooperation mit dem Lehrer und Mitschülern) wäre es nun, diese Ziele für sich in jeweils »passenden« Aufgaben und Arbeitsweisen zu konkretisieren. »Selbststeuerung« könnte so schrittweise um inhaltliche, auf den Lernprozeß i.e.S bezogene Elemente erweitert werden. Leider sind Arbeitsmittel für den »Selbstunterricht«, wie z.B. Rechenkarteien, in unseren Grundschulen entweder kaum noch in Gebrauch oder sogar in den Lehr-/Lernmittelsammlungen nicht mehr vorhanden. Gute Traditionen aus den ungegliederten Landschulen, in denen »innere Differenzierung« und »Unterricht mit Selbstbildungsmitteln« gewissermaßen aus einem »guten Zwang« resultierten, müßten/könnten wieder aufgenommen werden (vgl. etwa Michael 1963, Fischer 1969, Fischer/Michael 1973, Jeziorsky 1965). Selbstverständlich plädiere ich nicht für die Wiedereinführung von einklassigen Grundschulen und den Zwang zu innerer Differenzierung. Es geht darum, diesem Prinzip bewußt, mit bestimmten Zielen und theoretischen Leitvorstellungen, wieder mehr praktische Geltung zu verschaffen.

Fazit: Innere Differenzierung von Lehr- und Lernprozessen im Unterricht durch Elemente inhalts- und zielbezogener »Selbststeuerungschancen« für die Schüler ist nicht etwa ein Widerspruch zu effektiver Lernarbeit. Das Gegenteil ist richtig. Wenn WP-Unterricht als Feld festigender Übung und Anwendung konzipiert werden soll, dann muß er von einem Instrumentarium zur Erteilung von »vereinheitlichten Lernbefehlen« weiterentwickelt werden zu einem differenzierten, flexiblen und durchschaubaren System von Lerngelegenheiten, in das lernbereite Kinder dort »einhaken« können, wo sie es brauchen, und das so sinnvolle (motivierte) Lernprozesse anzuregen vermag.

6.3 Einige weitere Anmerkungen zum Thema Lernmotivation

Mit dem, was ich in den Abschnitten 6.1 und 6.2 zu den »Beweggründen des Lernens« gesagt habe, glaube ich zwei wichtige Teilklassen von jenen »Person-Umwelt-Bezügen« zumindest andeutungsweise thematisiert zu haben, die für viele schulische Lernprozesse relevant sind oder sein könnten.[9] Damit ist allerdings längst nicht alles Wichtige gesagt. Im folgenden möchte ich – zugegebenermaßen unsystematisch und gewiß unvollständig – einige weitere Aspekte benennen, die aus meiner Sicht für WP-Unterricht wichtig sind.

6.3.1 Lernmotivation als Gewohnheit

Im vorangegangenen Abschnitt (vor allem in dem Exkurs) ist deutlich geworden, daß der Erfolg von Lernprozessen im Schulunterricht auch davon abhängt, ob und inwieweit Schüler über »Techniken« (i.w.S.) verfügen, mit deren Hilfe sie sich »lernend« mit Arbeitsmaterial auseinandersetzen können. Handlungen eines Schülers, welche mit einiger Wahrscheinlichkeit Lernprozesse in Gang setzen, seien mit Fürntratt (1976) als »lernerische Aktivität« bezeichnet. Je umfangreicher und qualitativ höherstehend das Repertoire an »lernerischen Aktivitäten«, über das ein Schüler verfügt, um so größer ist die Wahrscheinlichkeit,

9 Heckhausen definierte in seiner »Rahmentheorie ...« Motive und Motivation als beruhend »... auf hochorganisierten kognitiven Systemen von Person-Umwelt-Bezügen.« (Heckhausen, 1963, S. 606).

daß er in einer »potentiellen Lernsituation« erfolgreich aktiv wird[10]; vgl. dazu auch Krapp (1993) mit seinem verwandten Konzept der Lernstrategien und deren Beziehung zum Lernerfolg.

In dieser (verhaltenspsychologisch beeinflußten) Sicht ist die »Lernmotivation« eines Individuums nichts anderes als die Gewohnheit, in jener Klasse von Situationen, die als potentielle Lernsituationen wahrgenommen werden, (möglichst passende) lernerische Aktivitäten zum Einsatz zu bringen.

Für Unterrichtsplanung und -praxis ergäbe sich daraus die Aufgabe, jede Unterrichtssituation oder -phase auch unter dem Gesichtspunkt zu planen, daß schon vorhandene »lernerische Aktivitäten« zum Zuge kommen können, neue Möglichkeiten sich für die Schüler nahelegen, sinnvollerweise demonstriert werden können usw. Beispiel: Werden Schüler mit einer Problemstellung/Aufgabe konfrontiert, deren Bewältigung sie in einem bestimmten Sachbereich ein Stück weiterführen würde, so kommt es zunächst darauf an, das relevante Vor-Wissen zu (re)aktivieren (vgl. dazu auch Abschnitt 7.1). Bisher mag der Lehrer diesen Prozeß angeleitet haben, etwa indem er die Schüler (gewohnheitsmäßig) anregt, sich an ähnliche Problemstellungen/Aufgaben und deren Lösung zu erinnern usw. Diese bedeutsame lernerische Aktivität fand bisher nur eingebunden in den Lehrer-Schüler-Dialog statt. Um nun diese Aktivität ein Stück weiter ins Handlungsrepertoire der Schüler übergehen zu lassen, könnte der Lehrer im Anschluß an eine geeignete Problempräsentation sagen: »Ihr habt jetzt fünf Minuten Zeit, um mit euerem Tischnachbarn all das zu erinnern und zusammenzutragen, was etwas mit unserem heutigen Problem zu tun haben könnte. Macht bitte Stichworte auf einen Zettel über alles, was ihr herausfindet.« Die Schüler lernen (im günstigen Fall), gewissermaßen zusätzlich zum beginnenden i.e.S. sachbezogenen Fortschritt, eine »lernerische Aktivität«, nämlich die, sich angesichts einer neuen Aufgabe gewohnheitsmäßig zu fragen »Was weiß ich schon darüber?« usw. Schüler, die sich solche »geistigen Gewohnheiten« nicht zu eigen machen, werden, unter sonst gleichen Umständen, weniger erfolgreiche Lerner sein und werden mit dem Gelernten außerhalb der Schule (ohne pädagogische Führung) weniger gut weiterarbeiten können als Schüler, denen dies gelungen ist.

Im übrigen ergeben sich hier interessante Verbindungslinien zu Prinzipien der »Arbeitsschule«, wie sie vor allem, im einzelnen mit unterschiedlichen Ak-

10 Das gilt im übrigen auch für frontal gelenkte Unterrichtsprozesse. Studenten, die einer Vorlesung (»passiv«) folgen, werden unterschiedlichen (Lern-)Gewinn daraus ziehen können, in Abhängigkeit davon, ob sie in der Lage sind, den gebotenen Lehrstoff bei der Rezeption so zu gliedern und zu ordnen, daß eine erfolgreiche Integration des neuen Stoffs in bisherige Wissens-/Begriffsstrukturen möglich wird. Auch der passiv rezipierende Schüler muß in diesem Sinne »aktiv« sein, wenn Lernen stattfinden soll. Eines der wenigen konsistenten Ergebnisse empirischer Unterrichtsforschung läuft darauf hinaus, daß »gute« Schüler auch von »schlechten« Lehrformen profitieren können. Sie vermögen durch Rezeptionsaktivitäten, über die schwächere Schüler nicht verfügen, Mängel der Lehre auszugleichen (vgl. etwa Naef 1973).

zenten, von Kerschensteiner (1913), Gaudig (1963) und Scheibner (1930) entwickelt und praktisch erprobt wurden. Das Beherrschen von »Arbeitstechniken« und »geistige Zucht« sahen sie in einem ganz engen Zusammenhang mit der Möglichkeit von »Selbsttätigkeit« der Schüler.

Abgesehen von dem Problem, daß eine nur »methodische Bildung« in diesem Sinne ohne »Sinn« (unsinnig) wäre (vgl. Klafkis Aussagen dazu in: Klafki 1970, S.25f), so wird doch deutlich, was eine verhaltenspsychologisch orientierte Analyse leisten kann; mit ihr kann man die vielen kleinen, aber wichtigen Details von Unterrichtsprozessen aufzeigen, aus denen letztlich allein so etwas wie die »Verselbständigung« des Schülers hervorgehen kann. Das sei abschließend an einem Detail nochmals verdeutlicht: Eine kritische Analyse des Schulunterrichts würde sehr wahrscheinlich ergeben, daß Lern-/Leistungsresultate häufig belohnt werden, wenn sie, gemessen an fragwürdigen Maßstäben, »gut« sind, aber lernerische Aktivitäten im obengenannten Sinne nur selten bekräftigt werden. Das entspricht durchaus den Befunden zur WP-Sprache der fünf Lehrerinnen, über die ich in Kapitel 4. berichtet habe.

Im übrigen wurde es den Rahmen dieser Arbeit sprengen, wenn ich die ganze Vielfalt möglicher lernerischer Aktivitäten hier näher aufschlüsseln wollte. Ein breites Spektrum solcher Aktivitäten wird z.B. von Naef (1973), Oerter (1981), Fürntratt (1976), Krapp (1993b) und Mandl u.a.(1993) behandelt.

6.3.2 Lernmotivation und Zielorientierung des Unterrichts

Das Konzept der »lernerischen Aktivitäten« ist von Fürntratt, einem verhaltenspsychologisch orientierten Wissenschaftler, entwickelt worden. Von einem anderen Verhaltenspsychologen, der sich ebenfalls für Unterricht interessiert hat, stammt folgender Satz: »Wenn Sie jedem Lernenden eine Ausfertigung Ihrer Lernzielbeschreibung geben, werden Sie selbst (als Lehrer, P.H.) nicht mehr viel zu tun haben« (Mager 1994).

Um die – gewiß begrenzte – Gültigkeit dieser Aussage zu verdeutlichen, könnte sie auch folgendermaßen umformuliert werden: Wenn Schüler nicht so genau wie möglich wissen, worauf der Unterricht hinauslaufen soll, welchen kurz-, mittel- und längerfristigen Zielen er dienen soll, dann werden die Schüler ihre schon verfügbaren »lernerischen Aktivitäten« nicht im möglichen Umfange zum Einsatz bringen können.

Oder anders: Schüler, die keinen Einblick in den Lehrplan haben, können nichts anderes tun, als darauf zu warten, daß ihr Lehrer ihnen sagt, was als nächstes zu tun ist. Schüler, denen gesagt wird, bis zum Ende der Woche sollen die Lernziele A und B erreicht werden, werden eher in der Lage sein, Vorschläge für Lernaktivitäten zu machen, die dem Erreichen der Ziele dienlich sein können.

Konkrete, inhaltlich definierte Lernziele können unter Umständen zu Bezugsmaßstäben für Zyklen leistungsmotivierten Handelns werden, die sich im Kontext der kooperativen Arbeit von Lehrer und Schulklasse vollziehen. Unbedingte Voraussetzung dafür aber ist, daß die Lehr-/Lernziele »veröffentlicht« werden und nicht das Geheimnis des Lehrers bleiben. Die Ziele können vom Lehrer oder einem Lehrplan vorgegeben sein oder aber in einem Diskurs der Beteiligten selbst erarbeitet werden. Wahrscheinlich können nicht alle möglichen Lernziele von Schülern vor ihrem Erreichen so eingesehen werden, daß sie handlungswirksam werden können. D.h.: Es gibt Grade der Klarheit von (potentiell) motivierenden IST-SOLL-Diskrepanzen, und diese verändern sich im Lernprozeß selber (Erlebnis des Fortschreitens und des Sichannäherns).

Der »normale« Unterricht in unseren Schulen ist weitgehend nicht lernzielorientiert, in zweierlei Hinsicht: Zum einen werden die Ziele nicht im obengenannten Sinne »veröffentlicht«, und zum anderen wird regelmäßig im Stoff weitergegangen, bevor alle Schüler definierte Minimallernziele erreicht haben, die als Erfolg bewertet werden könnten. Mit dem Benotungsverfahren werden die Schüler für das so zwangsläufig entstehende »kumulative Defizit« verantwortlich gemacht (Mathematik: »mangelhaft«). Ich werde auf diese Probleme in Abschnitt 8.2 noch ausführlicher eingehen.

Der Grundgedanke des Konzepts »lernzielorientierter Unterricht« hat eine bedeutsam motivationale Komponente: Lehr-/Lernbemühungen werden so lange fortgesetzt, bis (fast) jeder Schüler ein als notwendig definiertes Ziel erreicht hat. Allen Schülern soll so eine Kumulation von inhaltlich definierten Erfolgen möglich werden. »Alle Schüler schaffen es!«, so das Credo von Bloom (1970, 1973), Block (1971), Carroll (1973a und b), Weinert (1973/74b). Es sind recht verschiedene Varianten lernzielorientierten Unterrichts möglich. Sie reichen von Konzepten mit vollständiger Individualisierung des Lehr-/Lernprozesses und programmierter, z.T. auch computergestützter Instruktion, wobei die Lernziele meist sehr eng vordefiniert sind, bis hin zu solchen Modellen, bei denen die Schüler im Diskurs mit dem Lehrer zunächst die Ziele erarbeiten und dann projektartig/kooperativ an ihrer Bewältigung arbeiten (vgl. z.B. Boettcher u.a. 1976, Zehrfeld 1978).

Hier kann u.U. so etwas wie Verantwortung des Klassenkollektivs oder von Teilgruppen für den Lernfortschritt des einzelnen zur Geltung kommen. Die Möglichkeit und die »bewegende Wirkung« von gemeinsamen, in einer Gruppe geteilten Erfolgserlebnissen nach kooperativen Anstrengungen ist etwas, was praktisch in unseren Schulen nur selten Wirklichkeit wird und in Theorien zur Lernmotivation kaum thematisiert wird. Praxis und Theorie sind, auch wenn letztere sozialisationstheoretisch ansetzt, letztlich individuumszentriert.

6.3.3 *Lernmotivation und Lehrer-Schüler-Interaktion*

Im Prozeß der unterrichtlichen Interaktion mit ihren Schülern signalisieren Lehrer ihren Schülern fortwährend mehr oder weniger deutlich, woher (Lern-) Leistungen kommen bzw. worin deren Ausbleiben begründet liegt (sog. Kausalattribuierungen). Es scheint, als könnten sich Schüler solchen Zuschreibungen nur schwer entziehen und als könnten sie sich (im ungünstigen Fall) negativ kumulieren dergestalt, daß den betreffenden Schülern weitere Lernprozesse tatsächlich erschwert werden.

Beispiel: Ein Schüler, dem der Lehrer keine Lernfortschritte mehr zutraut (Zuschreibung: »faul« und »dumm«), wird nach einer gewissen Zeit den Glauben an sich selbst verlieren, zumindest was seine Lern- und Leistungsmöglichkeiten in der Schule angeht. Er wird »lernerische Aktivitäten« allmählich einstellen, wenn nicht starke gegensteuernde Einflüsse z.B. von seiten anderer Lehrer oder der Eltern wirksam werden (vgl. dazu etwa die Arbeiten von Brophy/Good 1974, Knörzer 1978, Krapp 1993b, Baumert 1993, sowie einige weitere Bemerkungen dazu in Abschnitt 8.2).

Eine Reihe anderer Merkmale des Lehrerhandelns (z.B. das Ausmaß, in dem Gedanken von Schülern aufgegriffen werden; Ordnung/Struktur im Unterrichtsablauf; ideenreiche Abwechslung von Unterrichtsmethoden) haben nachweisbare Wirkungen auf die Bereitschaft von Schülern, sich am Unterricht zu beteiligen; vgl. etwa die Arbeiten von Flanders (1970), Rosenshine (1971), Hofer (1973/74), Kounin (1976). Aus Platzgründen wird auf alle diese Problemaspekte hier nicht ausführlicher eingegangen.

6.3.4 *Lernmotivation und »Persönlichkeit«*

Bisher wurde von den »Beweggründen des Lernens« so gesprochen, als ergäben sich diese nur »situativ«, aus den Austauschprozessen zwischen einem aktiven, lernbereiten Subjekt und seiner Umwelt. Demgegenüber gilt es aber festzuhalten, daß sich Erfahrungen des Individuums sehr wohl in allgemeineren psychischen Dispositionen niederschlagen können, die über längere Zeitspannen stabil und nicht ohne weiteres durch situative Einflüsse veränderbar sind. Dies erst rechtfertigt es, von »Motiven« als Merkmalen von Individuen zu sprechen (vgl. dazu ausführlich Heckhausen 1980). Eine dieser individuellen Dispositionen, die u.a. im Kontext der Leistungsmotivationsforschung genauer untersucht wurde, besteht in der Neigung, sich in vergleichsweise vielen Situationen als Urheber/Verursacher/Initiator des eigenen Tuns und seiner Wirkungen wahrzunehmen bzw. sich selbst diese Eigenschaft abzusprechen, also das eigene Handeln und seine Resultate vorwiegend als »von außen« kontrolliert zu erleben. Spricht das Individuum sich Kompetenzen ab, die es »eigentlich« hat oder leicht erwerben könnte, so wird das auch als »gelernte Hilflosigkeit« bezeichnet.

Decharms (1973, 1979) nennt das »Personal Causation«; er meint, ein Individuum könne sich eher als »Origin« (Verursacher) oder als »Pawn« (bedeutungslose Schachfigur) sehen und fühlen. Seine Feldexperimente deuten darauf hin, daß die Förderung des »Erlebens eigener Verursachung« bei Schülern sich auf deren schulische Lernleistungen positiv auswirken kann.

»Beweggründe des Lernens« in einer konkreten Unterrichtssituation lassen sich auch nicht trennen von relativ stabil gewordenen Vorlieben und Interessen der Schüler für bestimmte Unterrichtsfächer (vgl. dazu Krapp 1993a). Jungen lassen sich in unseren Schulen leichter als Mädchen für Mathematik und Naturwissenschaften begeistern. Allerdings können Erfahrungen mit »guten« Lehrern und Unterrichtsstunden solche (scheinbar verfestigten) Präferenzstrukturen revidieren oder lockern. Das kann dann in die gar nicht so seltene Aussage münden: »Ich hätte nie gedacht, daß Mathe so spannend sein kann!« (Vgl. dazu etwa Wagenschein 1963.) Mit dem Alter ordnen Schüler ihre Unterrichtserfahrungen zunehmend in längerfristige und umfassendere Lebensperspektiven (z.B. Vorstellungen vom künftigen Beruf) und persönliche Werthaltungen ein; viele Schüler sehen sich aber wohl auch veranlaßt, ihre Schulerfahrungen davon zu trennen und abzuspalten (vgl. dazu Rosenfeld 1971, Krapp 1993a, Deci / Ryan 1993).

Hier zeigt sich nun in aller Deutlichkeit, daß die Frage nach den »Beweggründen des Lernens« von einer Theorie der Schule und der Schulbildung nicht getrennt werden kann. Eine systematische Verbindung von beidem würde aber den Rahmen dieser Arbeit sprengen und meine momentanen Möglichkeiten überfordern. Mit dem in den Abschnitten 6.1 bis 6.3 Gesagten kann ich nicht einmal den Anspruch erheben, zu Lernmotivationsfragen alles Wesentliche gesagt zu haben. In Abschnitt 8.2 werde ich von einer mehr soziologischen Perspektive her einige Ergänzungen anbringen. In den folgenden Abschnitten 7.1 bis 7.3 wird es darum gehen, einige unterrichtsbezogene Konsequenzen vor allem aus dem zu erörtern, was weiter oben (in Abschnitt 6.2) über »epistemische Motivation« gesagt worden ist.

7. Aspekte und Versionen einer »Didaktik der Lerngelegenheiten«

In den vorangegangenen Abschnitten wurden einige Argumente und illustrierende Beispiele für die Behauptung zusammengetragen, die Rolle des Lernenden in seinem Bildungsprozeß könne anders bestimmt werden, als sie praktisch im Alltag des »normalen« Schulunterrichts bestimmt wird. Praktisch wird so gehandelt (und in manchen Theorien auch so gedacht), als seien Schüler weder besonders willens noch besonders fähig, ihren Bildungsprozeß selbst voranzubringen, und als müßten sie mit einem (u.U. technologisch ausgeklügelten) »System von Lernbefehlen« zu Fertigkeiten und Einsichten geführt werden, weil sie für deren Erwerb ohne den mehr oder weniger sanften Druck verbindlicher »Lernbefehle« nicht zu interessieren wären. Am Beispiel des WP-Unterrichts wurde weiter gehend der Verdacht formuliert, das bloße Fordern von Lernleistungen könne produktives Lernen mit subjektiv bedeutsamen Resultaten verhindern, zumindest aber erschweren.

Definition eines »Lernbefehls«: Lernen wird um so mehr zum Befolgen eines Lernbefehls, je mehr sich der Lernende veranlaßt sieht, etwas kennenzulernen, eine Fertigkeit sich anzueignen usw., ohne selbst nach diesen Inhalten gefragt zu haben oder selbst das Ziel zu haben, diese zu erwerben. Wer nur Lernbefehle ausgibt, sieht und berücksichtigt nicht, mit welchen (gewiß oft nur rudimentären) Mitteln die Adressaten seiner Befehle (die Schüler) immer schon auf dem Weg sind, einen Gegenstand kennenzulernen. Das Befolgen von Lernbefehlen kann deshalb für die Schüler zu einer Unterforderung und einer Überforderung zugleich werden. Weil nach ihren Zugängen zum Gegenstand gar nicht erst gefragt wird, diese folglich nicht aktualisiert werden (Unterforderung), sehen sie sich gezwungen, etwas zu lernen, ohne sich aller ihrer Mittel, Zugänge, »lernerischen Aktivitäten« usw. in größerem Umfang bedienen zu können (Überforderung). Schüler, die trotzdem viel lernen, verfügen in besonderem Maße über »epistemische Fähigkeiten« und anderen »lernerische Aktivitäten«.

Der Gegenbegriff zu »Lernbefehl« ist »Lerngelegenheit« und kann aus dem begründet werden, was in Abschnitt 6.1 über »epistemische Motivation« gesagt worden ist: Wenn Menschen im Verlauf der aktiven Auseinandersetzung mit einem Gegenstand auf entstehende Inkongruenzen, Probleme, Widersprüche, Wissenslücken o.ä. mit besonderer Sensibilität reagieren (Aktivierung, Ausrichtung der Aufmerksamkeit, »Konzentration«) und wenn einem Individuum nicht einfach vorgeschrieben werden kann, was es an einem Gegenstand fraglich zu finden hat, und wenn das Individuum mit Antworten (Informationsangeboten) wenig wird anfangen können, wenn nicht zuvor durch seine Fragen der »Boden« dafür bereitet ist, dann können wir als Didaktiker (Unterrichtsplaner) nichts anderes tun, als »günstige Gelegenheiten« zu schaffen. Das sind solche Situationen, bei denen die Wahrscheinlichkeit relativ groß ist, daß eine Gruppe von uns anvertrauten Schülern motivierende Inkongruenzen erlebt, Fragen stellt, sich um Antworten bemüht bzw. solche mit Interesse aufnimmt. Wer Lerngelegenheiten plant, erwartet nicht gehorsames Befolgen von Lernbefehlen, sondern der wartet (manchmal vergeblich) auf das »Einhaken« der Schüler in die Auseinandersetzung mit einem potentiellen Lerngegenstand. Die Schüler können, sollen und müssen in gewisser Hinsicht sogar die Situation zu einer Lerngelegenheit strukturieren. Der Lehrer kann und soll diesen Prozeß in vielfältiger Weise anregen, unterstützen, zu »Ergebnissen« führen usw. In Kooperation mit einem Lehrer gelingt es den Schülern – im günstigen Fall –, mehr aus einer Lerngelegenheit bzw. einem System von Lerngelegenheiten zu machen, als sie es auf sich gestellt vermöchten.

Einige motivationspsychologisch orientierte Argumente für die Möglichkeit einer »Didaktik der Lerngelegenheiten« habe ich bereits angeführt; einige mehr lern- und kognitionspsychologische sollen nun hinzugefügt werden: Bezogen auf einen potentiellen Lerngegenstand, verfügt jedes Subjekt immer schon über motorische oder wahrnehmungsmäßige oder gedankliche Schemata, vermittels deren es den Gegenstand »versteht«, z.B. einer bestimmten Klasse von Gegenständen oder Phänomenen zuordnet. Soll nun etwas Neues über dieses Objekt gelernt werden, so müssen in der Lernsituation zunächst diese in bezug auf den Gegenstand schon ausgebildeten Schemata »aktualisiert« werden. Ausubel (1968) nennt das in seiner Psychologie sinnvollen rezeptiven Lernens »Advance Organizing«. Ganz im Sinne seiner auf rezeptives sprachliches Lernen angelegten Lehr- und Lerntheorie konkretisiert Ausubel das »Advance Organizing« vor dem Lernen eines Sachtexts als Vortext. Dessen Funktion soll es sein, den Lernenden allgemeine »Anker«-Begriffe zur Einordnung des dann folgenden Stoffs in bisherige Strukturen des Wissens und Denkens zur Verfügung zu stellen. Das so wichtige »Advance organizing« muß keineswegs so konkretisiert werden.

Selbst für rezeptive Lernprozesse wie das Lesen eines informativen, darlegend gehaltenen Sachtexts ist es m.E. nicht immer optimal, wenn der entsprechende »Advance Organizer« nur aus einem eher darlegenden Text besteht. Zwei Argumente möchte ich dafür anführen:

1. Die Individuen einer Gruppe von Lernenden (Schulklasse) verfügen nicht über einheitliche Vor-Schemata in bezug auf das zu lernende Material. Ein einheitlicher »Advance Organizer« wird einer Gruppe nicht in der bestmöglichen Weise gerecht.

2. Das Lesen eines darlegenden Sachtexts mit »Schlüsselbegriffen« zur Verankerung dann folgenden Lernstoffs erzeugt wahrscheinlich nicht immer und im möglichen Maße jenes spezifische Interesse von lernbereiten Individuen an neuen Informationen, wie es im Zusammenhang von Inkongruenzerlebnissen entsteht. Wenn produktive Lernprozesse stattfinden sollen, dann muß jeder Lernende zu seinem »Advance organizing« angeregt werden, sein Vor-Verständnis des Themas aktivieren, wie es sich auch als Fragen des Subjekts an den Gegenstand konkretisieren kann.[1]
   Im übrigen zeigt sich am Beispiel des Konstrukts »Advance Organizing«, daß in der Kontroverse um entdeckendes vs. rezeptives Lehren/Lernen unproduktive, globale Gegenüberstellungen sorgfältigere theoretische und damit auch empirische Analysen verhindert haben. »Advance Organizing« spielt in vielen Arten von Lehr- und Lernprozessen eine Rolle. Es ist eine Hilfe zur Verarbeitung von neuen (evtl. experimentellen) Erfahrungen mit einem Objekt oder auch zur Aufnahme von »Sekundärerfahrung«, wie z.B. beim Lesen eines informativen Texts, m.a.W. eine Lernhilfe (vgl. dazu vor allem Einsiedler 1976, 1978, Riedel 1973).

»Lehren« kann definiert werden als »zielbezogene Organisation von Lernhilfen« und ist als solches in vielerlei Spielarten möglich und sinnvoll. Von einer Didaktik der »Lerngelegenheiten« aus wird ein Lehrender versuchen, Lernhilfen jeweils so zu organisieren, daß die Schüler mit ihren Möglichkeiten der »Gegenstandsbewältigung« (»lernerischen Aktivitäten«) zum Zuge und zumindest mittelfristig zu Lernerfolgen gelangen können.

7.1 Eine Lerngelegenheit für eine Gruppe von Lernenden

Es gibt in Deutschland eine didaktische Tradition, deren zentrales Anliegen darin besteht, fruchtbare Lerngelegenheiten für eine Schulklasse zu inszenieren, und zwar zu einem Zeitpunkt jeweils nur eine solche Gelegenheit für alle Mitglieder einer Schulklasse. Das Grundprinzip läuft darauf hinaus, der Klasse einen Gegenstand oder ein Phänomen zu präsentieren, das geeignet ist, Verwunderung, Zweifel, Staunen, Widerspruchsempfinden o.ä., m.a.W. auf seiten der Schüler eine Haltung fragender Ungewißheit auf der Grundlage von Inkongruenzerlebnissen zu induzieren, um dann die Fragen der Schüler (»Wie

1 So betrachtet sollten in Lehrbüchern Fragen nicht nur zur Überprüfung des Gelernten am Ende von Kapiteln stehen; ebenso wichtig wäre es, durch geeignete Denkanstöße (z.B. Fragen) zu Anfang von Kapiteln die Aufnahmebereitschaft zu aktivieren und inhaltlich auf den folgenden Stoff auszurichten. Gute Fragen des Lehrbuchautors (oder Lehrers) sind dann solche, die eine größere Zahl von Lernenden – zu ihren eigenen machen kann (vgl. dazu auch Naef 1973, S. 29f und Groeben/Hofer 1978).

kann das sein?«) weiterzuentwickeln zu Hypothesen, deren Prüfung in realen oder gedanklichen Experimenten die Schüler schließlich zu einer intellektuellen Neukonstruktion, zur mehr oder weniger angeleiteten Entdeckung eines bis dahin unbekannten Zusammenhangs o.ä. führt.

Copeis Buch aus dem Jahre 1931, »Der fruchtbare Moment im Bildungsprozeß«, hat in dieser didaktischen Tradition eine wichtige Rolle gespielt. In bildungstheoretischer Sprache hat er schon früh inkongruenztheoretische Hypothesen formuliert und an Unterrichtsbeispielen erläutert. Von Lind (1975) stammt eine moderne und weiterführende Interpretation von Copeis Ansatz mit Hilfe wissenschafts- und inkongruenztheoretischer Kategorien, und zwar bezogen auf die lernende Auseinandersetzung mit naturwissenschaftlichen Gesetzmäßigkeiten.

Wagenscheins »Genetisches Lernen«, Roths »Exemplarisches Prinzip« und Klafkis »Kategoriale Bildung« sind verwandte didaktische Leitideen. Ähnlich wie Copei betonen auch diese Autoren den Moment der »fruchtbaren Begegnung« zwischen einem bildungsfähigen Subjekt und einem (potentiell) in vielfältiger Weise interessanten Gegenstand. Die fruchtbare Begegnung soll durch (mehr oder weniger angeleitete) »Eigentätigkeit« des Subjekts zu Einsichten von »fundamentaler«, »exemplarischer« oder »kategorialer« Bedeutung führen. Allgemeine Bildungstheorien erheben also auch den Anspruch, Kriterien dafür begründen zu können, mit welchen Gegenständen (Inhalten) und mit welchem Ziel fruchtbare Begegnungen sinnvollerweise herbeigeführt werden sollen.

In diesem Bezugsrahmen gesehen, lassen sich meine Erörterungen in den vorangegangenen und den folgenden Abschnitten einordnen als Versuch, einige Voraussetzungen dieser Theorien nach der Seite des Subjekts hin zu klären. Eine nachträgliche Rechtfertigung für diesen Zugang sehe ich in folgendem: Es ist durchaus möglich, allgemeine Merkmale von Bildungsprozessen theoretisch zu isolieren und herauszuarbeiten, die sich ihrerseits auf eine breite Klasse möglicher Inhalte (i.e.S.) beziehen lassen (vgl. etwa das »TOTE«-Modell in Abschnitt 6.1), wenngleich reale Bildungsprozesse natürlich nicht ohne »Inhalte« denkbar sind. In der heutigen Schulpraxis werden, manchmal sogar unter Berufung auf die obengenannten Bildungstheoretiker, die Möglichkeiten der »Eigentätigkeit« weit unterboten, um welche Inhalte i.e.S es im einzelnen auch immer gehen mag.

Soll der Schulunterricht zur »Selbstbestimmungsfähigkeit« der Schüler beitragen, so wird ein wichtiges Element dieser Fähigkeit aus kontinuierlich gebotenen Chancen zur Anwendung und Weiterentwicklung des »autodidaktischen Potentials« der Schüler hervorgehen müssen, weil andernfalls die Schüler als »bildbare Subjekte« in überflüssiger Weise von der Schule abhängig bleiben und »fremdgesteuert« werden. Freilich wird sich darin die Erziehung zur Selbstbestimmungsfähigkeit nicht erschöpfen können. Ebensowenig werden

»aufgeklärte« (»kritische«) Inhalte per se »Selbstbestimmung« fördern können, wenn gleichzeitig mit der Art, in der sie den Schülern geboten werden, deren Möglichkeiten zu »eigentätiger« Auseinandersetzung systematisch unterboten werden. Vgl. zu dieser »Dialektik von Form und Inhalt« auch die Erörterungen bei Klafki (1970, 1976) und Diederich (1973) aus einer mehr bildungstheoretischen Perspektive und bei Einsiedler (1976) aus einer eher lehr-/lerntheoretischen Sicht.

Beiträge zur Präzisierung dessen, was »Eigentätigkeit« von Schülern sein kann und wodurch Lernfortschritte möglich bzw. erschwert werden können, kommen z.T. aus einer lehr-/lerntheoretischen Richtung, die unter der Überschrift »Entdeckendes Lernen« bekanntgeworden ist. Einer ihrer interessanteren Vertreter, Suchmann (vgl. seine Beiträge im Sammelband von Neber 1973), hat Kindern in kurzen Filmen (eine entsprechende Lehrerdemonstration wäre ebensogut möglich) physikalische Phänomene präsentiert, die sich Kinder ohne weiteres nicht erklären können.

Z.B.: Ein Metallstreifen wird in eine Flamme gehalten und biegt sich daraufhin nach unten; dann wird er in Wasser getaucht und wird wieder gerade; nun wird der Streifen umgekehrt in die Flamme geführt und biegt sich nun nach oben. Die Kinder sollten nun Fragen an den Versuchsleiter stellen, die von diesem mit »Ja« oder »Nein« beantwortet werden konnten. Im günstigen Fall führen diese Fragen zu einer sukzessiven Eingrenzung relevanter und irrelevanter Bedingungen des Phänomens, d.h. zum Aufbau einer »erklärenden Theorie«. Das fragende/lernende Subjekt kontrolliert durch seine Fragen über den Ausgang möglicher Experimente (»Was würde geschehen, wenn ...?«) den Fluß der Information und den Gang des korrespondierenden Spekulierens. Suchmanm fand, daß viele, auch ältere Schulkinder nicht in der Lage waren, eine sinnvoll geordnete Fragensequenz durchzuhalten, die zu Erkenntnisfortschritten hätte führen können. Ihm schienen die Kinder schon zu sehr daran gewöhnt, schnell und problemlos Lösungen zu erfahren, ohne sich geduldiger um sie bemüht zu haben.

Neber (1974) fand in seiner Untersuchung zum epistemischen Fragen von Grundschulkindern ebenfalls sehr unterschiedliche Niveaus des Fragens angesichts einer unstrukturierten (unklaren) Situation. Interessanterweise zeigte sich, daß zwischen Merkmalen des Fragens (»Prozeßvariablen«) und den üblichen Maßen der »Intelligenz« (»Produktvariablen«) keine klaren Zusammenhänge bestehen; daß »intelligente« Schüler mit relativ (erwartungswidrig) schwachen Schulleistungen (sog. »Underachiever«) im Vergleich zu erwartungswidrig »guten« Schülern weniger hochstehende epistemische Fragen zeigten; daß zwischen den beiden untersuchten Grundschulklassen deutliche Unterschiede hinsichtlich des Niveaus epistemischen Fragens bestanden.

Eine allgemeine Konsequenz aus dieser und anderen Untersuchungen ist folgende: Ein Unterricht, der den Schülern Erkenntnisse nicht in ihrer Endform einfach zur passiven Rezeption anbieten will, sondern »fruchtbare Begegnungen« inszenieren will, muß berücksichtigen, daß die epistemischen Handlungsmöglichkeiten der Schüler in einer Klasse unterschiedlich ausgeprägt sind, andererseits aber diese Strategien der Schüler zum eigenständigen Aufbau von Kenntnissen zumindest langfristig gefördert werden können.

Entdeckendes Lehren und Lernen wird nur dann eine Folge fruchtbarer Bildungsprozesse konstituieren können, wenn sich die Lernhilfen in flexibler Weise an die jeweiligen autodidaktischen Handlungsmöglichkeiten der Schülergruppe anpassen. Nicht jeder Schüler ist ohne weitere Hilfe in der Lage, vom anregenden Ausgangspunkt einer inkongruenzträchtigen Situation aus tatsächlich zu neuen Einsichten zu gelangen. »Reiner Entdeckungsunterricht« (Schüler werden mit dem Ausgangsproblem allein gelassen) kann sehr leicht in einer unproduktiven Frustration kindlicher Lernbedürfnisse und -bereitschaft enden.

Nicht jeder Schüler wird im Falle des Experiments von Suchman zum merkwürdigen Verhalten eines Metallstreifens durch seine Fragen (Gedankenexperimente) zur begrifflichen Konstruktion (erklärenden Theorie) »Bimetallstreifen« gelangen können. Wenn dies das Ziel der »fruchtbaren Begegnung« sein soll und die Entdeckungsbemühungen nicht fruchtlos bleiben sollen, so werden zwei Arten von Lernhilfen (i.w.S.) erforderlich sein:

a) solche Hilfen, die den Schüler bei der Weiterentwicklung seiner epistemischen Handlungsmöglichkeiten unterstützen, z.B. indem eine bestimmte Fragenfolge kritisch reflektiert wird, etwa unter dem Aspekt, ob in Frage 2 die Antwort zu Frage 1 berücksichtigt worden ist oder nicht (dies ist ein Element des Trainings von Suchmann);
b) solche Hilfen, die den Schüler mehr oder weniger direkt zu der fraglichen begrifflichen Konstruktion führen, z.B. indem der Lehrer auf die Schülerfragen nicht mehr nur mit »Ja« oder »Nein« antwortet, sondern gezieltere Hinweise zur Einengung oder Ausweitung des Problemraumes gibt (angeleitetes Entdecken). Natürlich ist es auch möglich, dem Schüler, nach dem »Advance Organizing« durch die Demonstration eines zunächst nicht erklärbaren Phänomens, die Erklärung direkt anzubieten. Das wäre dann rezeptives Lernen nach »Advance Organizing« durch eine (passende) Inkongruenzen erzeugende Situation.

Die verschiedensten Spielarten und Kompositionen von selbsttätigem Entdekken und strukturierenden Lernhilfen sind denkbar (vgl. dazu Riedel 1973; Einsiedler 1976). Der Streit um entdeckendes vs. rezeptives Lernen hängt m.E. zusammen mit Fragen, die sich allein empirisch, als Frage nach der Effektivität von Methoden, nicht werden klären lassen. Im übrigen hat Roth (1970) schon vor dieser Kontroverse überzeugend versucht, das Verhältnis von »exemplarischem« (eher »entdeckendem«) und »orientierendem« (eher »rezeptivem«) Lehren/Lernen zu bestimmen. Das didaktische Problem ist weniger die Entscheidung für das eine oder das andere, sondern die richtige Komposition.

Ein schönes Beispiel dafür, wie sich in einem längeren Prozeß forschendes und theoretisierendes Handeln und Diskutieren einer Schülergruppe unter Anleitung eines Lehrers entwickeln kann, geben die Protokolle von Thiel (in: Wagenschein u.a. 1990) über eine Serie von Unterrichtsstunden u.a. zum Problem der Schallausbreitung. Das genannte Buch enthält außerdem viele Beispiele für die »spontanen« epistemischen Aktivitäten von Kindern gegenüber einer Vielzahl von naturkundlichen Problemen – außerhalb der Schule, ganz ohne didaktische Anleitung. Die Schule muß in Kontakt mit diesem autodidaktischen Tun bleiben, will sie nicht viele ihrer Chancen vertun.[2]

7.2 Viele Lerngelegenheiten für eine Gruppe (Schulklasse)

Die im vorigen Abschnitt knapp skizzierten Konzeptionen von Unterricht lassen sich als »entdeckendes Lehren/Lernen in einer Klasse unter mehr oder weniger direkter Anleitung eines Lehrers« summarisch beschreiben. Eine Kritik an dieser Konzeption könnte so lauten: Die eigentlich produktive Entdekkungsarbeit werden immer nur bestimmte (allerdings nicht unbedingt »die Intelligenten«, vgl. S. 138f) Schüler leisten; sie werden die Lösung des Problems finden und äußern; den anderen wird der »Akt der Entdeckung« vorenthalten, und darum wird ihr Lernprozeß weniger produktiv sein. (Mir ist allerdings keine Untersuchung zur Prüfung dieser Hypothese bekannt.) Daraus kann die Konsequenz gezogen werden, statt einer eine Vielfalt von »günstigen Lerngelegenheiten« für die Schüler vorzubereiten. Praktisch verwirklicht wurde und wird sie im Konzept des »Offenen Unterrichts«. In der britischen Primarschulreform spielt es seit Jahrzehnten in einigen Versuchsschulen eine Rolle. Vor allem durch den Plowden-Report (1967) wurde es zu einer regierungsoffizellen Empfehlung und fand anschließend weite Verbreitung in den englischen Grundschulen.

2 Im Alter von etwa zwölf Jahren habe ich eine Serie von Experimenten zur Atomspaltung durchgeführt(!). Ausgehend von dem Gedanken (woher ich den hatte, weiß ich nicht mehr), die Materie könne in kleinste Teilchen zerlegt werden und, wenn diese dann auch noch zerlegt würden, müsse es einen ganz großen Knall geben, versuchte ich immer wieder, Kieselsteine zu zertrümmern, indem ich diese im Schraubstock des Vaters unter Druck setzte. Die häufig wiederholten Versuche erhielten dadurch Nahrung, daß in der Tat jedesmal beim Zerbrechen der Steine ein lautes, knackendes Geräusch zu hören war. Das entstandene Pulver bearbeitete ich dann mit verschiedenen Werkzeugen in der Erwartung, es müsse nun irgendwann den ganz großen Knall der Atomspaltung geben. An Detonationen hatte ich damals generell ein großes Interesse. Der spätere Physik- und Chemieunterricht in der Schule ließ diese naiven Forschungsarbeiten gänzlich unberücksichtigt. Wäre ein Herr Wagenschein mein Physiklehrer gewesen, so hätte ich wahrscheinlich eine Chance bekommen, von meinen Forschungen zu erzählen …

Das Grundprinzip besteht hier darin, zu einem thematischen Komplex eine mehr oder weniger große Vielfalt von Materialien, Medien usw. bereitzustellen mit dem Ziel, daß die Schüler nun in der aktiven Auseinandersetzung mit den Materialien ihre jeweils individuellen Wege zur »Assimilation« des Gegenstands/Themas finden (können). Eine nach wie vor hervorragende Sammlung solcher offener, vielfältiger Lerngelegenheiten für eine Klasse sind die Publikationen des NUFFIELD-JUNIOR-SCIENCE-Projekts. Zur Illustration und zum Zwecke des Vergleichs gebe ich die Zusammenfassung eines Projekts zum Thema »Sounds« wieder, das mit 36 Kindern im Alter von neun bis zehn Jahren gemacht worden war (Nuffield Junior Science: Teacher's Guide, Vol. 2 1970, S. 135f):

Diese Art Lernwege-Verzweigungs-Graphen stehen als Zusammenfassungen jeweils am Ende der Projektbeschreibungen. Der Graph zu »Sounds« zeigt andeutungsweise, welche thematisch weitläufigen Verzweigungen der »Lernabenteuer« verschiedener Kindergruppen (die nähere Beschreibung in dem Band rechtfertigt diese Bezeichnung) unter der Bedingung einer Vielfalt von Lerngelegenheiten entstehen können. Verglichen damit, läuft in den Unterrichtsgesprächen und -experimenten von Thiel (vgl. S. 140) alles sehr geordnet und vereinheitlicht ab. Und zwischen Thiels Unterricht und der sorgfältig, in klar definierten Sequenzen von Lernschritten organisierten Unterrichtseinheit aus einem »verfahrensorientierten Curriculum« zum Thema »Wahrnehmen von Tönen und Geräusche« (in: Griebel 1971) besteht nochmals ein großer Unterschied.

Jedem, der sich Schulunterricht als systematisch gesteuerten Aufbauprozeß von Wissen, Können, Fertigkeiten usw. vorstellt, dem muß das Projekt »Sounds« als Förderung eines unverantwortlichen »Lernanarchismus« vorkommen. Wie oben gesagt (»epistemische Motivation«): Es braucht nicht befürchtet zu werden, daß nichts gelernt wird, wenn ein chaotisch anmutendes Durcheinander verschiedenster Aktivitäten entsteht. Bei einer Vielfalt von Lerngelegenheiten werden sich die Schüler eben nur mit inhaltlich recht verschiedenen Seiten des Gegenstands auseinandersetzen und unter ihren individuellen Perspektiven (Fragestellungen) assimilieren. Das Stromkreisbeispiel (vgl. Kapitel 5.) hat gezeigt, daß schon bei sehr eingeschränktem Material bedeutsame inhaltliche Verzweigungen entstehen können.

Bevor ein Leser begeistert die These vom »unverantwortlichen Lernanarchismus« aufgreift, gebe ich folgendes zu bedenken:

1. Die Assimilations- und Akkommodationstätigkeit des Subjekts, wie sie unabhängig von systematischer Unterrichtung abläuft, haben durchaus nicht ein Chaos begrifflicher (Re-)Konstruktion der Wirklichkeit zur Folge. Piagets Forschungen etwa zu grundlegenden physikalischen Begriffen (Substanz, Gewicht, Volumen) haben gezeigt, daß sehr wohl »System« hinter der

spontanen epistemischen Tätigkeit des Subjekts steckt und eine bestimmte begriffliche Errungenschaft allmählich eine weitere hervorbringt (vgl. Piaget 1975c).

2. Auch wenn Unterricht im Sinne eines ausgearbeiteten Curriculums als systematischer Aufbauprozeß von (Fach-)Wissensstrukturen geplant und durchgeführt wird, so ist damit noch nicht festgelegt, welche subjektive Rekonstruktion des Gegenstandsbereichs die Schüler schließlich aufbauen. Jeder, der dies annimmt, muß sich wundern, was schließlich langfristig in den Köpfen »hängenbleibt«. Eine wohlgeordnete Lehrsequenz verhindert schließlich nicht, daß es in letzter Instanz immer die Schüler sind, die sich ein Bildungsgut zu eigen machen oder auch nicht. Unterricht, der im Stile der Belehrung und der »Lernbefehle« den Schülern präformierte Wissensinhalte »einzufüllen« sich bemüht, ignoriert in gewisser Weise diese grundlegende Bedingung von Bildungsprozessen und wird darum langfristig wenig Bildungswirkungen (i.e.S.) erreichen[3]; wohl aber wird die Schulerfahrung eine Reihe anderer Konsequenzen für die Schüler haben, wie z.B. Anpassung an eine Situation, in der dauernd etwas gefordert wird, für das man selbst sich aber weniger interessiert, die Forderungen trotzdem aber »scheinbar« erfüllt.
3. Es wird gewichtiger steuernder Einfluß durch die inhaltliche Breite, Tiefe und Ausrichtung des Materials, das »System der Lerngelegenheiten«, ausgeübt. Bestimmte Objekte legen Individuen eines bestimmten Entwicklungsstandes nur eine bestimmte Klasse von Fragen und forschenden Aktivitäten nahe. Die Planung »offenen Unterrichts« erfordert es, wenigstens in Umrissen zu antizipieren, auf welche Aktivitäten (und damit Ziele) angebotene Materialien und Aufgabenstellungen hinauslaufen könnten, wenn eine bestimmte Schülergruppe mit ihnen in Interaktion tritt. Umgekehrt muß unter Bezug auf bestimmte Ziele, etwa die eines Rahmenlehrplans, geeignetes Material gefunden werden. Eine »Materialdidaktik und -methodik«, das müßte eigentlich jedem »offenen Unterricht« zugrunde liegen.
4. Das Konzept einer Vielfalt von Lerngelegenheiten schließt es nicht aus, immer wieder Phasen vereinheitlichender, organisierender »Anker« einzuschieben. »Fruchtbare Begegnungen« können im Rahmen der offenen Vielfalt entstehen – auch hier hat der Lehrer die Aufgabe, einzelnen Schülern oder Schülergruppen weiterzuhelfen. Ebenso aber können und müssen besonders wichtige Ansätze und Errungenschaften aus dieser in die Breite sich zergliedernden Arbeit einer Schulklasse für alle hervorgehoben und gemein-

3 Systematische Untersuchungen darüber sind mir nicht bekannt. Kleine Experimente mit Bekannten (alles »Studierte«) haben mir aber gezeigt, wie wenig tatsächlich »hängenbleibt«. Wie man die Höhe eines Berges bestimmen könnte, ohne ihn zu besteigen, wußte kaum einer zu sagen, obwohl jeder Trigonometrie »gehabt« hat. Eine richtige Prognose zu einem Wasserverdrängungsexperiment konnten auch nach längerem Überlegen nur wenige abgeben, obwohl sie sich des »Archimedischen Prinzips« hätten entsinnen und dieses hätten zur Anwendung bringen können. Alle Befragten hatten mehrere Jahre Physikunterricht mit guten Noten abgeschlossen.

samer Untersuchung zugeführt werden. Der Dialog zwischen dem Lehrer und seiner Klasse als ganzer (Unterrichtsgespräch) und »offener Unterricht« im Sinne des NUFFIELD-Projekts schließen sich nicht aus, sondern können sich in ihren produktiven Möglichkeiten u.U. sehr wirkungsvoll ergänzen. Dazu weiter unten, in Abschnitt 7.3, noch einige Anmerkungen im Zusammenhang eines WP-Unterrichts, mit dem das Stromkreisbeispiel weitergeführt werden könnte.

5. Hier kann nun ein weiteres Element ins Spiel kommen, nämlich die diskursive Beteiligung der Schüler an der Unterrichtsplanung. Sie haben dann nicht nur die Möglichkeit, sich auf ein vom Lehrer vorbereitetes Angebot von Lerngelegenheiten gemäß ihren Interessen und Möglichkeiten einzulassen. Darüber hinaus können und sollen sie an ebendiesen Vorbereitungen, am didaktischen Diskussions- und Entscheidungsprozeß teilnehmen.
   Durch Planungs- und Auswertungsgespräche der Klasse mit dem Lehrer und durch »Unterricht über Unterricht« kann die curriculare Systematisierung und Zielorientierung allmählich zu einer Aufgabe werden, an welcher die Schüler direkt beteiligt sind und die damit nicht länger für sie von schulfernen Curriculumkommissionen bewältigt wird. »Offener Unterricht«, »Projektorientierter Unterricht« in Verbindung mit »Unterricht über Unterricht und Schule«, all das sind Ansätze, die in fruchtbarer Weise unter der allgemeinen Zielperspektive analysiert und geplant werden könnten, die Schüler (als einzelne und soziales Kollektiv) immer weiter zu »ihren eigenen Didaktikern und Methodikern« zu machen.
   Der Erwerb welcher Qualifikationen ist im Interesse dieser Schüler? In welchen Lehr-/Lernprozessen und -sequenzen können sie erworben werden? – Diese Fragen werden heute immer noch überwiegend ohne die offene (wohl aber mit der indirekten) Beteiligung der Schüler für sie beantwortet. Das muß keineswegs zwingend so sein und dürfte – bestimmte Ziele vorausgesetzt – auch nicht so bleiben. Erfahrungsberichte und theoretische Arbeiten unterschiedlicher Art zu diesem Thema sind in den letzten Jahren auch in der Bundesrepublik publiziert worden (vgl. z.B.: Claussen 1995, Jürgens 1994, Ramsegger 1992, Vaupel 1995, Wallrabenstein 1991).
6. Schüler sind immer schon in gewissen Hinsichten »ihre eigenen Methodiker und Didaktiker«, wie u.a. ihre spontanen autodidaktischen Aktivitäten zeigen, wenn auch auf unterschiedlichen Niveaus. Die Schule kann diese Fähigkeiten ignorieren oder sich ihrer bedienen und sie dadurch weiterentwickeln. Das ziemlich systematische Ignorieren autodidaktischer Fähigkeiten und Interessen der Kinder in unseren Schulen ist m.E. zu einem guten Teil für Symptome mitverantwortlich, über die immer wieder geklagt wird: Schulverdrossenheit, Verhaltensauffälligkeiten, Disziplinlosigkeit, Interesselosigkeit in Verbindung mit »Punktejagd« u.a. Sollte die Schule deshalb für Schüler (vielleicht auch manche Lehrer) so langweilig und anstrengend zugleich sein,

weil die Lernfähigkeit der jungen Subjekte eher unterboten als überfordert wird, weil sie primär »Stoff schlucken« müssen und zu selten Gelegenheit haben, sich selber als Schöpfer neuer Einsichten und Fertigkeiten zu betätigen? Wenn es so ist, sollte dann nicht ein bißchen »Lehr- und Lernanarchismus« in Kauf genommen werden?

7.3 Argumente für und wider WP als Rahmen für eine »Didaktik der Lerngelegenheiten«

Wie in Kapitel 1. angedeutet wurde, sah ich meine frühere »Selbststeuerungs«-Idee vor allem dann als realisiert an, wenn Kinder in die »Beschäftigung« mit irgendeinem Material (möglichst eigener Wahl) vertieft waren, ohne von einem »fremdsteuernden« Lehrer entsprechend angewiesen worden zu sein. Es dürfte durch das in den Kapiteln 6. und 7. Dargelegte deutlich geworden sein, wie oberflächlich und einseitig diese Idee war und ist. Kommt man als Beobachter in den WP-Unterricht einer Klasse, nicht gerade zu Beginn der ersten WP-Stunde, so scheint es so, als würden die Schüler »selbstgesteuert«, ohne direkte Lehreranleitung und -kontrolle an Aufgaben ihrer Wahl arbeiten.

Dieser Schein trügt. Anleitungen und Kontrollen sind lediglich stärker auf einen schriftlichen Plan und dort aufgeführte Arbeitsmaterialien übertragen worden. Was der Lehrer sonst »persönlich« tut, läßt er nun schriftliche Anweisungen und Material tun; die Lehrfunktion ist »materialisiert«. Michael (1963) hat in seiner detaillierten historisch-systematischen Analyse der »Selbstbildung im Unterricht« folgende Hypothese plausibel gemacht: Je mehr Unterricht allein auf die »selbständige« Arbeit der Schüler mit Materialien gestützt wird und die persönliche Führung durch einen Lehrer in den Hintergrund tritt, um so mehr muß die direktive Funktion des Materials an Bedeutung gewinnen, zumindest dann, wenn das Erreichen bestimmter Lernziele »gesichert« werden soll (vgl. vor allem Michael 1963, S. 186f).

Der Dalton-Plan von Parkhurst (1922) zeigte das in aller Deutlichkeit. Das WP-Modell ist hier gewissermaßen auf fast die gesamte verfügbare Unterrichtszeit ausgedehnt und zum Organisationsprinzip der Schule erhoben worden. Die Beispielpläne in Parkhursts Buch sind so etwas wie umfangreiche »Systeme von Lernbefehlen«, durch die sich die Schüler hindurchbewegen sollen.[4] Moderne Varianten dieser Art »individualisierter Instruktion« haben sich aus dem Konzept des »programmierten Lernens« entwickelt (vgl. etwa die Beispiele in Weisgerber 1973).

4 »... assignments ... serve as an assistant teacher« (Parkhurst 1922, S. 49). »But the main and most important point ... an assignment ... must clearly demonstrate to the pupil what his job really is« (ebd., S. 58).

Ausgehend von diesen Vorbemerkungen, möchte ich nun etwas darüber sagen, wie das WP-Modell von einem »Instrumentarium zur Erteilung von Lernbefehlen« weiterentwickelt werden könnte zu einem Hilfsmittel »offenen Unterrichts«, der »Lerngelegenheiten« anbietet. Die normale Lernsituation der Schüler, bei einer Stunde Standard-WP-Unterricht täglich, kann so charakterisiert werden: Im WP bearbeiten die Schüler Aufgaben zur festigenden Übung und Anwendung von Begriffen, Regeln, Techniken usw., denen sie im »anderen Unterricht« der vorigen Woche erstmals begegnet sind. Das hat einen lernpsychologisch begrenzten Sinn: Wiederholung nach einem gewissen Zeitabstand unter veränderten Bedingungen ist bei bestimmten Lernleistungen notwendig, um langfristiges Behalten, Perfektionieren und Bereithalten des Gelernten für weitere Lernprozesse zu sichern.

In Abschnitt 6.2 (S. 123f) wurde aufgezeigt, wie das WP-Modell als Rahmen differenzierter Übung und Anwendung so weiterentwickelt werden könnte, daß Elemente von »Selbststeuerung« ins Spiel kommen könnten, die über einen formalen Verhaltensspielraum bei der »Auftragserfüllung« hinausgehen. Statt einer Zusammenstellung von Übungsaufgaben würde der Plan, den die Schüler zu Beginn einer Woche erhalten, Arbeits- und Lernziele angeben, welche die Schüler zu konkretisieren haben.

Zielorientierung der Arbeit, bei Verzicht auf ein »System von Lernbefehlen« (schriftlichen Instruktionen), würde hierbei dadurch möglich, daß die Schüler bei Übungs- und Anwendungsproblemen »im Prinzip« wissen, worum es geht. Das wäre ein WP-Modell als Rahmen für eine »Didaktik und Methodik von Übungs- und Anwendungsgelegenheiten«.

Die Grenzen und Widersprüche des bisherigen WP-Modells (als einer Zusammenstellung von inhaltlich unzusammenhängenden Forderungen/Aufgaben) werden noch deutlicher, wenn WP als Rahmen für eine »Didaktik der Lerngelegenheiten« i.w.S. in Betracht gezogen wird. Das Stromkreisfallbeispiel (vgl. Kapitel 5.) hat das gezeigt. Die Bereitschaft von Kindern, in der Wechselwirkung mit einem Gegenstand u.U. auch unvorhergesehene Ziele und Wege der Erkundung des Gegenstands aufzuspüren und zu verfolgen, geriet in Widerspruch zu der Eigenschaft des WP, eine engbestimmte und zugleich heterogene Menge von Lernleistungen und Aufgabenbearbeitungen zu fordern. Dabei mußte es doch mehr darum gehen, jene Erkundungen zu fördern und zu systematisieren.

Das WP-Modell erwies sich als ein nicht besonders glücklicher Kompromiß. Einerseits werden den Kindern ein gewisser Verhaltensspielraum bei der Auftragsbearbeitung und Gelegenheiten zu »Freien Tätigkeiten« geboten. Andererseits aber erlangen die verbindlichen Forderungen praktisch immer eindeutiges Übergewicht. In ihnen ist die mißtrauische Erwartung institutionalisiert, ohne dezidierte Forderungen seien Schüler weder fähig noch willens, notwendige Lernleistungen zu erbringen.

Im folgenden möchte ich skizzieren, in welcher Weise der WP Element einer »Didaktik der Lerngelegenheiten«, anders gesagt, wie der WP ein Planungs-, Steuerungs- und Kontrollinstrument für »offenen Unterricht« werden könnte, über Anwendung und Übung hinaus:

a) Die Inhalte des Plans dürften dann nicht so heterogen und unzusammenhängend sein wie im Standard-WP. Auch wenn in einem ersten Veränderungsschritt noch enger vordefinierte Aufgaben vom Lehrer verbindlich gestellt werden, so würde doch die WP-Dichotomie zwischen »Gefordertem« und »Angebotenem« gelockert, wenn beides einem inhaltlichen Bereich zugeordnet wäre. Die Schüler könnten zwischen den Aufgaben Verbindungslinien herstellen und daran u.U. ihre Entscheidung für einzelne Aufgaben orientieren, bestimmte Aufgaben eventuell wiederholen, abwandeln usw. Das sei nun, in Weiterführung des Stromkreisbeispiels, näher erläutert. Ein WP zu diesem Thema könnte etwa folgende Aufgaben enthalten:

Aufgaben zu einem Stromkreiswochenplan:

»1. Versuche, mit einer Batterie mehr als eine Glühbirne zum Leuchten zu bringen. Halte Deine Lösung in einer Skizze fest. Vergleiche mit Lösungen von anderen Schülern. (Damit würde die Idee der vier Jungen aus der Fallstudie in Kapitel 5. aufgegriffen und anderen Kindern zugänglich gemacht.)
2. Baue eine Birnenfassung.
3. Baue einen Schalter, mit dem sich ein Stromkreis ein- und ausschalten läßt.
4. Zeichne eine Skizze von einem Kippschalter. Mache an Deiner Zeichnung die Funktionsweise deutlich. Kippschalter liegen auf dem Materialtisch.
5. Prüfe, welche Materialien Strom leiten und welche nicht. Halte Deine Prüfeinrichtung in einer Skizze und Deine Ergebnisse in einer Tabelle fest.
6. Hast Du schon einmal einen elektrischen Schlag bekommen? Wenn nicht, dann frage Deine Eltern, ob denen das einmal passiert ist. Schreibe genau auf, wie es passiert ist und welches Gefühl der elektrische Schlag erzeugt hat. Wie könnte es passieren, daß Du einen elektrischen Schlag bekommst? Probiere es ja nicht aus! Du könntest Dich dabei schwer verletzen!
7. Zusatzaufgabe: Baue mit einer Gruppe einen Leuchtturm mit Blinklicht und Fernbedienung.«
8. (Angebote zu »Freien Tätigkeiten« bestehen nur darin, daß aus den vorhandenen Materialien noch andere Aktivitäten zum Thema entwickelt werden können als die durch die Aufgabenstellungen vorstrukturierten.)

Ohne sorgfältige didaktische Analyse habe ich einfach aufgeschrieben, was mir »spontan« eingefallen ist. Diese Aufgabenstellungen bringen eine recht große Vielfalt möglicher Arbeits- und Lernziele ins Spiel. Sie ist aber wohl kleiner als die Vielfalt, welche entstünde, wenn man die Kinder »frei« mit denselben Materialien experimentieren ließe. Wahrscheinlich kämen im letzteren Fall aber auch nur wenige Kinder zu wirklich produktiven Entdeckungen.

Anders gesagt: Nur wenige Kinder wären wohl bei einem unstrukturierten »freien Angebot« von Stromkreismaterialien in der Lage, aus diesen Materialien selbst Lerngelegenheiten aufzubauen, wie die vier Jungen aus unserem Fallbeispiel das (ansatzweise) vermochten. Damit wird eine mögliche Funktion eines Aufgabenplans deutlich: Vorgabe eingrenzender, strukturierender Impulse, Hinweise auf eventuell interessante Untersuchungen usw.

b) Gewiß wird der Lehrer bei so vorstrukturierter »Freier Arbeit« in die laufenden Arbeitsprozesse der Kinder helfend eingreifen, wenn sie, auf sich gestellt, steckenbleiben oder auf wenig sinnvolle Abwege geraten. Im übrigen wird die Art einiger Aufgaben kooperative Prozesse unter den Kindern stimulieren. Sachunterricht zum Thema Stromkreis bliebe aber gewiß unterhalb seiner Möglichkeiten, wenn er nur in dieser WP-Form abliefe. Die Gründe dafür liegen in folgendem:
Zwar würden die Kinder durch die Aufgaben auf die Spur bestimmter Entdeckungen geführt. Bei Aufgabe 1 werden sich manche Kinder vielleicht fragen: »Geht das überhaupt?« In einem experimentellen Versuch-und-Irrtum-Prozeß werden einige wahrscheinlich zu einer Lösung gelangen. Ob sie aber damit zu neuen Einsichten über Stromkreise und die Möglichkeiten ihres Aufbaus gelangen, muß zweifelhaft bleiben. Hier wäre es gut, wenn der Lehrer die Möglichkeit hätte, bestimmte wichtige Probleme, welche die Kinder bei ihrer selbständigen Forschungsarbeit nur streifen, in den Brennpunkt der Aufmerksamkeit der ganzen Klasse oder einer Schülergruppe zu rücken und von da aus weitere Entdeckungstätigkeit anzuregen.
Das führt zu einer anderen Bestimmung der Funktion des Plans. Wenn in einem Klassengespräch, eventuell auf der Basis eines vom Lehrer durchgeführten Demonstrationsexperiments, Fragen der Kinder entstehen, so könnten diese zum Inhalt des Plans werden. Diese Fragen wären dann von den Kindern formulierte Lernziele, die sie aus der Diskussion mit dem Lehrer gewinnen konnten. Zwischen die Phasen relativ selbständigen Forschens wurden Diskussionen eingeschaltet, in denen Beiträge zur Beantwortung der Ausgangsfragen besprochen werden; bestimmte Fragen werden vielleicht präzisiert oder modifiziert; neue Fragen kommen sehr wahrscheinlich bald hinzu.
Wahrscheinlich würden einige Fragen aufgeworfen, die so in der Grundschule nicht beantwortet werden können, z.B. die: »Was ist eigentlich ›Strom‹?« Sie müßte umformuliert werden in Fragen nach den speziellen sicht- und spürbaren Wirkungen von Strom (Wärme, Strahlung, Kraft). Der Plan hätte dann die Funktion, den Erkundungsaktivitäten auch über längere Zeitspan-

nen Ziel und Richtung, inhaltliche Kontinuität und Spannung zu geben. Fortschritte der Erkenntnis würden sichtbar gemacht werden können, offengebliebene Probleme in Erinnerung bleiben. Der »Lernanarchismus« (oft auch bloßer Leerlauf) im »offenen Unterricht« könnte durch einen Frage- und Zielplan eingeschränkt werden, ohne aber dadurch an fruchtbaren Lerngelegenheiten zu verarmen. Auf schriftliche wie mündliche »Lernbefehle« kann dann verzichtet werden, wenn Lehrer und Schüler die Lernziele kooperativ erarbeiten und korrespondierende »günstige Lerngelegenheiten« gefunden werden. Freilich hätte diese Konzeption und Funktionsbestimmung des Plans kaum mehr etwas mit dem bisherigen Standard-WP-Modell zu tun.

Fazit: In der Möglichkeit, von dem für jeden Lehrer relativ einfach durchführbaren Standard-WP auf verschiedenen Wegen zu einer »Didaktik der Lerngelegenheiten« gelangen zu können, sehe ich auch heute noch den Wert des Konzepts. WP in den bisher praktizierten Varianten sollte als eine Übergangshilfe zu offenem, projektorientiertem Unterricht verstanden und in seiner einfachen Grundform nicht über längere Zeiträume durchgeführt werden.

WP-Unterricht wird die Schulerfahrungen von Kindern nur dann auf Dauer bereichern, wenn vor allem auf der Ebene der Planinhalte und der Unterrichtsplanung weiter gehende Herausforderungen und Anregungen für die Kinder vorgesehen werden.

8. Bedingungen für konkrete Schulreform

Mit jedem weiter gehenden pädagogischen Reformvorschlag, und die Empfehlung zur Weiterentwicklung des WP-Ansatzes ist ein solcher, muß heute mehr noch als vor einigen Jahren eine Analyse der Bedingungen seiner Verwirklichung verknüpft werden. Die schulreformerischen Aktivitäten der 70er sind ins Stocken geraten, wurden verkürzt, nur ansatzweise verwirklicht oder sogar zurückgenommen. Teilweise schlagen die Reformabsichten in ihr Gegenteil um. Besonders deutlich wurde und wird das am Beispiel der Auseinandersetzungen um die Gesamtschulen (vgl. dazu Klemm u.a. 1985 und Rolff u.a. 1994). Die konkreten Voraussetzungen für produktive Abweichungen von der Routine des eingespielten Betriebs in jeder einzelnen Schule sind nicht viel günstiger geworden. Auf zwei Ebenen möchte ich im folgenden einen Beitrag zur Reflexion von Bedingungen der Innovation in unseren Schulen leisten:

1. Im Rahmen des Grundschulprojekts habe ich eine Reihe von sogenannten »Adaptationen« des WP-Modells begleiten können; ich war also dabei, wie Lehrer, deren Klassen nicht zum engeren Kreis der Projektklassen gehörten, auf Grund von Lektüre und Diskussion einer schriftlichen WP-Darstellung versuchten, in ihrer Klasse WP-Unterricht einzuführen. Was ich daraus gelernt habe über einige Details von schulinternen Veränderungsprozessen und -bedingungen, darüber werde ich im folgenden Abschnitt 8.1 berichten.
2. Bereits an mehreren Stellen habe ich behauptet, unsere Schule sei eine »Leistungsschule«; das Lernen sei in ihr dem »Diktat des Leistungsprinzips« unterworfen. Das möchte ich im Abschnitt 8.2 etwas näher erläutern.

8.1 Bedingungen und Verlaufstrukturen von schulischen Veränderungsprozessen am Beispiel der WP-Adaptationen

An dieser Stelle kann ich nicht die vielfältigen theoretischen Probleme der Adaptation von Unterrichtseinheiten als Element von Innovationsprozessen in der Schule ausführlicher darstellen. Ich werde auch nicht im Detail auf die Untersuchungsinstrumente eingehen, die im Grundschulprojekt verwendet wurden, und keine systematische Datenauswertung präsentieren; dies würde den Rahmen der vorliegenden Arbeit sprengen. Ich möchte einen zusammenfassenden, eher impressionistischen Einblick in einige Aspekte der Arbeitssituation von Grundschullehrern und -lehrerinnen geben, und zwar primär unter der Fragestellung: Was fördert und erleichtert und was erschwert oder verhindert die Übernahme des WP-Modells?

1. Die konkreten Möglichkeiten von Lehrern, mit pädagogischen Innovationen (z.B. einer schriftlichen Darstellung des WP) überhaupt in Kontakt zu kommen, sind unterschiedlich von Lehrer zu Lehrer, von Schule zu Schule, von Schulbezirk zu Schulbezirk.
   a) Nur relativ wenige Lehrer informieren sich aktiv und regelmäßig über neuere didaktische Konzepte und Materialien, sei es in Zeitschriften oder durch Prospekte der Lehr- und Lernmittelindustrie. Nur selten habe ich so etwas in Lehrerzimmern herumliegen sehen.
   b) Nur in manchen Schulen gibt es einen kontinuierlichen kollegialen Austausch über neue Materialien und Ansätze: Nur in wenigen Lehrerzimmern konnte ich häufiger beobachten, wie ein(e) Kollege(in) irgendein interessantes Material mitbrachte, kurz erläuterte, zum Ansehen weiterreichte oder liegen ließ mit dem Effekt, daß in der großen Pause des nächsten Tages eine Kollegin sagte: »Ich habe mir dieses Heft mal angesehen. Besonders interessant im Vergleich zu unserem Lesebuch finde ich ...«
   Die meisten Konferenzen in Grundschulen haben vorwiegend Verwaltungsdinge zum Gegenstand. Der Schulleiter trägt die Ergebnisse seiner letzten Schulleiterdienstversammlung an sein Kollegium weiter. Einmal konnte ich beobachten, wie eine Kollegin ausführlich von einer einwöchigen Fortbildungsveranstaltung berichtete, die sie gerade besucht hatte. In der anschließenden Diskussion wurden mögliche praktische Konsequenzen aus den neuen Informationen über den Leselernprozeß erwogen. Grundschulkonferenzen haben nach meinen Eindrücken ziemlich selten solche Inhalte.
   Wahrscheinlich hängen Funktion und Thema der Lehrerkonferenz sehr direkt vom Selbstverständnis des Schulleiters ab: Er kann sich eher als Nurverwalter der Schulangelegenheiten definieren oder aber auch als jemand, der das Schulleben in einem über die Verwaltung hinausgehenden Sinne inhaltlich weiterführt. Der Nurverwalter wird sich weder aktiv bemühen, interessante didaktische Ansätze in seiner Schule praktisch wirksam werden zu lassen (etwa indem er sich bemüht, sie zum Thema von Konferenzen zu machen), noch wird er direkt innovatorische Bestrebungen seiner Kolleg(inn)en[1] verhindern, sofern der unauffällig-reibungslose Betrieb ungestört bleibt.

1 Auffälligerweise arbeiten in den Grundschulen fast nur Lehrerinnen, während die Schulleiter fast ausschließlich Männer sind. Stellvertretende Schulleiterinnen gibt es schon häufiger; gleichwohl: Die Frauen sind in Führungsfunktionen kraß unterrepräsentiert.

Manche älteren Lehrer äußerten sich erfreut über die Anregungswirkung, die vom Kontakt mit Referendaren ausgeht. Mit dem zweiten Staatsexamen scheint für viele Grundschullehrer eine Phase einzusetzen, in der sie in Ruhe die notwendige pädagogische Routine zu erwerben bestrebt sind. Unter dem Bewährungsdruck von Prüfungen und Hospitationen in der zweiten Ausbildungsphase scheint das kaum möglich zu sein. Gleichzeitig reduziert sich aber auch das Interesse an produktiver didaktischer Auseinandersetzung. Das »Durchziehen« eines Jahr für Jahr kaum veränderten Unterrichtsprogramms kann zur dominanten Arbeitsstrategie werden. Wenn es soweit ist, dann wird alles Neue oder auch das gute Alte zum »neumodischen Kram«. Anregende und schulnahe Fortbildungseinrichtungen könnten da wirkungsvoll gegensteuern, ähnlich wie es der Kontakt zu Referendaren (in Grenzen) leisten kann.
In einigen Lehrerzimmern gab es so gut wie keinen Austausch über das, was die einzelnen Kollegen konkret im Unterricht machten, teilweise nicht einmal zwischen Lehrern von Parallelklassen. Meist war der Austausch auf die Koordination der Stoffpläne und der Klassenarbeiten eingeschränkt. Häufiger wurde über Besonderheiten einzelner Schüler gesprochen. Je nachdem, an welche Schule ein Lehrer gelangt, kann es ihm lange verborgen bleiben oder aber recht schnell bekanntwerden, daß einer seiner Kollegen WP-Unterricht o.ä. macht. Nach der zweiten Ausbildungsphase werden gegenseitige Hospitationen sehr selten. Besuche von Teilen eines Kollegiums in anderen Schulen, in denen interessante Projekte laufen, gab es in einem Schulbezirk: Der Schulrat, ein inhaltlich und nicht vorwiegend bürokratisch engagierter Mann[2], kannte auf Grund eines Universitätsseminars den Leiter des Grundschulprojekts (Prof. Klafki) und bot Lehrern seines Bezirks an, eine der Schulen zu besuchen, die seit einiger Zeit enger mit dem Projekt zusammengearbeitet hatten. Später initiierte er Konferenzen, in denen das Projekt seine Unterrichtsmodelle vorstellen und zur Erprobung anbieten konnte. Ganz offensichtlich handelte es sich hier nicht nur um einen Schulaufsichts- und -verwaltungsbeamten, sondern auch um einen Schulanregungsbeamten; von letzteren gibt es nur wenige.

c) Das alles bedeutet: Schulen als soziales System mit bestimmten Rollen und Rollenverteilungen, Mechanismen und Einrichtungen des kommunikativen Austauschs usw. sind mehr oder weniger offen für Informationen über didaktische Ansätze, die allgemein betrachtet sehr alt, gemessen an der Praxis einer Schule aber sehr neu sein können.
Am Beispiel erläutert: Nach einer ersten Konferenz im obengenannten Schulbezirk erhielten alle Schulen schriftliche Darstellungen von Unter-

2 Schulrätinnen sind wohl noch seltener als Schulleiterinnen.

richtsmodellen des Projekts. Nur in einer von fünf Schulen, mit denen ich zu tun hatte, setzten nun unabhängig von weiteren Aktivitäten des Projekts (z.B. Nachfragen oder weitere Konferenz) Adaptationsprozesse ein. In den anderen Schulen blieben die Materialien so lange in einem Schrank des Schulleiters oder zu Hause auf den Schreibtischen einzelner Lehrer liegen, bis die Projektgruppe um einen Gesprächstermin für die konkrete Planung der Erprobungen bat. In unseren Schulen gibt es sehr viel mehr oder weniger routiniertes Einzelkämpfertum, mit dem nach meinen Eindrücken aber nur ganz wenige Lehrer glücklich sind.

2. Eine gewisse Erstinformation über das WP-Modell kann also auf doch recht unterschiedlichen Wegen zu einem bestimmten Lehrer gelangen. Der weitere Verlauf der Adaptation bzw. die Ablehnung einer Erprobung wird von einer Vielzahl von Bedingungen beeinflußt, die ich nun andeutungsweise skizzieren möchte:

   a) Nur die Lehrer, die sich schließlich entschlossen, das Unterrichtsmodell in ihrer Klasse praktisch zu erproben, haben sorgfältiger die schriftliche WP-Darstellung studiert. Die Ablehnung von pädagogischen Innovationsideen scheint im allgemeinen auf der Basis einer nur recht dürftigen Information über den Vorschlag zu erfolgen. Es schien mir häufig so, als habe es sich bei Ablehnungen gar nicht um informierte und reflektierte Entscheidungen gegen das WP-Modell gehandelt, sondern als sei es diesen Lehrer(inne)n vorwiegend darum gegangen, möglichst nicht vom einigermaßen eingespielten und routinierten Gang des Schul- und Unterrichtsgeschäfts abzuweichen. Jede Abweichung vom Gewohnten erfordert, zumindest am Anfang, einmal einen gewissen zeitlichen Mehraufwand und einen (u.U. wichtigeren) psychischen Aufwand, der nur unter bestimmten Bedingungen mobilisiert wird.

      Am Beispiel: Eine Schule erhält Materialien des Grundschulprojekts; zwei Lehrerinnen interessieren sich sofort für das WP-Modell und drängen darauf, bald mit der Erprobung zu beginnen. Viele Wochen WP-Praxis der beiden Kolleginnen haben zunächst keine sichtbaren Konsequenzen für den Rest des Kollegiums; wohlwollende Gleichgültigkeit gegenüber den beiden »Innovatorinnen« herrscht vor. Der Stand der Information im Kollegium über WP allgemein und die WP-Praxis in den beiden Klassen ist lange Zeit sehr niedrig. Eine ganz vage Vorstellung vom Charakter des Versuchs dominiert. Erst nach vielen Wochen wünschen einige Kollegen, genauer über das WP-Konzept und seine Erprobung informiert zu werden; eine WP-Konferenz findet statt; einige Wochen später wird in drei weiteren Klassen WP-Unterricht gemacht; in z.T. allerdings recht fragwürdigen Versionen.

      Das praktische Beispiel (Vorbild) einer (zumindest halbwegs) gelungenen Veränderung kann also etwas bewirken, was schriftliche Information und konferenzartige Diskussion allein nicht zu leisten vermögen. Die länger währende WP-Praxis der beiden WP-»Vorreiterinnen« signalisiert anderen Lehrern des Kollegiums, daß es sich hier um einen Versuch handeln könnte, der vielleicht auch in ihrer Klasse sinnvoll sowie weniger aufwendig und risikoreich sein könnte, als vielleicht zunächst vermutet. Schriftliche Information oder auch ein Film können nicht so gut wie das praktische Beispiel vermitteln, was es konkret für die Lehrerarbeit bedeutet, diese oder jene Veränderung durchzuführen. Von der »Machbarkeit« einer Veränderung lassen sich nur ganz wenige Leute auf einer rein kognitiven, informativen Ebene überzeugen. Gezielte schulinterne Hospitationen oder Exkursionen zu anderen Schulen können eine ganz wichtige Funktion für das Ingangsetzen von Innovationsprozessen haben.

b) Wenn die weiter gehende Auseinandersetzung mit dem WP-Modell oder ähnlichen Innovationsvorschlägen schließlich in den Entschluß zum eigenen praktischen Versuch mündet, dann scheinen mir dafür insbesondere folgende Bedingungen und Zusammenhänge von Bedeutung zu sein: Das Wahrnehmen von Unzulänglichkeiten im eigenen Unterricht, das Erkennen von Widersprüchen zwischen den eigenen pädagogischen Zielen und der Praxis tritt in Korrespondenz zu den Zielen und den besonderen Merkmalen eines Unterrichtsmodell (hier: WP).

Am Beispiel: Ein Lehrer, der es angenehm und richtig findet, seine Schüler in enger Abhängigkeit von seiner führenden Hand zu halten, wird sich für WP nicht weiter interessieren, sobald ihm klar ist, daß WP-Unterricht zu einem Abbau solcher Abhängigkeit beitragen kann. Umgekehrt leiden manche Lehrer geradezu darunter, wenn ihnen ihre Schüler kaum zu einem selbständigeren Arbeitsschritt in der Lage scheinen. Die WP-Einführung kann dann als Versuch wahrgenommen werden, diesen Mangel aufzuheben.

Lehrer, die sich zu einer WP-Erprobung entschlossen haben, verbinden recht unterschiedliche positive Erwartungen mit dem WP-Unterricht. M.a.W.: Das WP-Konzept ist (in Grenzen) offen für unterschiedlich akzentuierte Zielprojektionen: Verselbständigung und bessere Kooperation der Schüler, Differenzierung der Lehrerhilfe, bessere Motivierung durch den WP-spezifischen Spielraum der Selbstorganisation stehen mit jeweils unterschiedlichen Akzenten im Vordergrund der Erwartungen. Andere Lehrer erhofften sich primär eine Entlastung und Entspannung der Lehrer-Schüler-Beziehung. In einigen Fällen erhofften sich adaptationsentschlossene Lehrer durch mehr Spaß und Anstrengungsbereitschaft der Schüler im WP-Unterricht auch Leistungssteigerungen.

Neben positiven Erwartungen spielten im Prozeß der Entscheidung für oder gegen die Erprobung immer auch negative Erwartungen eine Rolle. Es wurden gewissermaßen die Risiken der Erprobung, mögliche Nachtei-

le des WP-Unterrichts in der eigenen Klasse erwogen, soweit diese sich antizipieren lassen. Fast immer kreisten die Risikoerwägungen um einen Komplex, nämlich um die Frage, ob alle Kinder die Plananforderungen würden erfüllen können und wollen und ob nicht einige Kinder doch zu sehr der »Versuchung der freien Tätigkeiten« erliegen würden.
Insbesondere hinsichtlich leistungsschwacher und langsamer Schüler entstand bei vielen Lehrern immer wieder die Frage, ob nicht mit dem WP gerade diesen Schülern zuviel Selbständigkeit zugemutet würde und sie im besonderen Maße der »Versuchung« erlegen sein könnten, »nur« zu spielen. Die ganze Problematik des WP als Kompromiß zwischen einer Didaktik der Lernbefehle und einer solchen der Lerngelegenheiten spiegelt sich in diesen Negativerwartungen.
Schließlich wird es zu einer bilanzierenden Abwägung zwischen positiven und negativen Erwartungen kommen, in die auch Projektionen über den zu erwartenden Arbeitsaufwand eingehen (»Lohnt sich der Versuch für mich?«). Kollegiale Kooperation bei der Erprobung kann zur Reduktion von Planungsaufwand, zu qualitativ besseren Plänen und zu einem Abbau der Unsicherheiten (Risikowahrnehmungen) beitragen, die mit pädagogischen Innovationen mehr oder weniger immer einhergehen.

c) Die Situation von Lehrern, die bei zumindest vager Kenntnis des Konzepts eine Erprobung des WP ablehnten, stellte sich meist wie folgt dar:
Die oben angeführten Negativerwartungen wurden stärker gewichtet. WP-relevante Defizite oder Unzulänglichkeiten im eigenen bisherigen Unterricht wurden weniger akzentuiert wahrgenommen. Besondere schulinterne wie außerberufliche Belastungen wurden immer wieder genannt, in Anbetracht deren pädagogische Versuche jedweder Art als nicht mehr akzeptable Zusatzbelastungen erschienen.
An Beispielen: Eine Lehrergruppe verschiebt die beabsichtigte WP-Erprobung um Monate, weil der Schulleiter wegen Krankheit fehlt, das Kollegium mit dessen Aufgaben zusätzlich belastet ist und einige Verwirrung in Organisationsdingen herrscht. Zudem nehmen ihre Klassen an Fahrradprüfungen teil und bereiten ein Sommerfest vor. Eine Kollegin lehnt die WP-Erprobung ab; sie kann keine zusätzliche Zeit erübrigen, da sie Mann und drei Kinder zu versorgen hat und ein schwerer Krankheitsfall in der Verwandtschaft weitere Zeit und Energien bindet. Ein gerade verbeamteter Lehrer baut ein Haus (genauer: Er läßt es bauen und kümmert sich darum), ist politisch engagiert und will nach dem Streß der zweiten Ausbildungsphase »endlich einmal seine Ruhe« haben. Auffälligerweise haben sich Referendare an den Schulen zwar für unsere Unterrichtsmodelle interessiert, aber nur in einem Fall »hintenherum« das WP-Konzept in ihren Unterricht aufgenommen. Als Begründung für diese Zurückhaltung bei gleichzeitigem Interesse kam immer wieder: »Die Seminarleiter

werden mir nach einem Unterrichtsbesuch sagen: ›Das ist kein Unterricht, was Sie da machen.‹« Die Leitvorstellung von »gutem« Unterricht in unseren Schulen ist immer noch die wohlpräparierte, frontal inszenierte »Lektion«. M.a.W.: Es mag sein, daß einzelne Lehrer wie auch Schulen als ganze zu zwei verschiedenen Zeitpunkten in unterschiedlichem Maße zu Innovationen bereit sind, weil Kräfte in andere schulinterne oder externe Probleme in mehr oder weniger starkem Maße investiert werden (müssen). Eine gewisse ruhige, vernünftig routinierte Gelassenheit in Verbindung mit Sensibilität für mögliche Fortschritte der pädagogischen Arbeit scheint wichtige Voraussetzung für Veränderungen in der Schule zu sein. Eine Schule oder ein bestimmter Lehrer sollte nicht gleich als »rückschrittlich« gelten, wenn sie sich nicht gleich auf an sich wertvolle Reformimpulse einlassen.

Außergewöhnliche Belastungen und Verunsicherungen (z.B. durch fortwährende Attacken und Eingriffe konservativer Elternvertreter oder Schulaufsichtsbeamte) können die Veränderungsbereitschaft auch bei Lehrern eindämmen, die eigentlich nicht in gleichförmiger, unauffälliger Routine ihre berufliche Erfüllung finden. Zum stark überwiegenden Teil arbeiten in den Grundschulen Lehrerinnen; wegen der bis heute vorherrschenden familiären Rollenverteilung zwischen Mann und Frau können ledige oder kinderlose Lehrerinnen eher und weiter gehend an pädagogischen Reformprozessen partizipieren als deren Kolleginnen, die nach der Schule am Vormittag ihre Aufgaben als Hausfrau, Mutter und Ehefrau zu erfüllen haben. Ausnahmen – mir ist immer etwas rätselhaft geblieben, wie die das schaffen – bestätigen die Regel. Eine dieser außergewöhnlichen Lehrerinnen erzählte mir, sie würde während der Arbeitswoche pro Nacht nie mehr als fünf Stunden schlafen!

3. Fast alle Lehrer waren mit den Ergebnissen der Erprobung des WP voll zufrieden. Teilweise waren sie auch positiv überrascht davon, wie gut einige ihrer Schüler mit der veränderten Unterrichtssituation zurechtkamen. Gleichwohl veranlaßten diese insgesamt positiven Erfahrungen nur etwa ein Drittel der Lehrer dazu, nun kontinuierlich, ohne Unterbrechungen das WP-Konzept in ihren Unterricht zu integrieren. Die meisten kamen nach der ersten Erprobungsphase von ein bis vier Wochen zu dem Ergebnis, es sei sinnvoll, WP-Unterricht in Abständen von einigen Wochen immer einmal wieder einzuschieben, wenn es sich vom Inhalt des Unterrichts her nahelege. Sie verstanden das WP-Konzept primär als einen günstigen unterrichtsorganisatorischen Rahmen für Übung und Wiederholung von bestimmten Unterrichtsstoffen, gewissermaßen als Abschluß bestimmter Unterrichtseinheiten. Heute würde ich dieser Sichtweise viel mehr zustimmen als damals, weil ich heute klarer sehe, daß ein Konzept der Unterrichtsorganisation auch (nicht nur) unter dem Aspekt begründet werden muß, welche Lehr-/Lerninhalte

und -prozesse in seinem Rahmen sinnvollerweise realisiert werden können. Die möglichen Inhalte für Standard-WP-Unterricht sind in der Tat recht begrenzt. Neben dieser i.e.S. didaktisch-methodischen Argumentation gab es andere Einwände gegen eine kontinuierliche WP-Praxis: Auf die Dauer werde auch der WP seine anregende Wirkung (Neuigkeitseffekt) verlieren.
Eine bestimmte Stoffmenge könne mit WP als Unterrichtsbestandteil nicht so gut »durchgezogen« werden. Neben der mehr didaktisch-methodischen Begründung für diese Aussage spielen bei diesem Einwand sicher auch die Leistungserwartungen eine Rolle, die insbesondere von Elternseite an den Lehrer und seine Unterrichtsarbeit herangetragen werden.
Der im WP angelegte Widerspruch von »Arbeit« und »Spiel«, »Forderung« und »Gelegenheit« erschien manchen Lehrern als nicht lösbar, d.h. Symptome dieses Widerspruchs ließen sich nicht abstellen; z.B. daß leistungsschwache Schüler die Gelegenheit nutzten und lieber spielten, als Rechenpäckchen durchzurechnen. Manche Lehrer entschieden sich deshalb dafür, in ihrem auf Übung und Wiederholung von Stoffen vor allem aus dem Deutsch- und Rechenunterricht angelegten WP-Unterricht keinen Spielraum für »freie Tätigkeiten« vorzusehen. Statt dessen versuchten sie, die Anforderungen der Pläne nach verschiedenen Kriterien und Mustern zu differenzieren. Auch das halte ich heute für eine durchaus mögliche und unter bestimmten Bedingungen sinnvolle Lösung der Widersprüche des WP-Konzepts.
Völlige Erprobungsmißerfolge in dem Sinne, daß ein Lehrer gesagt hätte: »Nie wieder WP!«, hat es nicht gegeben. Gleichwohl: Produktive Weiterentwicklungen des Standard-WP-Konzepts in Richtung einer »Didaktik der Lerngelegenheiten« waren nur in ganz kleinen Ansätzen zu beobachten. Andererseits aber wird es in der »Leistungsschule« nicht ohne weiteres möglich sein, die »Didaktik der Lernbefehle« zu überwinden.

8.2 Anmerkungen zur »Leistungsschule«

Im Herbst 1979 bin ich von einem schulpolitischen Seminar der »Theodor-Heuss-Akademie« mit dem Ergebnis nach Hause gefahren, daß die Schulreform »von hinten her«, nämlich von den Schulabschlüssen her, hätte begonnen werden sollen; zumindest aber hätte zu Beginn und im Verlauf der Reformanstrengungen mehr darüber nachgedacht werden müssen, wenn unangenehme Widersprüche entweder hätten vermieden werden oder doch in ihrer Wirkung abgeschwächt werden sollen.

In einer knappen Argumentationsskizze möchte ich zumindest teilweise erklären, weshalb die im Ursprung demokratische Bildungsreform (Chancengleichheit, Förderung Benachteiligter usw.) in der »Leistungsgesellschaft« z.T. krisenhafte Erscheinungen nach sich ziehen mußte.

1. Was heißt hier »Leistungsgesellschaft«? Irgendwie leisten ja die meisten Mitglieder jeder Gesellschaft etwas, verausgaben ihre Arbeitskraft, um ihre individuelle und die kollektive Existenz zu sichern oder womöglich die Lebensgrundlagen zu erweitern. Inwiefern kann nun eine Gesellschaftsformation von anderen als »Leistungsgesellschaft« abgehoben werden? In einer Gesellschaft dieser Art sollen sich die sozialen Positionen ihrer Mitglieder und die damit verbundenen materiellen und immateriellen Belohnungen (Geld, Prestige, Macht, Chancen der Selbstverwirklichung u.a.) nach dem Leistungsprinzip richten. Im Unterschied zu anderen Verteilungsregeln (z.B.: Geburt als Mitglied einer feudalen Kaste oder einer Rasse) mag das Leistungsprinzip gerecht erscheinen: Ohne Ansehen von Herkunft oder Hautfarbe hat jeder die Chance des Zugangs zu privilegierten Berufspositionen etc., wenn er bessere Leistungen zeigt als konkurrierende Mitanwärter. M.a.W.: In einer Leistungsgesellschaft ist die individuelle Leistung das wesentliche Kriterium bei der Entstehung und Rechtfertigung von sozialen Ungleichheiten. Vgl. die philosophische und soziologische Analyse des Leistungsprinzips im Kontext anderer Prinzipien von Zu- und Verteilung von Positionen und Gratifikationen in den Beiträgen bei Müller/Wegener (1995).
2. Eine wesentliche Voraussetzung für die Konkurrenz um Privilegien ist die Knappheit der privilegierten und deshalb von fast allen erstrebten Positionen, m.a.W. eine soziale Hierarchie. Das Eigentum an Produktionsmitteln ist nur ein wenn auch wichtiger Aspekt der sozialen Ungleichheit. Sowohl zwischen den Besitzern von Produktionsmitteln als auch zwischen den »Lohnabhängigen« gibt es bedeutsame soziale Unterschiede.
   Besonders deutlich wird die soziale Hierarchie im System der beruflichen Arbeit: Vielen relativ schlecht bezahlten Berufspositionen mit geringem öffentlichen Ansehen und wenig Einflußchancen (z.B.: un- und angelernte Arbeiter in Industrie- und Handwerksbetrieben, einfache Angestellte) an der Basis der Hierarchie stehen vergleichsweise wenige privilegierte Berufsrollen gegenüber (z.B.: Diplomingenieur mit leitenden Funktionen).
   Nun soll mittels Leistungsprinzip geregelt werden, wer »unten« bleiben muß und wer nach »oben« kommt. Nur ganz wenige junge Arbeiter wollen Arbeiter bleiben. Erst nach einigen Jahren Arbeiterdasein geben sie Aufstiegswünsche auf (vgl. z.B. Lempert/Thomssen 1974), und nur einige wenige schaffen tatsächlich den Aufstieg.
3. Die Anwendung des Leistungsprinzips setzt einen Vergleichsmaßstab voraus, an dem die Konkurrenten um die knappen Privilegien gemessen werden können. Es gibt nun aber keinen objektiven Maßstab, nach dem beurteilt werden könnte, ob z.B. Person A, die an der Konstruktion von Autos arbeitet (Ingenieur), mehr leistet oder leisten kann als Person B, die sie am Fließband zusammenbaut.

Vergleichbar ist die Arbeit von zwei Konstrukteuren mit den gleichen Aufgaben und die Arbeitsleistung von zwei Arbeitern an der gleichen Montagestelle. Die Hierarchie des traditionellen Handwerksbetriebs (Lehrling, Geselle, Meister) kann strikt nach dem Leistungsprinzip gerechtfertigt werden; Offe (1970) spricht von einer kontinuierlichen Qualifikationsstruktur; im modernen Industriebetrieb dagegen liegt eine diskontinuierliche Rangfolge von Positionen vor: Dem Inhalt nach nicht vergleichbare Arbeitspositionen sind in einer hierarchischen Struktur verbunden. Diese Positionen genießen gemäß ihrer Stellung in der Hierarchie in der Leistungsgesellschaft ein unterschiedliches Prestige, und sie werden unterschiedlich entlohnt, obwohl sich ein objektiver Maßstab für einen Vergleich ihrer Wertigkeit im Produktionsbetrieb kaum wird finden lassen. Das Funktionieren des arbeitsteiligen Industriebetriebs ist auf die Arbeit des Montagearbeiters ebenso angewiesen wie auf die des Ingenieurs; die erfolgreiche Arbeit des Krankenhauses hängt von der zuverlässigen Arbeit der Küchenhilfe genauso ab wie von der des Oberarztes. Unterschiede der Bewertung und der Belohnung werden ersatzweise oft damit begründet, der Ingenieur oder der Oberarzt hätten eine längere Ausbildung absolvieren müssen, um ihre Arbeit ausführen zu können. Dieses Rechtfertigungsargument setzt voraus, daß es für die Menschen im allgemeinen eine besonders qualvolle Tätigkeit sei, fünf Jahre zu studieren und, daß es erforderlich sei, dafür besondere Gratifikationen (Entlohnungen) in Aussicht zu stellen, damit jemand bereit sei, die genannte Qual auf sich zu nehmen. Ginge es nach dem Lustprinzip, so würde niemand Ingenieur werden wollen, und jeder zöge es vor, Montagearbeiter zu sein (vgl. auch die Diskussion um die Anwendbarkeit des Leistungsprinzips bei Eigler/Heckhausen/Offe in: Roth/Friedrich 1975; Arts 1995).

4. Das bedeutet: Soll das Leistungsprinzip als Rechtfertigung für Unterschiede gelten, so muß es einen Vergleichs- und Auslesemaßstab geben, der außerhalb des Systems der beruflichen Arbeit selber liegt, aber dessen Hierarchie zu rechtfertigen vermag. Genau dies ist die Funktion des Bildungswesens in der bundesdeutschen Leistungsgesellschaft, in Schelskys Worten von 1957: »In einer solchen Gesellschaft wird die Schule sehr leicht zur ersten und damit entscheidenden zentralen sozialen Dirigierungsstelle für die künftige soziale Sicherheit, für den künftigen sozialen Rang und für das Ausmaß künftiger Konsummöglichkeiten, weil sowohl die Wünsche des sozialen Aufstiegs wie die Bewahrung eines sozialen Rangs primär über die durch die Schulbildung vermittelte Chance jeweils höherer Berufsausbildungen und Berufseintritte gehen.« (zit. nach Rolff 1972, S. 15).
   Die Konkurrenz um die knappen sozialen Privilegien wird also verlagert, vor allem ins allgemeinbildende Schulsystem. Einer der Sätze, die ich in den letzten Jahren am häufigsten gehört habe, wenn Eltern über ihr Interesse an der Bildung ihrer Kinder redeten, lautete: »Meine Kinder sollen es einmal besser

haben als ich.« In diesem Satz ist ein fundamentaler soziologischer Tatbestand unserer Gesellschaft in prägnanter Verkürzung zusammengefaßt: Schulbildung ist das entscheidende Vehikel sozialen Aufstiegs in der Leistungsgesellschaft; »unten« zu sein gilt allgemein als nicht erstrebenswert, und wer es selber nicht geschafft hat »hochzukommen«, dessen Kinder sollen das gewissermaßen stellvertretend erreichen. Wegen der objektiv vorgegebenen Hierarchie der beruflichen Rollen werden es grundsätzlich nur einige schaffen können.[3]

In der Schule muß es also Konkurrenz und Auslese geben, solange Schulabschlüsse die Berufschancen (in nur schwer revidierbarer Weise) vorstrukturieren und das System der beruflichen Arbeitsrollen hierarchisch differenziert und bewertet ist. Der Auslesezwang und der formale Leistungsdruck in den Schulen würden also abnehmen, wenn diese Hierarchie abgeschwächt wäre und einer mehr horizontalen Differenzierung wiche; wenn dadurch das Aufstiegsstreben nicht länger die dominante soziale Handlungsorientierung zu sein bräuchte. »Erfolg« in unserer Gesellschaft heißt primär »vorwärts-«, nach »oben« zu kommen; zu einem großen Teil wird das »Erfolgreichsein« vorbereitet und »vorstrukturiert« in der Schule.

5. Die Verteilung der Schüler auf Schulzweige -stufen und -niveaus (Haupt- und Realschule, Gymnasium sowie Kursniveaus in Gesamtschulen) und die entsprechenden Abschlußzeugnisse sind die entscheidenden Vermittlungsstellen zwischen schulischem Erfolg bzw. Mißerfolg und Berufschancen (damit weiter gehend auch Sozialchancen). Entscheidend ist nun, daß mit dem Abschlußzeugnis einer allgemeinbildenden Schule (z.B. dem Abitur) nicht die konkret definierte Qualifikation für eine bestimmte berufliche Position oder eine entsprechende Ausbildung bescheinigt wird, sondern nur eine allgemeine schulische Leistungsfähigkeit. Der Erfolg in der allgemeinbildenden Schule bringt einen Anspruch auf berufliche Positionen bzw. gehobene Ausbildung (z.B.: Studium) mit sich, ohne daß ein konkret definierbarer Zusammenhang zwischen beidem aufweisbar wäre; z.B. ist der Voraussagewert von Abiturnoten für den Abschluß eines Hochschulstudiums ziemlich gering (vgl. z.B. Weingardt, in: Roth 1970, S. 433f); jedenfalls ist der Zusammenhang nicht so eindeutig, daß der Anspruch von konkreten Qualifikationsmerkmalen her begründet werden könnte. Am Beispiel: Weshalb sollte eine gutausgebildete und erfahrene Krankenschwester nicht ebensogut wie oder sogar besser als ein Abiturient mit guter Durchschnittsnote für ein Medizinstudium geeignet sein? Die Krankenschwester, die weiterkommen will, muß erst das Abitur nachmachen. Tragen drei Jahre Abendschule zur gezielten Erwei-

3 Das gilt nur, wenn nicht noch mehr »Gastarbeiter« und »Scheinasylanten« ins Land geholt werden, die das entscheidende Problem, nur »unten« zu sein, für die Deutschen abschwächen, wenn auch für viele nicht ganz aufheben, eben weil für die »Gäste« vor allem Plätze am unteren Ende der Hierarchie reserviert sind.

terung medizinischer Qualifikationen etwas bei? Erst kürzlich hallte ein Aufschrei der ärztlichen Standesorganisationen durch die Medien, als wieder einmal öffentlich vorgeschlagen wurde, besonders qualifizierte Krankenschwestern ohne Abitur zum Medizinstudium zuzulassen.

6. Von besonderer Bedeutung ist es nun, daß fast jedem jungen Menschen – zunächst erfolgreich – der Glaube an seine Chance vermittelt wird; dies nicht ganz zu Unrecht, denn wer schließlich am Ende der Schulzeit zu den »Auserwählten« gehören wird, das ist das Ergebnis eines langjährigen Prozesses, in dem viele im einzelnen nicht vorhersehbare Bedingungen eine Rolle spielen. Es steht am Anfang nur fest, daß es »Gewinner« und »Verlierer« wird geben müssen, eben weil vermittels Schulbildung soziale Positionen und Chancen vergeben werden (müssen). Der Glaube an die eigene Chance ist sehr eng verknüpft mit dem Vertrauen in die Gerechtigkeit der Prinzipien, vor allem der des Leistungsvergleichs, nach denen entschieden wird, wer schließlich zu den »Erfolgreichen« gehören wird. Der Glaube an die Gerechtigkeit des schulinternen Leistungsvergleichs kann schließlich ohne weiteres darin münden, die sich aus ihm ergebenden sozialen Unterschiede ebenfalls als gerechtfertigt anzusehen. Die Schule hat so eine ganz wichtige Legitimationsfunktion in der Leistungsgesellschaft (vgl. dazu vor allem Fend 1974, S. 173f, 1976, S. 173f und 1991).
7. Fragen wir nun weiter, vermittels welcher Mechanismen und mit welchen Folgen die Schule eine ihre gesellschaftlichen Funktionen erfüllt, nämlich die, zwischen Schülern gemäß Leistungskriterien eine »gerechte« Rangfolge herzustellen. Zunächst gilt es zu klären, was im Rahmen der Schule und des Unterrichts überhaupt als »Leistung« interpretiert werden kann. Heckhausen (1973/74b) unterscheidet drei Arten von Bezugssystemen, innerhalb deren »Leistung« definiert werden kann:
   a) Sachliche Bezugsnormen: In Abwandlung und Erweiterung dessen, was Heckhausen selbst dazu sagt, können auch inhaltlich definierte Lernziele als sachliche Bezugsnormen für »Leistung« im Schulunterricht fungieren. Wenn z.B. eine Gruppe von Jugendlichen sich mit ihrem Lehrer vornimmt, so viel über die Technik von Mopedmotoren zu erfahren, daß sie selbst zu bestimmten Instandsetzungsarbeiten in der Lage sind, dann hätten sie damit ein sachbezogenes Kriterium zur Beurteilung ihrer Lernleistung. Im Prinzip können auch die Ziele eines Lehrplans, sei dieser nun vorgegeben oder mit den Schülern erarbeitet worden, als sachliche Bezugsnormen für lernzielorientierten Unterricht dienen; vgl. dazu auch Abschnitt 6.3.2, S. 130f.
   b) Individuelle Bezugsnormen: Sie ermöglichen das, was in Abschnitt 6.2 als »Konkurrenz des Individuums mit sich selber« bezeichnet worden war, z.B.: »Ich möchte das 3er-Einmaleins genausogut können wie das 2er-Einmaleins.« Zukünftige (Lern-)Leistungen werden am individuellen Aus-

gangsstand gemessen. Es gibt Überschneidungen zwischen sachlichen und individuellen Bezugsnormen.

c) Soziale (besser: interindividuelle) Vergleichsnormen: Mit ihnen wird Leistung durch Vergleich innerhalb einer Gruppe definiert; die Leistung eines einzelnen hat sich gemäß diesem Bezugssystem nur dann verbessert, wenn sich sein Rangplatz innerhalb der Gruppe verbessert hat, ein anderes Gruppenmitglied also (relativ) schlechter geworden ist – dies gilt (bei strenger Anwendung des Prinzips) unabhängig davon, welche Lernfortschritte im konkreten erreicht worden sind. (Im übrigen ist es auch möglich, auf die Beurteilung von individuellen Leistungen ganz zu verzichten und Gruppenleistungen in den Mittelpunkt zu stellen.)
   In unseren Schulen dominiert ganz eindeutig der interindividuelle Vergleich als Bezugssystem für »Leistung«. Ergebnisse des Lernens bei einem Schüler werden vorwiegend danach beurteilt, ob sie besser oder schlechter sind als die Leistungen von Klassenkameraden. In administrativ geregelten Formen und Abständen werden Klassenarbeiten oder ähnliche Tests durchgeführt und nach einem System interindividuellen Vergleichens beurteilt, nämlich mit Noten, deren Verteilungsform vordefiniert ist. Sie hat »normal« zu sein, relativ unabhängig davon, welche konkreten Lernziele ein Klassenkollektiv erreicht hat oder nicht, und auch weitgehend unabhängig davon, welche Fortschritte einzelne Schüler, gemessen an ihrem Ausgangsstand, gemacht haben. Die Verteilung von Erfolg und Mißerfolg ist also »institutionell vorstrukturiert« (vgl. Fend 1971, insbes. S. 138f). Es muß »Versager« geben.

8. Die Bedeutung dieses Tatbestands wird offensichtlich, wenn man bedenkt, daß Modelle von Schule und Unterricht denkbar sind, in denen Erfolg und Leistung anders definiert werden: Schule könnte so eingerichtet sein, daß es (fast) jedem Schüler möglich wäre, so lange und mit geeigneten Hilfen an Jahrgangslernzielen zu arbeiten, bis sie von (fast) allen erreicht worden sind. Ein solches Schulmodell hätte eine andere Verteilungsform von Erfolg zum Ergebnis als ein primär am interindividuellen Vergleich orientiertes, nämlich eine stark »linksschiefe« (viele haben Erfolg, wenige versagen) statt einer »normalen« Verteilung. Eine »linksschiefe« Verteilung von Schulerfolg aber wäre »systemwidrig« in einer Gesellschaft, in der nicht die meisten Individuen der nachwachsenden Generation »erfolgreich« sein können, wenn eine hierarchische Statusstruktur gegeben ist. Damit das Leistungsprinzip als primär am interindividuellen Vergleich orientiertes Konkurrenz- und Ausleseprinzip funktioniert, darf und kann es also nicht an inhaltlich konkret definierten Lernzielen orientiert werden. Vielmehr müssen die Leistungsbeurteilungen an einem schulklasseninternen Bezugssystem orientiert werden, damit in jeder Klasse und Schule eine ungefähr ähnliche Verteilung von Erfolg und Mißerfolg herauskommt und die interindividuelle Konkurrenz um

Erfolg und Sozialchancen überall wachgehalten werden kann, relativ unabhängig davon, was in der einen oder der anderen Schulklasse konkret gelernt und geleistet wird. Dies muß zur Konsequenz haben, daß eine Notenstufe in verschiedenen Schulklassen und Schulen hinsichtlich ihrer konkreten inhaltlichen Bedeutung, gemessen etwa an schulklassenübergreifend geeichten Leistungstests, recht Unterschiedliches bedeuten muß[4] (vgl. dazu vor allem Ingenkamp 1972). Die Ergebnisse der Klassenarbeiten werden über längere Zeitabstände summiert, um schließlich in Halbjahres-, Jahres- und Abschlußzeugnissen dem Schüler zu bescheinigen, wie »gut« oder »mangelhaft« er im Vergleich zu seinen Klassenkameraden abgeschnitten hat. Die Sprache, in der die notwendigerweise hochgradig verallgemeinernden Vergleichsurteile abgegeben werden (müssen), ist verräterisch. Der quasimoralische Akzent in solchen Aussagen über individuelle Leistungstüchtigkeit ist deutlich. Es wird primär zur Sache des Schülers erklärt, etwas zu leisten und »gut« zu sein oder zu werden; gelingt ihm das nicht, so hat er sich das selbst, seiner »Faulheit« oder/oder »Dummheit« oder gar weitergehend seiner persönlichen Unzulänglichkeit, eben seiner »Mangelhaft«igkeit zuzuschreiben (vgl. dazu Höhn 1967 über den »schlechten Schüler«).

9. Die Unterordnung konkreter Lehr-/Lernprozesse unter ein inhaltsneutrales Vergleichs- und Leistungsprinzip wirkt sich in vielfältiger Weise auf die Verlaufsformen und Folgen des Unterrichts aus:
   a) In unseren Schulen dominiert nach wie vor der frontale Klassenunterricht in dem Sinne, daß alle Schüler eines Klassenkollektivs die gleichen Leistungsforderungen unter ähnlichen Bedingungen innerhalb des gleichen Zeitraums zu erfüllen haben. Wegen der Streubreite von Lernvoraussetzungen innerhalb der Klassengruppe wird die Varianz der Schülerleistungen, trotz (oder gerade wegen?) einheitlicher Leistungsforderungen, mit der Zeit eher größer als kleiner (vgl. dazu Backman/Secord 1972, Krapp 1973, Simons 1973).
   b) Auch im Rahmen des WP-Unterrichts, der wohl eher als eine frontal gelenkte Lehrsituation eine Differenzierung und Individualisierung des Lehrerhandelns erlauben würde, fungieren Lehrer mehr fordernd als fördernd (vgl. Kapitel 4.). Bei dieser »Vogel-friß-oder-stirb-Methode« des Lehrens und Lernens[5] wird der Schüler einen »Selektionsvorteil« haben,

4 Daraus sollte nun nicht die Konsequenz gezogen werden, Leistungsbeurteilung nun mit solchen im Prinzip auch am interindividuellen Vergleich orientierten Testverfahren durchzuführen. Konkurrenz und Auslese würden dadurch nur (scheinbar) objektiviert, weil es nun nicht mehr der Lehrer wäre, der über Erfolg und Versagen entscheidet, sondern eben ein Testinstrument, das auch – axiomatisch – von einer »normalen« Verteilung von Lernleistungen ausgeht. Nur strikt lernzielorientierter Unterricht und lernzielorientierte Beurteilung der Unterrichtsergebnisse würden am »System« etwas verändern.

5 Diesen Ausdruck habe ich von Skinner übernommen (vgl. Skinner/Correll 1967, S. 19f).

der aufgrund seiner günstigeren Lernvoraussetzungen auch von »schlechtem« Unterricht profitieren kann (vgl. auch Abschnitt 6.3.1).

c) Selber ausführende Organe des schulischen Leistungsprinzips, entwickeln Lehrer recht bald, nachdem sie eine Klasse übernommen haben, ein Bild von den Schülern der Klasse, dessen zentraler Aspekt eine globale Vorstellung von allgemeiner Leistungstüchtigkeit und -bereitschaft ist. Mich hat es immer wieder etwas »geschockt«, mit welcher Selbstverständlichkeit wohlmeinende Lehrer von »ihren Schwachen« sprechen (vgl. dazu Hofer 1974, Ulich/Mertens 1973, Rheinberg/Minsel 1993). »Fähigkeiten« sind keineswegs so eindimensional, wie es dem Lehrer in der Leistungsschule erscheinen muß (vgl. Weinert/Simons 1974).
Mit der globalen Vorstellung von der schulischen Leistungstüchtigkeit einzelner Schüler sind Erwartungen über deren künftig mögliche oder nicht mögliche Lernfortschritte verknüpft. Unter Umständen zeigen sich diese Erwartungsunterschiede in Differenzierungen des Verhaltens gegenüber Schülern, deren allgemeine Leistungsfähigkeit vom Lehrer unterschiedlich beurteilt wird. Wenn Schüler, von denen der Lehrer weitere Lernfortschritte erwartet, einen Fehler machen oder ins Stocken geraten, wenn sie »dran« sind, so wird der Lehrer das intuitiv anders interpretieren und anders reagieren als bei einem Schüler, von dem der Lehrer keine oder nur geringe Lernfortschritte erwartet. Dem »Schwachen« wird z.B. häufig weniger Zeit gelassen, einen Fehler selbst zu korrigieren (vgl. Brophy/Good 1974, Heckhausen 1974b, Huschke 1980, S.70f). In der Leistungsschule kann nicht von jedem Schüler eine Weiterentwicklung seiner Fähigkeiten erwartet werden – schließlich muß es am Ende einen bestimmten Teil von »Versagern« geben.

d) Für Schüler, die das »Schulschicksal« einmal an das Ende der Rangfolge schulischer Leistungsfähigkeit »verschlagen« hat (schlechte Noten oder Kurseinstufungen), kommt es so leicht zu einer Kumulation von Mißerfolgserfahrungen in Verbindung mit einer Kumulation von Lerndefiziten.[6] Die Voraussetzungen für eine Veränderung dieser Lage werden mit der Zeit immer ungünstiger, bis einige dieser Schüler, gewissermaßen als Vorbereitung auf ihren künftigen inferioren Sozialstatus, »sitzenbleiben«. Sitzenbleiber haben nur wenig Chancen, im »zweiten Anlauf« ihre Rangposition in der (neuen) Klasse zu verbessern; (vgl. Frommberger 1955, Schmidt-Stein 1963, Kemmler 1970, Hildeschmidt 1995).

6 Es ist durchaus möglich (wenn auch nicht immer wahrscheinlich), daß derselbe Schüler an einer anderen Schule zu den Erfolgreicheren gehören würde. Dies ist mir selbst widerfahren, als ich Mitte der »Quinta«, aufgrund eines Wohnortwechsels meiner Eltern, die Schule wechseln mußte. Bis dahin »versetzungsgefährdet«, wurde ich schlagartig zum »Star« in einigen Fächern, weil die neue Schule etwas hinter der alten »im Stoff« zurück war und die Standards generell etwas niedriger lagen.

e) Die Kumulation von Erfolgs- bzw. Mißerfolgserfahrungen hat Auswirkungen darauf, wie die Schüler selbst ihre Aussichten auf Schulerfolg (gute Noten) beurteilen. Der gesamtgesellschaftliche »Matthäus-Effekt«[7] hat also in der Schule seine subjektive Seite. Schüler am unteren Ende der Rangskala schulischer Leistungsfähigkeit glauben (realistischerweise) weniger daran, gute Noten bekommen zu können. Sie sehen aber auch den Schulerfolg, eher als ihre erfolgreicheren Klassenkameraden, von »Glück« und »Zufall« abhängig; sie trauen sich selbst weniger zu, haben ein eher »negatives Selbstkonzept eigener Fähigkeit«, sind generell ängstlicher und sehen insgesamt ihre Zukunftsaussichten weniger optimistisch als Schüler mit einem höheren Rangplatz; eine große Zahl von empirischen Untersuchungen bestätigt diese Aussage; sie trifft insbesondere auch auf integrierte Gesamtschulen zu; (vgl. z.B. Fend 1991).
All dies hat wiederum negative Auswirkungen auf ihre Bereitschaft, vorhandene »lernerische Aktivitätsmöglichkeiten« (vgl. Abschnitt 6.3.1) zum Einsatz zu bringen oder gar diese zu erweitern. Die »schwachen Schüler« tragen so – gewiß gänzlich unfreiwillig – selbst zum »kumulativen Lerndefizit« bei (vgl. Coleman 1966, Rolff 1972, Krapp 1993b).
Frühzeitig und allmählich lernen die »schlechten Schüler«, sich mit einem niedrigeren oder mäßigen (Leistungs-)Status in der Schule zu arrangieren. Gerade durch den kontinuierlichen interindividuellen Leistungsvergleich im Rahmen der Klassengruppe – innerhalb dieses Rahmens muß er den Schülern als einigermaßen »objektiv« erscheinen und ist es (in Grenzen) auch – lernen die Schüler, Rangunterschiede entlang einer globalen Leistungsdimension zu akzeptieren und als gerechtfertigt zu billigen, und zwar auch dann, wenn sie dabei weniger gut abschneiden.
Auf diese Weise trägt die Schule dazu bei, allzu hochgesteckte Aspirationen (Erwartungen) hinsichtlich schulischen und sozialen Erfolgs von seiten der Schüler und ihrer Eltern allmählich »auszukühlen«, ohne daß grundsätzliche Zweifel an der Legitimität des Leistungsprinzips in einer Mehrzahl der Fälle aufkommen müßten. In der Tat glauben »schlechte Schüler« mindestens ebenso wie »gute« an den gerechten Sinn des Leistungsvergleichs als Instrument der Zuteilung von schulischem Leistungsstatus und, weiter gehend, sozialen Positionen/Privilegien; vgl. zur »Auskühlungsfunktion« der Schule insbesondere Wellendorf (1973, S. 127f) und Clark (1974), Fend (1991).
Die ganze Problematik wird kompliziert, aber m.E. nicht grundsätzlich verändert durch den Tatbestand, daß Schüler unterschiedlicher sozialer Herkunft (Schichtzugehörigkeit der Eltern) bei gleichen intellektuellen

7 Vgl. Heckhausen (1975). Im neuen Testament heißt es bei Matthäus 13,12: »Denn wer da hat, dem wird gegeben, daß er die Fülle habe; wer aber nicht hat, von dem wird auch genommen, was er hat.«

Voraussetzungen unterschiedliche Aussichten auf Schulerfolg haben (vgl. etwa Rolff 1972, Rolff u.a. 1994).
Die Mechanismen, über die sich schichttypische Unterschiede zwischen den Schülern in eine Differenzierung der schulischen Erfolgsaussichten transformieren, sind zu einem guten Teil die oben angedeuteten Prozesse. Die Leistungsschule vermag also auch zur Reproduktion des gesellschaftlichen Schichtungsgefüges beizutragen, u.U. (etwa bei Überwiegen von Gesamtschulen) verbunden gleichzeitig mit erheblicher Intergenerationenmobilität zwischen den Schichten. Auch wenn nun die Kinder von Arbeitereltern größere Chancen haben, aufzusteigen und nach »oben« zu kommen, so ändert dies nichts daran, daß viele (darunter evtl. mehr Kinder aus anderen Schichten) werden »unten« bleiben müssen. Abschließend möchte ich nun erläutern, was diese Argumentationsskizze zur »Leistungsschule« mit Problemen der Schulreformpolitik zu tun hat.

10. Bildungspolitische Reformmaßnahmen zur Erleichterung des Zugangs zu weiterführenden Schulen auch für soziale Schichten, denen Aufstieg ermögliche Bildung bis dahin weitgehend verschlossen war, haben, so gut sie gemeint waren, in der im Kern unverändert gebliebenen Leistungsschule zu einer Verschärfung des Konkurrenz- und Ausleseproblems führen müssen; z.B. zur Einführung des von Abiturnoten abgeleiteten Numerus clausus für besonders statusfördernde Studienfächer wie Zahnmedizin.
Der Konkurrenzdruck wirkt rückwärts bis in die ersten Schuljahre. Das wird deutlich an bildungssoziologisch bedeutsamen Sätzen von Eltern wie »Aus meinem Kind soll einmal etwas Besseres werden« oder »Wenn du mir eine ›Zwei‹ nach Hause bringst, dann bekommst du eine Mark«.
In den Schulen hat sich eine instrumentelle Haltung zum Lernen verbreitet: mit minimalem Aufwand den für die soziale Karriere förderlichsten Zwischenschritt erreichen; was dabei gelernt wird ist Nebensache. Vgl. dazu den Befund über die Abnahme intrinsischer Motivation in der Schule und die Zunahme konkurrenzorientierter Leistungsmotivation mit der Dauer der Schulzeit bei Pekrun (1993). Und: Es ist nicht den Schülern vorzuwerfen, daß sie so denken; junge Menschen sind beweglich und arrangieren sich mit den sozialen Gegebenheiten.
Aus diesen Gründen meine ich, die Schulreform hätte mit einer Neuregelung der Abschlüsse und ihrer Funktion und Bedeutung verknüpft werden müssen. Die allgemeinbildenden Schulen würden von einem erheblichen formalen Leistungs- und Auslesedruck befreit, wenn ihre Abschlußzeugnisse nicht mehr so direkt wie heute relevant für den zukünftigen Sozialstatus ihrer Absolventen wären. M.a.W.: Ich plädiere für eine Entkoppelung von allgemeiner Schulbildung und Zugangsberechtigungen zu Berufspositionen. Z.B. würden Hochschulzulassungstests oder Probesemester an den Universitäten die Konkurrenzsituation begrenzen und dorthin verlagern,

wo sie hingehört, wo es nämlich um die Bewältigung von besonderen Anforderungen und den Erwerb spezifischer Fähigkeiten geht.
Die Schulen, Lehrer, Schüler, Eltern könnten sich wieder mehr auf ein inhaltliches Interesse an der Schulbildung konzentrieren, statt vor allem ihren instrumentellen Wert zu kalkulieren. Die Konkurrenz um soziale Positionen in der Leistungsgesellschaft würde sich verlagern in berufliche Ausbildungen und Crashkurse, die auf Zulassungstests zu Berufsausbildungen vorbereiten. Diese Begrenzung der sozialen Konkurrenz im Zusammenhang mit Bildungsprozessen würde ich begrüßen.[8]

11. Die Leistungsschule ist ein »System« und als solches eingeflochten in eine Leistungsgesellschaft. Gleichwohl gibt es in jeder Schule und in jeder Klasse mehr oder weniger große Spielräume, die es zeitweise oder teilweise Lehrern, Schülern und Eltern erlauben, ihre inhaltlichen Interessen in bezug auf bestimmte Themen und Gegenstände in den Mittelpunkt zu rücken und Unterricht nicht sogleich und dominant unter dem Aspekt zu betrachten, wie sich diese oder jene Aktivität in Noten oder Punkten (Leistungsstatus) niederschlagen werde. Es gilt, und das ist eine politische und pädagogische Aufgabe, anderen Bezugsnormen für »Leistung« als den am interindividuellen Vergleich orientierten zum Zuge und zu mehr Geltung zu verhelfen. Ein verändertes Konzept für Wochenplanunterricht könnte vielleicht ein Beitrag dazu werden, ein solchermaßen verändertes Verständnis von »Leistung« (keineswegs deren Negation) weiterzuverbreiten.

8 Um nicht mißverstanden zu werden: Diese bildungspolititsch ansetzenden Maßnahmen könnten und sollten mit einer Revision der sozialen Bewertung von Berufspositionen einhergehen, um so auch in der Gesellschaft letztlich nur prestigebezogene Konkurrenz und Auslese zu mildern; am Beispiel: Die soziale Bewertung, d.h. konkret auch Entlohnung der Arbeit von Arzt und Krankenschwester, wird weitgehend angeglichen, und jede Krankenschwester, kann, wenn sie will, ihre Qualifikationen wissenschaftlich erweitern und schließlich Ärztin werden; wie umgekehrt ein Arzt wieder als Pfleger arbeiten könnte, wenn ihm das mehr läge, ohne einen großen Verlust an Einkommen und Ansehen erleiden zu müssen. Die Idee, daß jemand Mediziner wird, statt Krankenpfleger zu bleiben, nur oder vor allem, weil er dafür mehr Geld bekommt, halte ich für ziemlichen Quatsch (irrationale Rechtfertigungsideologie für Privilegien).

9. Zusammenfassung: Empfehlungen für die Evaluation und Weiterentwicklung des WP-Ansatzes

Mit der vorliegenden Arbeit wollte ich vor allem Lehrern, die mit dem bisherigen Standard-WP-Modell praktische Erfahrungen gemacht haben, einige Anregungen zur kritischen Auswertung der bisherigen WP-Praxis in ihrer Klasse geben und Richtungen aufzeigen, in denen der WP-Ansatz weiterentwickelt und verändert werden könnte. Eine kritische Analyse und Evaluation des WP-Unterrichts empfehle ich insbesondere hinsichtlich der folgenden Aspekte:

1. Der WP ist ein (fragwürdiger) Kompromiß zwischen einer »Didaktik der Lernbefehle« und einer solchen der »Lerngelegenheiten«; in dem Konzept ist eine Dichotomie angelegt zwischen Arbeit an vorgegebenen Forderungen und »freiem« Sicheinlassen auf Lern- und Spielgelegenheiten. Wahrscheinlich gibt es in jedem WP-Unterricht Symptome dafür, daß sich der Lehrer auf die Seite der Forderungen schlägt und diese durchzusetzen bestrebt ist, während die Kinder die angebotenen Lern- und Spielgelegenheiten als das eigentlich Interessante am WP-Unterricht sehen. Die Kinder arbeiten (u.U. mit möglichst reduziertem Aufwand) die Forderungen ab, um sich, gewissermaßen als Entschädigung für die geleistete Mühe, auf die attraktiven Gelegenheiten einlassen zu können. Des Lehrers Sorge wird es dann sein müssen, die ordnungsgemäße Erfüllung der Forderungen zu gewährleisten.
   Vor allem die Analyse der Sprache von fünf Lehrerinnen in ihrem WP-Unterricht (Kapitel 4.) und das Fallbeispiel »Stromkreis« (Kapitel 5.) erbrachten Indizien für diese WP-kritische Hypothese; aber auch die standardisierten Unterrichtsbeobachtungen (Kapitel 2.) ergaben Hinweise in diese Richtung. Ich empfehle also jedem Lehrer ähnliche Untersuchungen in seinem WP-Unterricht: Die eigene WP-Sprache kann ohne große Probleme mit einem kleinen Kassettenrecorder festgehalten werden und könnte auszugsweise z.B. daraufhin analysiert werden, ob in der Interaktion mit den Schülern primär Forderungen wiederholt und verstärkt werden oder ob es gelingt, mehr indirekt helfende und fördernde Handlungsweisen zu verwirklichen. Kapitel 4. hat weiterhin erbracht, daß die fünf Lehrerinnen fast fortwährend und immer sehr schnell agierten bzw. reagierten, ohne erst einmal ruhig zu beobachten, was ein Schüler tut, und zuzuhören, welche Probleme mit bestimmten Aufgaben er vorzubringen hat. Es kann für Lehrer und Schüler hilfreich sein, wenn der Lehrer bestimmten Schülern bei ihrer Arbeit

über einen längeren Zeitraum (nicht nur für Sekunden) einfach einmal nur zusieht und nicht sofort eingreift. Ein ausführliches, besser nicht standardisiertes Protokoll der Tätigkeiten gerade auch sogenannter »schwacher« Schüler, das ein Besucher im WP-Unterricht anfertigt, kann dem Lehrer wertvolle Einblicke auch in Probleme und Mängel des WP-Unterrichts geben.

2. Die im WP-Konzept vorgesehene Möglichkeit für »freie«, nicht durch Planforderungen vorstrukturierte Tätigkeit der Schüler ist eine ambivalente Sache. Auf der einen Seite zeigte sich bei der Analyse standardisierter Unterrichtsbeobachtungen (Kapitel 2.), daß die Schüler in ihrer »freien WP-Zeit« keineswegs in passives Nichtstun verfallen, sondern sich auf ein Angebot von Lern- und Spielgelegenheiten gern einlassen und es für sich zu nutzen wissen. Andererseits aber wurde deutlich, daß die Lehrer diese Schüleraktivitäten in ihren Handlungen weitgehend ignorierten oder abwerteten als »irgend etwas tun, nur nicht rumtoben und Quatsch machen«.
   Gezielte fallstudienartige Schülerbeobachtungen durch Besucher oder den Lehrer selbst könnten den Wert oder Unwert dieses »freien Tuns« im Detail deutlich machen (vgl. Stromkreisbeispiel in Kapitel 5.). Aufschlüsse darüber, welche Lern- und Spielgelegenheiten für Kinder attraktiv und herausfordernd sind, könnten eine wichtige diagnostische Funktion haben und als eine Art Korrektiv für die Unterrichtsplanung des Lehrers fungieren. Sie sind der immer präsente Beweis für die Möglichkeit und die Bedingungen einer »Didaktik der Lerngelegenheiten« (vgl. dazu die Erörterungen in den Kapiteln 1., 6. und 7.). Durch den Inhalt seiner Angebote kann und sollte der Lehrer deutlich machen, daß es hier um mehr als nur »Beschäftigungstherapie« geht. In der WP-Praxis schien aber genau dies die dominante Funktion der »freien Tätigkeiten« gewesen zu sein: »Irgend etwas machen, bloß keinen Quatsch.« Nach meiner Ansicht ist das nicht den Lehrern persönlich vorzuwerfen – sie können »im Prinzip« auch anders handeln. Ich interpretiere die Abwertung der »Freien Tätigkeiten« vielmehr als Ausdruck einer »Didaktik der Lernbefehle«, wie sie einer »Leistungsschule« adäquat ist.

3. Durch die Befragung von Schülern aus drei Klassen konnte deutlich werden, daß WP-Unterricht für viele Schüler eine Entlastung mit sich bringt und auch bei länger dauernder Realisierung attraktiv bleibt. Viele Schüler erleben es als angenehm, wenn sie einmal über längere Zeit in ihrem eigenen Rhythmus arbeiten und faulenzen können, ohne sofort eine bewertende Reaktion gewärtigen zu müssen. Es scheint, als spürten viele Kinder im WP-Unterricht weniger von den Angstgefühlen, die bis in die Gegenwart für die »Leistungsschule« charakteristisch sind. Diese Entlastung von Forderungsdruck geht nicht mit Langeweile und Desinteresse einher, die aus Unterforderung resultieren könnten. Die meisten Kinder wissen durchaus den WP-spezifischen Entscheidungs- und Selbststeuerungsspielraum zu schätzen und

auch für sich nutzen. In gewissen Grenzen kann der Standard-WP-Unterricht der allgemeinen Schulverdrossenheit entgegenwirken.
WP-Unterricht kann für einen bedeutenden Teil von Schülern Probleme mit sich bringen, die sie im »anderen Unterricht« nicht haben. Im WP-Unterricht agiert der Lehrer nicht frontal, sondern fast nur in bezug auf einzelne Kinder(gruppen); die Kinder haben deshalb, zumindest zeitlich betrachtet, weniger Kontakt zu ihrem Lehrer. Für manche Kinder kann es in erheblicher Weise belastend sein, mit einem Mal einen größeren, nicht recht durchschaubaren Komplex von Arbeitsaufträgen zu erhalten, den sie dann innerhalb eines größeren Zeitraums ohne die kontinuierliche Führung durch den Lehrer abarbeiten sollen.
Die Kooperation mit Klassenkameraden gewinnt deshalb faktisch an Bedeutung – das haben die standardisierten Unterrichtsbeobachtungen (Kapitel 2.) klar ergeben. Gleichzeitig aber werden die kooperativen Beziehungen der Kinder u.U. für sie selbst problematisch. Sie sind – mehr als im »anderen Unterricht« – auf Arbeitspartner und funktionierende Arbeitsbeziehungen angewiesen. Folglich können sich manche Kinder im WP-Unterricht verlassen (vom Lehrer und von Mitschülern), isoliert und hilflos vorkommen, ohne daß dies in dramatischer Weise nach außen hin deutlich werden müßte. Eine Schülerbefragung kann hier rasch Aufschluß geben.
Die Lehrerin oder der Lehrer ist im WP-Unterricht für die Kinder in geringerem Maße präsent und mehr im Hintergrund, vor allem auch deshalb, weil die von mir beobachteten Lehrerinnen und Lehrer ihr Handeln im WP-Unterricht vorzugsweise individualisieren, d.h. sich auf einzelne Schüler beziehen und nicht etwa auf Schülergruppen. Die Effektivität der Lehrerarbeit im WP würde sicherlich gesteigert, und die Schüler hätten mehr von ihrem Lehrer, wenn dieser, wo immer das angebracht erscheint, Gruppen mit einem gemeinsamen Anliegen, Problem, Lernziel usw. entweder anregt, bildet oder anspricht. Die Idee der letzten Jahre, der Lehrer müsse vor allem auf das einzelne Kind eingehen, erscheint mir nur von begrenztem Wert für die alltägliche Unterrichtsarbeit.

Meine Überlegungen zur Weiterentwicklung und grundsätzlicheren Veränderung des WP-Ansatzes gehen davon aus, daß es nicht sinnvoll ist, kontinuierlich und über längere Zeiträume einen WP-Unterricht zu machen, der auf Plänen der Art beruht, wie sie auch in meiner WP-Darstellung dokumentiert sind. Die Widersprüche und Grenzen dieses Standard-WP können in verschiedenen Richtungen überwunden werden:

1. Wochenpläne können und sollten in Abständen, wenn der Stoffplan es nahelegt, als Instrument zur Organisation von relativ selbständigem Wiederholen, Perfektionieren, Anwenden und Übertragen eines bestimmten Lehr-/Lern-

stoffs verwendet werden. Als Abschluß einer umfangreicheren Unterrichtseinheit stellt der Lehrer einen Komplex von Aufgaben zusammen, an denen er selbst und die Schüler überprüfen können, wieweit bestimmte Kenntnisse, Fertigkeiten usw. beherrscht werden in einer Situation, in der die Schüler sich nicht mehr ständig auf die Führung und Hilfe des Lehrers verlassen können. WP-Unterricht als (u.U. auch weiterführende) Bewährungsprobe für die Ergebnisse eines abgrenzbaren Komplexes voraufgegangener Lehr-/Lernprozesse – das dürfte eine sinnvolle WP-Variante sein. Diese Version könnte einmal als stringentes »System von Arbeitsaufträgen« (»Lernbefehlen«) konzipiert werden, die aber nach Schwierigkeitsniveaus und Inhalten differenziert werden sollten. Ein Beispiel: Statt als Abschluß einer Unterrichtssequenz über schriftliches Multiplizieren eine lange Serie von Multiplikationsaufgaben (»Päckchen«) in einen WP aufzunehmen, müßte es darum gehen, die vielfältigen inhaltlichen Aspekte des Multiplizierens und ihre Beziehungen zueinander in einer ebenso großen Vielfalt von Aufgabenstellungen zum Tragen zu bringen. In ein solches System von verbindlich vorgegebenen Aufgaben könnten mehr oder weniger stark Elemente von »Gelegenheiten« eingebaut werden, und zwar solche, die inhaltlich mit dem verbindlichen Teil des Plans in Beziehung stehen. Angebote könnten als eine »Experimentierwerkstatt« konzipiert werden, die es den Kindern erlaubt, sich in verschiedenen Richtungen, auch spielerisch, mit dem Hauptthema des jeweiligen WP zu befassen. »Freie Tätigkeiten« inhaltlich breitgestreuter Art könnten hinzutreten, denn Kinder werden es wohl immer auch zu schätzen wissen, auf »Abwegen« gehen zu können, wenn sie dafür keine negative Reaktion gewärtigen müssen.

2. Je mehr es dem Lehrer gelungen ist, allmählich ein solches in die Breite und die Tiefe gestaffeltes »System von Lern- und Spielgelegenheiten« aufzubauen, um so mehr kann WP-Unterricht, der auf Übung und Anwendung zielt, zu einer kontinuierlichen Einrichtung werden. Die Kinder hätten dann immer wieder die Gelegenheit, sich vor- und nachbereitend mit Themen zu befassen, die ihnen vom »anderen Unterricht« her bekannt, eventuell aber noch problematisch oder in anderer Weise interessant erscheinen bzw. es werden könnten (vgl. dazu den Exkurs in Abschnitt 6.2, S. 123f).
3. Andere Richtungen, in denen der WP-Ansatz weiterentwickelt werden könnte, hätten von den Inhalten her nicht nur Übung und Anwendung zum Ziel. Vielmehr würde den Kindern mit einem WP ein Angebot von mehr oder weniger vielfältigen Zugängen zu einem thematischen Komplex gemacht werden (vgl. die Fallstudie »Stromkreis« in Kapitel 5. und den Entwurf eines Plans zu diesem Thema in Abschnitt 7.3). In vor-, nach- und zwischengeschalteten Phasen »anderen Unterrichts« (Unterrichtsgespräch, Demonstration u.a.) können und sollten bestimmte Zugänge erläutert,

besonders interessante Seiten des Gegenstands hervorgehoben, Schwierigkeiten geklärt werden usw.
Wenn die Kinder sich in einer ersten Phase mit den vom Lehrer vorbereiteten Zugängen auseinandergesetzt haben, dann könnten sie vermutlich auch selber Aspekte des Gegenstands benennen (z.B. als Fragen formulieren), die für sie von besonderem Interesse sind. Je mehr die Schüler in dieser Weise diskursiv in den Prozeß der Unterrichtsplanung einbezogen würden, um so mehr würde der WP das Dokument, auf dem ein gemeinsamer Planungsprozeß von Lehrer und Schülern festgehalten und für alle durchschaubar gemacht wird. Aus dem Instrument zur Erteilung von verbindlichen Arbeitsaufträgen (»Lernbefehlen«) wäre ein Hilfsmittel für »offenen Unterricht« mit »Projektorientierung« geworden, das diesen vor völliger Zerfaserung in ein Durcheinander beliebiger Aktivitäten bewahren kann.
Ein einheitliches WP-Modell gibt es für mein heutiges Verständnis nur noch als Einstieg in weiter gehende Veränderungen von Unterricht – eben als WP-Ansatz.

10. Literatur[1]

Aebli, H.: Zwölf Grundformen des Lehrens. Eine allgemeine Didaktik auf psychologischer Grundlage. (Klett-Cotta) Stuttgart 1991

Alschuler, A.S.; Tabor, D.; McIntyre, J.: Teaching Achievement Motivation. (Education Ventures) Middletown 1971

Alschuler, A.S.: Developing Achievement Motivation in Adolescents. (Educational Technology Publications) Englewood Cliffs 1973

Arbeitskreis Udis (Unterrichtsdifferenzierung in der Sekundarstufe): Durchführung von Schülerprojekten. 9 Hefte; u.a. »Schule«. (Maier) Ravensburg 1975

Arts, W.: Prinzipien der Verteilungsgerechtigkeit. In: Müller, H.P.; Wegener, B. (Hrsg.), 1995, S. 107–131

Ausubel, D.P.: Educational Psychology. A cognitive view. (Holt, Rinehart & Winston) New York 1968 (deutsch: Psychologie des Unterrichts. (Beltz) Weinheim 1974)

Ausubel, D.P.: Die Verwendung von »advance organizers« beim Lernen und Behalten von bedeutungsvollem sprachlichem Material. In: Hofer, M.; Weinert, F.E. (Hrsg.), 1973, S. 218–226

Autorenkollektiv Glocksee: Schulversuch Glocksee. In: Ästhetik und Kommunikation 22, 23 / 1975/76, S. 24–148

Backman, C.W./Secord, P.F.: Sozialpsychologie der Schule. (Beltz) Weinheim 1972

Baumert, J.: Lernstrategien, motivationale Orientierung und Selbstwirksamkeitsüberzeugungen im Kontext schulischen Lernens. In: Unterrichtswissenschaft 4/1993, S. 327–354

Berlyne, D.E.: Konflikt, Erregung, Neugier. (Klett-Cotta) Stuttgart 1974

Block, J.H. (Ed.): Mastery Learning. (Holt, Rinehart & Winston) New York 1971

Bloom, B.S.: Alle Schüler schaffen es. In: betrifft:erziehung 11/1970, S. 15–27

Bloom, B.S.: Individuelle Unterschiede in der Schulleistung: ein überholtes Problem? In: Edelstein, W.; Hopf, D. (Hrsg.), 1973, S. 25–270

Boettcher, W./Otto, G./Sitta, H./Tymister, H.-J.: Lehrer und Schüler machen Unterricht. (Urban & Schwarzenberg) München 1976

Bonn, A./Kleinschmidt, C./Richter, H./Scheffer, U.: Innovation in der Grundschule und Elternarbeit – ein Konflikt und seine Aufarbeitung. In: Büchner, P. (Hrsg.) : Die Eltern und die Schule zwischen Kooperation und Konfrontation. (Juventa) München 1976, S. 196–249

Boocock, S.S.: An Introduction to the Sociology of Learning. (Houghton Mifflin) Boston 1972

Bott, G. (Hrsg.): Erziehung zum Ungehorsam. (März) Frankfurt a.M. 1970

Brophy, J.E./Good, T.L.: Teacher-Student Relationships. (Holt, Rinehart & Winston) New York 1974

Bruner, J.S.: Der Prozess der Erziehung. (Schwann) Düsseldorf 1973

1 Zu Titeln, deren Ersterscheinungsjahr um mehr als 15 Jahre vor dem Erscheinungsjahr der von mir verwendeten Auflage liegt, habe ich in Klammern das Jahr der ersten Ausgabe angegeben.

Bruner, J.S.: Relevanz der Erziehung. (Maier) Ravensburg 1973
Buschbeck, H.: Differenzierender Unterricht in der Grundschule. (Hrsg.: Bundesminister für Bildung und Wissenschaft) Bonn 1979
Carroll, J.B.: Lernerfolg für alle. In: Hofer, M.; Weinert, P.E. (Hrsg.), 1973, S. 124–135
Carroll, J.B.: Ein Modell schulischen Lernens. In: Edelstein, W.; Hopf, D. (Hrsg.), 1973, S. 234–250
Clark, B.R.: Die »Abkühlungsfunktion« in den Institutionen höherer Bildung. In: Hurrelmann, K. (Hrsg.): Soziologie der Erziehung. (Beltz) Weinheim 1974, S. 379–391
Claussen, C. (Hrsg.): Handbuch Freie Arbeit. (Beltz) Weinheim 1995
Claussen, C./Meier, R./Wiederrecht, H.: Sachunterricht in der Grundschule. Physik. Heft: Der Stromkreis. (Westermann) Braunschweig 1973
Coleman, J.S. u.a.: Equality of Educational Opportunity. (U.S. Department of Health, Education and Welfare) Washington 1966
Copei, F.: Der fruchtbare Moment im Bildungsprozeß. (Quelle & Meyer) Heidelberg 1962 (1931)
Coppes, K.-H.: Partnerarbeit im Unterrichtsgeschehen der Grund- und Hauptschule. (Beltz) Weinheim 1969
Csikszentmihalyi, M./Schiefe, U.: Die Qualität des Erlebens und der Prozeß des Lernens. In: Zeitschr. f. Pädagogik 2/1993, S. 207–221
Deboutemard, B.S.: Projektorientierter Unterricht. In: betrifft:erziehung 1,2/1975
Decharms, R.: Ein schulisches Trainingsprogramm zum Erleben eigener Verursachung. In: Edelstein, W.; Hopf, D. (Hrsg.), 1973, S. 60–93
Decharms, R.: Motivation in der Klasse. (MVG) München 1979
Deci, E.L./Ryan, R.M.: Die Selbstbestimmungstherorie der Motivation und ihre Bedeutung für die Pädagogik. In: Zeitschr. f. Pädagogik 2/1993, S. 223–238
Diederich, J.: Fördern im Kernunterricht. (Schroedel) Hannover 1973
Diederich, J.: Das Üben planen? In: Westermanns Pädagogische Beiträge 10/1978, S. 389–393
Dietrich, G.: Bildungswirkungen des Gruppenunterrichts. (Ehrenwirth) München 1969
Edelstein, W./Hopf, D. (Hrsg.): Bedingungen des Bildungsprozesses. (Klett) Stuttgart 1973
Einsiedler, W.: Lehrstrategien und Lernerfolg. (Beltz) Weinheim 1976
Einsiedler, W.: Selbststeuerung und Lernhilfen im Unterricht. In: Neber u.a. (Hrsg.), 1978, S. 192–213
Fend, H.: Konformität und Selbstbestimmung. (Beltz) Weinheim 1971
Fend, H.: Lernsteuerungssysteme und Schulorientierungen. Arbeitspapier 14 aus dem Sonderforschungsbereich 23, Zentrum 1 Bildungsforschung. Universität Konstanz o.J.
Fend, H.: Gesellschaftliche Bedingungen schulischer Sozialisation. (Beltz) Weinheim 1974
Fend, H.: Schulklima: Soziale Einflußprozesse in der Schule. (Beltz) Weinheim 1977
Fend, H./Knörzer, W./Nagl, W./Specht, W./Väth-Szusdziara, R.: Sozialisationseffekte unterschiedlicher Schulformen. In: Zeitschr. f. Päd. 6/1973, S. 887–903 und S. 905–917
Dies.: Sozialisationseffekte der Schule. (Beltz) Weinheim 1976
Fend, H.: Schule und Persönlichkeit: Eine Bilanz der Konstanzer Forschungen. In: Pekrun, R./Fend, H. (Hrsg.), 1991, S. 9–32
Fischer, M.: Die innere Differenzierung des Unterrichts in der Volksschule. (Beltz) Weinheim 1969
Fischer, M./Michael, B. (Hrsg.): Differenzierung im Schulunterricht. (Beltz) Weinheim 1973
Flammer, A.: Individuelle Unterschiede im Lernen. (Beltz) Weinheim 1975
Flanders, N.A.: Analyzing teaching behavior. (Addison-Wesley) Reading (Mass.) 1970
Flavell, J.H. u.a.: The Developement of Role-Taking and Communication Skills in Children. (Wiley) New York 1968

Frommberger, H.: Das Sitzenbleiberproblem. (Crüwell) Dortmund 1955
Fürntratt, E.: Motivation schulischen Lernens. (Beltz) Weinheim 1976
Gaudig, H.: Die Schule der Selbsttätigkeit. Quellentexte. (Klinkhardt) Bad Heilbrunn 1963
Gensheimer, G.: Rechenarbeitskartei Sachaufgaben, 2.–4. Schuljahr. (Henn) Ratingen o.J.
Good, T.L./Brophy, J.E.: Looking into classrooms. (Harper & Row) New York 1973
Goodlad, J.I./Anderson, R.H.: The nongraded Elementary School. (Harcourt) New York 1963
Graumann, C.F./Heckhausen, H. (Hrsg.): Pädagogische Psychologie. Funkkolleg Grundlagentexte. Bd. 1: Entwicklung und Sozialisation. (Fischer) Frankfurt 1973
Griebel, M. (Hrsg.): Weg in die Naturwissenschaft. (Klett) Stuttgart 1971
Grimm, H.: Sprachentwicklung – allgemeintheoretisch und differentiell betrachtet. In: Oerter, R.; Montada, L. (Hrsg.), 1995; S. 705–757
Groeben, N./Hofer, M.: Textverständlichkeit als Konsequenz selbstgesteuerten Lernens. In: Neber, H. u.a. (Hrsg.), 1978, S. 242–259
Hecker, G.: Leistungsentwicklung im Sportunterricht. (Beltz) Weinheim 1971
Heckhausen, H.: Hoffnung und Furcht in der Leistungsmotivation. (Hein) Meisenheim am Glan 1963a
Heckhausen, H.: Eine Rahmentheorie der Motivation in zehn Thesen. In: Zeitschr. f. exp. u. angew. Psych. 10/1963b, S. 604–626
Heckhausen, H.: Entwurf einer Psychologie des Spielens. In: Psychologische Forschung 27/1964, S. 225–243
Heckhausen, H.: Leistungsmotivation. In: Thomae, H. (Hrsg.): Handbuch der Psychologie, Bd. 2. (Hogrefe) Göttingen 1965, S. 602–702
Heckhausen, H.: Einflüsse der Erziehung auf die Motivgenese In: Herrmann, T. (Hrsg.): Psychologie der Erziehungsstile. (Hogrefe) Göttingen 1966, S. 131–169
Heckhausen, H.: Förderung der Lernmotivierung und der intellektuellen Tüchtigkeiten. In: Roth, H. (Hrsg.), 1970, S. 193–228
Heckhausen, H.: Die Interaktion der Sozialisationsvariablen in der Genese des Leistungsmotivs. In: Graumann, C.F. (Hrsg.): Handbuch der Psychologie, Bd. 7, 2. Halbbd. (Hogrefe) Göttingen 1972, S. 955–1019
Heckhausen, H.: Motive und ihre Entstehung. In: Weinert, F.E. u.a. (Hrsg.), Bd. 1, 1974a, S. 133–171
Heckhausen, H.: Bessere Lernmotivation und neue Lernziele. In: Weinert, F.E. u.a. (Hrsg.), Bd. 1, 1974b, S. 575–601
Heckhausen, H.: Die Entwicklung des Erlebens von Erfolg und Mißerfolg. In: Graumann, C.F.; Heckhausen, H. (Hrsg.), 1973, S. 95–105
Heckhausen, H.: Leistungsprinzip und Chancengleichheit. In: Roth, H.; Friedrich, D. (Hrsg.), 1975, S. 101–152
Heckhausen, H.: Motivation und Handeln. (Springer) Berlin 1980
Heinze, T.: Unterricht als soziale Situation. (Juventa) München 1976
Helmke, A.: Die Entwicklung der Lernfreude vom Kindergarten bis zur 5. Klassenstufe. In: Zeitschr. f. Päd. Psych. 7/1993, S. 77–86
Hessisches Kultusministerium: Rahmenplan Grundschule. (Hessisches Kultusministerium) Wiesbaden 1995
Hildeschmidt, A.: Schulversagen. In: Oerter, R.; Montada, L. (Hrsg.), 1995, S. 990–1005
Hilgard, E.R./Bower, G.H.: Theorien des Lernens. (Klett-Cotta) Stuttgart 1971
Hilgendorf, E.: Teilevaluation des Tempelhofer Projekts. (Pädagogisches Zentrum) Berlin 1979
Höhn, E.: Der schlechte Schüler. (Piper) München 1967

Hoenecke, C. u.a. (Hrsg.): Lehrerheft Stromkreise. Dazu Schülerarbeitsheft und Experimentierbox. (Cornelsen-Velhagen & Klasing) Berlin 1973
Hofer, M.: Die Schülerpersönlichkeit im Urteil des Lehrers. (Beltz) Weinheim 1974
Hofer, M.: Die Psychologie der Unterrichtsstile. In: Weinert, F.E. u.a. (Hrsg.), 1974, S. 503–545
Hofer, M./Weinert, F.E. (Hrsg.): Pädagogische Psychologie. Funkkolleg Grundlagentexte. Bd. 2: Lernen und Instruktion. (Fischer) Frankfurt a.M. 1973
Hunt, J., McV.: Intrinsic Motivation and its role in psychological developement. In: Levine, D. (Ed.): Nebraska symposium on Motivation. (Univ. Nebraska Press) Lincoln 1965, S. 189–282
Huschke, P.: Findung von fächerübergreifenden Lernzielen am Beispiel von Leistungsmotivation und sozialem Lernen. In: Frey, K. u.a. (Hrsg.): Curriculum-Handbuch, Bd. II. (Piper) München 1975, S. 348–367
Huschke, P./Scheffer, U./Waechter, H.: Analyse von Sozialisationsbedingungen als Grundlage zur Planung und Durchführung von Curriculumprozessen (am Beispiel eines neuen Schulanfangs). In: Frey, K. u.a. (Hrsg.): Curriculum-Handbuch, Bd. II. (Piper) München 1975, S. 574–582
Huschke, P./Mangelsdorf, M.: Wochenplan-Unterricht. (Beltz) Weinheim 1995
Huschke, P.: Inhaltliche und methodische Analyse eines Schülerfragebogens. (Diplomarbeit) Marburg 1978
Huschke, P.: Typische Situationen im Grundschulunterricht. Reihe Lehrerhilfen, Heft 3. (betrifft:erziehung/Beltz) Weinheim 1980
Ingenkamp, K.-H. (Hrsg.): Die Fragwürdigkeit der Zensurengebung. (Beltz) Weinheim 1972
Jackson, P.W.: Life in Classrooms. (Holt, Rinehart & Winston) 1968
Jackson, P.W.: Die Welt des Schülers. In: Edelstein, W.; Hopf, D. (Hrsg.), 1973, S. 13–27
Jeziorsky, W.: Selbstbildungsmittel in der Grundschule. (Westermann) Braunschweig 1965
Jürgens, E. (Hrsg.): Erprobte Wochenplan- und Freiarbeits-Ideen in der Sekundarstufe I. Praxisberichte. (Agentur Dieck) 1994
Kemmler, L.: Erfolg und Versagen in der Grundschule. (Hogrefe) Göttingen 1975
Kerschensteiner, G.: Begriff der Arbeitsschule. (Teubner) Leipzig 1913
Kiewel, A.: Rechenkartei 1.–3. Schuljahr. (Kallmeyer) Wolfenbüttel 1974
Klafki, W.: Studien zur Bildungstheorie und Didaktik. (Beltz) Weinheim 1975
Klafki, W.: Sinn und Unsinn des Leistungsprinzips in der Erziehung. In: Sinn und Unsinn des Leistungsprinzips. Ein Symposion. (dtv) München 1974, S. 73–110
Klafki, W.: Zum Verhältnis von Didaktik und Methodik. In: Zeitschr. f. Päd. 1/1976, S. 77–94
Klafki, W. u.a.: Innovationsforschung am Beispiel der Grundschule. Unveröffentlichter Projektantrag. Marburg 1972
Klafki, W./Stöcker, H.: Innere Differenzierung des Unterrichts. In: Zeitschr. f. Päd. 4/1976, S. 497–523
Klafki, W./Scheffer, U./Grüber, G./Koch, B./Huschke, P./Peters, K./Stang, H.: Das »Marburger Grundschulprojekt«. Auswahl Reihe A der Zeitschr. »Die Deutsche Schule«. (Schroedel) Hannover 1977
Klafki, W. u.a.: Schulnahe Curriculumentwicklung und Handlungsforschung. Forschungsbericht des Marburger Grundschulprojekts. (Beltz) Weinheim 1982
Klemm, K./Rolff, H.G./Tillmann, K.J.: Bildung für das Jahr 2000. (Rowohlt) Reinbek 1985
Klix, F.: Information und Verhalten. (Huber) Bern 1971
Knörzer, W.: Lernmotivation. (Beltz) Weinheim 1976
Knörzer, W.: Motivation und soziale Interaktion beim selbstgesteuerten Lernen. In: Neber, H. u.a. (Hrsg.), 1978, S. 266–290
Kohl,.H.: Antiautoritärer Unterricht in der Schule von heute. (Rowohlt) Reinbek 1971

Kounin, J.S.: Techniken der Klassenführung. (Klett/Huber) Stuttgart/Bern 1976
Krapp, A.: Bedingungen des Schulerfolgs. (Oldenburg) München 1973
Krapp, A.: Die Psychologie der Lernmotivation. In: Zeitschr. f. Pädagogik 2/1993a, S. 187–206
Krapp, A.: Lernstrategien: Konzepte, Methoden und Befunde. In: Unterrichtswissenschaft 4/1993b, S. 291–311
Lempert, W./Thomssen, W.: Berufliche Erfahrung und gesellschaftliches Bewußtsein. (Klett) Stuttgart 1974
Lind, G.: Sachbezogene Motivation im naturwissenschaftlichen Unterricht. (Beltz) Weinheim 1975
Lindenblatt, F.: Naturwissenschaftliche Versuche zum Sachunterricht. PHYWE-Schriftenreihe, Heft 2: Magnetismus – Elektrischer Strom. (Industrie-Druck) Göttingen 1974
Mager, R.F.: Lernziele und Unterricht. (Beltz) Weinheim 1994
Mandl, H.; Friedrich, H.F.; Hron, A.: Psychologie des Wissenserwerbs. In: Weidenmann u.a. (Hrsg.), 1993, S. 143–218
Mann, L.: Sozialpsychologie. (Psychologie Verlagsunion) Weinheim 1984
Mathies, H./Mückenberger, U./Offe, C./Peter, E./Raasch, S.: Arbeit 2000. (Rowohlt) Reinbek 1994
Medley, D.M./Mitzel, H.E.: Verhalten im Unterricht. Seine Erfassung durch Beobachtungsverfahren. In: Ingenkamp, K.-H.; Parey, H. (Hrsg.): Handbuch der Unterrichtsforschung, Bd. 1. (Beltz) Weinheim 1970, S. 633–978
Meyer, E. (Hrsg.): Die Gruppe im Lehr- und Lernprozeß. (Akademische Verlagsanstalt) Frankfurt a.M. 1970
Meyer, E. (Hrsg.): Einführung in die Praxis der schulischen Gruppenarbeit. (Quelle & Meyer) Heidelberg 1973
Meyer, W.-U.: Leistungsmotiv und Ursachenerklärung von Erfolg und Mißerfolg. (Klett) Stuttgart 1973
Michael, B.: Selbstbildung im Schulunterricht. (Beltz) Weinheim 1963
Miller, G.A./Galanter, E./Pribram, K.H.: Strategien des Handelns. Pläne und Strukturen des Verhaltens. (Klett-Cotta) Stuttgart 1991
Mollenhauer, K.: Sozialisation und Schulerfolg. In: Roth, H. (Hrsg.): Begabung und Lernen. (Klett) Stuttgart 1970, S. 269–296
Müller, H.P./Wegener, B. (Hrsg.): Soziale Ungleichheit und soziale Gerechtigkeit. (Leske u. Budrich) Opladen 1995
Muth, J. (Hrsg.): Wir machen Licht. Heft 3 von: Das Grundschulpaket von Hagemann für den Sachunterricht. (Hagemann) Düsseldorf 1973
Naef, R.D.: Rationeller Lernen. (Beltz) Weinheim 1973
Neber, H. (Hrsg.): Entdeckendes Lernen. (Beltz) Weinheim 1973
Neber, H.: Die Erforschung spontanen Lernens. (Beltz) Weinheim 1974
Neber, H.: Fragen und kognitives Lernen. In: Bildung und Erziehung 28/1975, S. 297–305
Neber, H./Wagner, A.C./Einsiedler, W. (Hrsg.): Selbstgesteuertes Lernen. (Beltz) Weinheim 1978
Neber, H.: Generierung von Wissen über ein Computerprogramm durch exploratives und problemorientiertes Lernen. In: Zeitschr. f. Entwicklungspsychologie u. Päd. Psych. 3/1993, S. 206–224
Neill, A.S.: Theorie und Praxis der antiautoritären Erziehung. Das Beispiel Summerhill. (Rowohlt) Reinbek 1969
Nuber, F. (Hrsg.): Informeller Unterricht für die Grundschule. (Urban & Schwarzenberg) München 1977
Nuffield Junior Science: Teacher's Guide. Vol. 1 and 2. (Collins) London 1970

Nuffield Junior Science: Apparatus. (Collins) London 1972
Oerter, R.: Psychologie des Denkens. (Auer) Donauwörth 1981
Oerter, R./Montada, L. (Hrsg.): Entwicklungspsychologie. (Beltz) Weinheim 1995
Oerter, R.: Kindheit. In: Oerter, R.; Montada, L. (Hrsg.), 1995a, S. 249–309
Oerter, R.: Motivation und Handlungssteuerung. In: Oerter, R.; Montada, L. (Hrsg.), 1995b, S. 758–822
Offe, C.: Leistungsprinzip und industrielle Arbeit. (Europäische Verlagsanstalt) Frankfurt a.M. 1970
Parkhurst, H.: Education on the Dalton Plan. (Bell and Sons) London 1922
Pekrun, R./Fend, H. (Hrsg.): Schule und Persönlichkeitsentwicklung. (Enke) Stuttgart 1991
Pekrun, R.: Entwicklung von schulischer Aufgabenmotivation in der Sekundarstufe. In: Zeitschr. f. Pädagogische Psychologie 7/1993, S. 87–97
Piaget, J./Resag, K./Fricke, A./Hiele, P.M. v./Odenbach, K.: Rechenunterricht und Zahlbegriff. (Westermann) Braunschweig 1970
Piaget, J.: Das moralische Urteil beim Kinde. (Suhrkamp) Frankfurt a.M. 1973 (1954)
Piaget, J.: Das Erwachen der Intelligenz beim Kinde. (Klett) Stuttgart 1975a (1936)
Piaget, J.: Der Aufbau der Wirklichkeit beim Kinde. (Klett) Stuttgart 1975b (1937)
Piaget, J./Inhelder, B.: Die Entwicklung der physikalischen Mengenbegriffe beim Kinde. (Klett) Stuttgart 1975c (1942)
Piaget, J.: Nachahmung, Spiel und Traum. (Klett) Stuttgart 1975d (1945)
Plowden, B. (Ed.): Children and their Primary Schools. A report of the Central Advisory Council for Education. Vol. 1 and 2. (Her Majesty's Stationery Office) London 1967
Portele, G.: Lernen und Motivation. (Beltz) Weinheim 1975
Postmann, N./Weingartner, C.: Fragen und Lernen. (März) Frankfurt a.M. 1972
Ramseger, J.: Offener Unterricht in der Erprobung. (Juventa) München 1992
Rauh, H.: Frühe Kindheit. In: Oerter, R.; Montada (Hrsg.), 1995, S. 167–248
Reinert, C.-B./Zinnecker, J. (Hrsg.): Schuler im Schulbetrieb. (Rowohlt) Reinbek 1978
Rheinberg, F.: Minsel, B.: Psychologie des Erziehers. In: Weidenmann u.a. (Hrsg.), 1993, S. 277–360
Riedel, K.: Lehrhilfen zum entdeckenden Lernen. (Schroedel) Hannover 1973
Rolff, H.-G.: Sozialisation und Auslese durch die Schule. (Quelle & Meyer) Heidelberg 1972
Rolff, H.G./Bauer, K.O./Klemm, K./Schulz-Zander (Hrsg.): Jahrbuch der Schulentwicklung, Bd. 8. (Juventa) Weinheim 1994
Rosenfeld, G.: Theorie und Praxis der Lernmotivation. (VEB Deutscher Verlag der Wissenschaften) Berlin 1971
Rosenshine, B.: Teaching Behaviours and Student Achievement. (National Foundation for Educational Research) London 1971
Roth, H.: Psychologie des Lehrens und Lernens. (Schroedel) Hannover 1970
Roth, H. (Hrsg.): Begabung und Lernen. (Klett) Stuttgart 1970
Roth, H./Friedrich, D. (Hrsg.): Bildungsforschung, Bd. 1. (Klett) Stuttgart 1975
Silbermann, C.E. (Ed.): The Open Classroom Reader. (Vintage Books) New York 1973
Simon, A./Boyer, E.G.: Mirrors for behavior. An anthology of classroom observation instruments. 7 Vols. (Research for Better Schools) Philadelphia 1967
Simons, H.: Intelligenz und Schulleistungen bei Arbeiter- und Akademikerkindern auf der Unterstufe des Gymnasiums. In: Nickel, H.; Langhorst, E. (Hrsg.): Brennpunkte der pädagogischen Psychologie. (Huber/Klett) Stuttgart 1973, S. 260–273
Skinner, B.F./Correll, W.: Denken und Lernen. (Westermann) Braunschweig 1967
Skowronek, H.: Lernen und Lernfähigkeit. (Juventa) München 1971

Smith, B.M.: Competence and Socialization. In: Clausen, J. (Ed.): Socialization and Society. (Little Brown) Boston 1968, S. 271–319
Strittmatter, P. (Hrsg.): Lernzielorientierte Leistungsmessung. (Beltz) Weinheim 1973
Struck, P.: Projektunterricht. (Kohlhammer) Stuttgart 1980
Suchmann, J.R.: Ein Modell für die Analyse des Fragens. In: Neber, H. (Hrsg.), 1973, S. 78–88
Suchmann, J.R.: Fragetraining: Aufbau von Fertigkeiten zur selbständigen Entdeckung. In: Neber, H. (Hrsg.), 1973, S. 247–272
Schaeffer, B./Lambrou, U.: Politische Bildung als Unterrichtsprinzip. (Europäische Verlagsanstalt) Frankfurt a.M. 1973
Scheffer, U./Bonn, A./Kleinschmidt, C.: Schule früher – Schule heute. Reihe Lehrerhilfen, Heft 11. (betrifft:erziehung/Beltz) Weinheim 1980
Scheibner, O.: Zwanzig Jahre Arbeitsschule in Idee und Gestaltung. (Quelle & Meyer) Leipzig 1930
Schiefele, K.: Lernmotivation und Motivlernen. (Ehrenwirth) München 1974
Schiefele, H.: Brauchen wir eine Motivationspädagogik? In: Zeitschr. f. Pädagogik 2/1993, S. 177–186
Schmalt, H.-D.: Die GITTER-Technik – ein objektives Verfahren zur Messung des Leistungsmotivs bei Kindern. In: Zeitschr. f. Entw.-psych. u. Päd. Psych. V/1973, Heft 4, S. 231–252
Schmalt, H.-D.: Die Messung des Leistungsmotivs. (Hogrefe) Göttingen 1976
Schmidt-Stein, G.: Die Jahresklasse in der Volksschule. (Klett) Stuttgart 1963
Treiber, B./Petermann, F.: Probleme der Unterrichtsdifferenzierung aus der Sicht des ATI-Forschungsprogramms. In: Zeitschr. f. Päd. 4/1976, S. 525–546
Ulich, D./Mertens, W.: Urteile über Schüler. (Beltz) Weinheim 1973
Ulich, E./Groskurth, P./Bruggemann, A.: Neue Formen der Arbeitsgestaltung. (Europäische Verlagsanstalt) Frankfurt a.M. 1973
Vaupel; D.: Das Wochenplanbuch für die Sekundarstufe. (Beltz) Weinheim 1995
Wacker, A.: Was leistet die Leistungsmotivationsforschung? In: Bruder, K.-J. u.a.: Kritik der Pädagogischen Psychologie. (Rowohlt) Reinbek 1976
Waechter, H.: Das Schülergespräch. Reihe Lehrerhilfen, Heft 2. (betrifft:erziehung/Beltz) Weinheim 1980
Waechter, H.: Selbständiges und kooperierendes Lernen im Umgang mit Bausteinen. Reihe Lehrerhilfen, Heft 6. (betrifft:erziehung/Beltz) Weinheim 1981
Wagner, A.C.: Selbstgesteuertes Lernen im offenen Unterricht – Erfahrungen mit einem Unterrichtsversuch in der Grundschule. In: Neber, H. u.a. (Hrsg.), 1978, S. 49–67
Wagenschein, M.: Ein Unterrichtsgespräch zu dem Satz Euklids über das Nicht-Abbrechen der Primzahlenreihe. In: Strunz, K. (Hrsg.): Pädagogisch-Psychologische Praxis an Höheren Schulen. München 1963, S. 72–80
Wagenschein, M./Banholzer, A./Thiel, S.: Kinder auf dem Wege zur Physik. (Beltz) Weinheim 1990
Wallrabenstein, W.: Offene Schule – Offener Unterricht. (Rowohlt) Reinbek 1991
Wasna, M.: Die Entwicklung der Leistungsmotivation. Beiheft 56 der Zeitschr. »Schule und Psychologie«. (Reinhardt) München 1970
Weidenmann, B./Krapp, A./Hofer, M./Huber, G.L./Mandl, H. (Hrsg.): Pädagogische Psychologie. (Psychologie Verlagsunion) Weinheim 1993
Weinert, F.E.: Kognitives Lernen: Begriffsbildung und Problemlösen. In: Weinert, F.E. u.a. (Hrsg.), 1974a, Bd. 2, S. 657–683
Weinert, F.E.: Instruktion als Optimierung von Lernprozessen Teil I: Lehrmethoden. In: Weinert, F.E. u.a. (Hrsg.), Bd. 2, 1974b, S. 795–826

Weinert, F.E./Simons, H.: Fähigkeits- und Kenntnisunterschiede zwischen Schülern. In: Weinert, F.E. u.a. (Hrsg.), Bd. 2, 1974, S. 765–793
Weinert, F.E. u.a. (Hrsg.): Funk-Kolleg Pädagogische Psychologie (Fischer) Frankfurt a.M. 1974
Weisgerber, R.A. (Ed.): Developmental Efforts in individualized Learning. (Peacock) Itasca 1973
Wellendorf, F.: Schulische Sozialisation und Identität. (Beltz) Weinheim 1973
White, R.W.: Motivation reconsidered: The Concept of Competence. In: Psychological Review 66/5, 1959, S. 207–333
Wieczerkowski, W./Nickel, H./Janowski, A./Fittkau, B./Rauer, W.: Angstfragebogen für Schüler (AFS). Handanweisung. (Westermann/Hogrefe) Braunschweig/Göttingen 1975
Wünsche, K.: Die Wirklichkeit des Hauptschülers. (Kiepenheuer & Witsch) Köln 1972
Wygotski, L.S.: Denken und Sprechen. (Fischer) Frankfurt a.M. 1977 (1934)
Zehrpeld, K.: Lernziele – Ziele der Lernenden. (Urban & Schwarzenberg) München 1978

Wochenplanpraxis

Peter Huschke / Marei Mangelsdorf

Wochenplanunterricht

Praktische Ansätze zu innerer Differenzierung, zu selbständigem Lernen und zur Mitgestaltung des Unterrichts durch die Schüler.
112 Seiten. Broschiert.
ISBN 3-407-62119-1

Das vorliegende Buch führt ein in die Arbeit mit dem Wochenplan, gibt praktische Beispiele, geht auf Fragen und Bedenken ein und bietet Argumentationshilfen für Kolleg/-innen und Eltern. Das Wochenplankonzept wurde in der Grundschule entwickelt, ist jedoch so flexibel, daß es auf andere Schulstufen übertragbar ist.

Der Wochenplan ist eine Hilfe für Lehrer, zu deren didaktischem Konzept es gehört,

- daß Unterricht am Interesse der Schüler ausgerichtet wird,
- daß im Unterricht Selbsttätigkeit ermöglicht und handlungsorientiert gelernt wird,
- daß im Unterricht Selbständigkeit des Denkens und Handelns gefördert wird,
- daß im Unterricht soziale Verhaltensweisen wie z.B. Kooperationsfähigkeit erprobt werden.

Das Wochenplanmodell verwirklicht die genannten Prinzipien nicht von alleine, aber es gibt dem Lehrer die Chance, die organisatorischen Voraussetzungen dafür zu schaffen: Es bietet eine Struktur für innere Differenzierung im Unterricht.

BELTZ

Beltz Verlag · Postfach 100154 · 69441 Weinheim B0078

Reihe »Werkstattbuch Grundschule«

Herausgegeben von Dieter Haarmann

Leonhard Blumenstock / Erich Renner (Hrsg.)
Freies und angeleitetes Schreiben
Beispiele aus dem Vor- und Grundschulalter.
142 Seiten. Broschiert.
ISBN 3-407-62131-0
Eine Fülle praktischer und von jedem nachvollziehbarer Beispiele zeigt, wie »freies und angeleitetes Schreiben« in konstruktivem Verbund sich stufenweise entfaltet.

Helmut Breuer / Maria Weuffen
Lernschwierigkeiten am Schulanfang
Schuleingangsdiagnostik zur Früherkennung und Frühförderung.
198 Seiten. Broschiert.
ISBN 3-407-62170-1
Je früher Ursachen für Lernschwierigkeiten im Anfangsunterricht erkannt werden, desto besser gelingt individuelle Förderung. Das Buch bietet dafür konkrete Hinweise und Ratschläge.

Kurt Czerwenka (Hrsg.)
Das hyperaktive Kind
Ursachenforschung – Pädagogische Ansätze – Didaktische Konzepte.
145 Seiten. Broschiert.
ISBN 3-407-62188-4
Das Hyperaktivitäts- oder »Zappelphilipp«Syndrom wird aus verschiedenen Fachaspekten beschrieben.

Mechthild Dehn
Schlüsselszenen zum Schrifterwerb
Arbeitsbuch zum Lese- und Schreibunterricht in der Grundschule.
200 Seiten. Broschiert.
ISBN 3-407-62181-7
Über Analyse und Interpretation von Ausschnitten aus Unterrichtsprotokollen werden zentrale Aspekte des Schrifterwerbs zugänglich gemacht.

Mechthild Dehn / Petra Hüttis-Graff / Norbert Kruse (Hrsg.)
Elementare Schriftkultur
Schwierige Lernentwicklung und Unterrichtskonzept.
164 Seiten. Broschiert.
ISBN 3-407-62321-6
Eine große Auswahl an praxisorientierten Beobachtungs- und Förderhilfen, mit denen Schwierigkeiten beim Schriftspracherwerb didaktisch reflektiert begegnet werden kann.

Jürgen Floer
Mathematik-Werkstatt
Lernmaterialien zum Rechnen und Entdecken.
142 Seiten. Broschiert.
ISBN 3-407-62198-1
Das Ideenbuch für einen erfolgreichen Mathe-Unterricht über handelndes, entdeckendes und materialgeleitetes Lernen.

Maria Fölling-Albers
Schulkinder heute
Auswirkungen veränderter Kindheit auf Unterricht und Schulleben.
130 Seiten. Broschiert.
ISBN 3-407-62160-4
Kinder wachsen heute unter anderen Bedingungen auf. Wie geht die Grundschule auf die veränderten Erfordernisse der ›Schulkinder heute‹ ein?

Irmintraut Hegele (Hrsg.)
Lernziel: Freie Arbeit
Unterrichtsbeispiele aus der Grundschule.
181 Seiten. Broschiert.
ISBN 3-407-62105-1
Unterrichtseinheiten für die Grundschule, die den Unterricht für die Erfahrungen und Handlungsmöglichkeiten von Kindern öffnen lernen.

Irmintraut Hegele
Lernziel: Stationenarbeit
Eine neue Form des offenen Unterrichts.
172 Seiten. Broschiert.
ISBN 3-407-62322-4
Die Unterrichtsbeispiele geben Anregungen, wie die Lernzirkel- bzw. Stationenarbeit sowohl in den Unterricht als auch in die pädagogische Arbeit an außerschulischen Lernorten und in die Elternarbeit integriert werden kann.

BELTZ

Preisänderungen vorbehalten

Beltz Verlag · Postfach 100154 · 69441 Weinheim

B0080A

Reihe »Werkstattbuch Grundschule«

Herausgegeben von Dieter Haarmann

Irmintraut Hegele
Lernziel: Offener Unterricht
Unterrichtsbeispiele aus der Grundschule.
157 Seiten. Broschiert.
ISBN 3-407-62184-1
Die Unterrichtsbeispiele geben Anregungen und Hilfen, wie das Lernen in der Grundschule offener gestaltet werden kann.

Hanna Kiper / Annegret Paul
Kinder in der Konsum- und Arbeitswelt
Bausteine zum wirtschaftlichen Lernen. Mit Illustrationen von Andrea Ridder und einem Beitrag von Sabine Knemeyer.
196 Seiten. Broschiert.
ISBN 3-407-62311-9
Bausteine zum Sachunterricht im Bereich »wirtschaftliches Lernen« als Elemente für eine wirtschaftliche Sozialisation der Grundschulkinder.

Klaus-Dieter Lenzen
Erzähl' mir k(l)eine Märchen!
Literarische Ausflüge mit Schulkindern.
125 Seiten. Broschiert.
ISBN 3-407-62175-2
Neue und alte Märchen – so kann eine lebendige Erzählkultur im Sachunterricht der Grundschule gefördert werden.

Klaus-Dieter Lenzen / Brigitte Lintzen / Gerhild Schulz / Brunhild Zimmer
Gesundheit lernen
Ein Projekt zur Gesundheitserziehung und Gesundheitsförderung in der Grundschule.
174 Seiten. Broschiert.
ISBN 3-407-62317-8
Erprobte Vorschläge für eine systematische Gesundheitserziehung in der Grundschule – viele Tips und Hinweise, keine Rezepturen!

Christine Mann
Selbstbestimmtes Rechtschreiblernen
Rechtschreibunterricht als Strategievermittlung.
VIII, 77 Seiten. Broschiert.
ISBN 3-407-62134-5
Vorschläge für einen systematischen Aufbau des Rechtschreibunterrichts auf der Basis der lautgetreuen Schreibung

Brunhilde Marquardt-Mau / Rudolf Schmitt (Hrsg.)
Chima baut sich eine Uhr
Dritte-Welt-Erziehung im Sachunterricht: Thema Zeit.
151 Seiten. Broschiert.
ISBN 3-407-62128-0
Die erprobten Unterrichtsbeispiele enthalten Vorschläge für offene Lernsituationen, in denen sich Kinder mit dem Thema Zeit beschäftigen können.

Hartmut Mitzlaff (Hrsg.)
Handbuch Grundschule und Computer
Vom Tabu zur Alltagspraxis.
348 Seiten. Broschiert.
ISBN 3-407-62199-X
Das Handbuch »Grundschule und Computer« beschreibt Projekte und Modellversuche und weist Wege zu einer pädagogisch sinnvollen Nutzung des neuen Werkzeugs und Mediums im Grundschulalltag. Mit Basisglossar, Auswahlbibliographie und Kriterien für eine Software-Bewertung.

Ulf Mühlhausen
Überraschungen im Unterricht
Situative Unterrichtsplanung.
257 Seiten. Broschiert.
ISBN 3-407-62192-2
Ein Plädoyer für einen »überraschungsoffenen« Unterricht als Gegenentwurf zum herkömmlichen Planungsbegriff.

Christa Röber-Siekmeyer
Die Schriftsprache entdecken
Rechtschreiben im offenen Unterricht.
226 Seiten. Broschiert.
ISBN 3-407-62167-1
Dieses Buch öffnet neue Wege zu einer aktiven und individualisierten Aneignung der deutschen Grammatik und Rechtschreibung ohne Drill, Leistungsdruck und Versagensangst.

Reihe »Werkstattbuch Grundschule«

Herausgegeben von Dieter Haarmann

Charlotte Röhner
Authentisch Schreiben- und Lesenlernen
Bausteine zum offenen Sprachunterricht.
120 Seiten. Broschiert.
ISBN 3-407-62314-3
Wie Kinder den subjektiven Sinn der Schriftsprache für sich entdecken und nutzen lernen, wird am Beispiel eines offenen Sprachunterrichts beschrieben. Mit individualisierten Wochenarbeitsplänen wird ein Einblick in die Praxis vermittelt.

Helmut Schafhausen (Hrsg.)
Handbuch Szenisches Lernen
Theater als Unterrichtsform.
108 Seiten. Broschiert.
ISBN 3-407-62197-3
Mit konkreten Beispielen aus verschiedenen Fächern wird Szenisches Lernen als Integration von praktischen und theoretischen Elementen einer neuen Lernform entfaltet.

Heinz Schernikau / Barbara Zahn (Hrsg.)
Frieden ist der Weg
Bausteine für das soziale und politische Lernen.
204 Seiten. Broschiert.
ISBN 3-407-62129-9
Texte, Bilder, Lieder, Spiele, Themenvorschläge und Unterrichtsprojekte für eine Friedenserziehung in der Grundschule.

Adelheid Staudte (Hrsg.)
Ästhetisches Lernen auf neuen Wegen
173 Seiten. Broschiert.
ISBN 3-407-62172-8
Argumente und Beispiele für ästhetisches Lernen als fächerübergreifendes und fächerverbindendes Prinzip in allen Lernbereichen der Grundschule.

Renate Vercamer
Lebendige Kinderschule
Offener Unterricht im Spiegel einer Klassenchronik.
151 Seiten. Broschiert.
ISBN 3-407-62315-1
Eine Klassenchronik dokumentieret die Umsetzung didaktischer Forderungen: »Kindorientierung« – »Öffnung von Unterricht und Schule« – »Handelndes und selbstbestimmtes Lernen« – »Integration« – »Differenzierung«.

Dagmar Wehr
»Eigentlich ist es etwas Zärtliches«
Erfahrungsbericht über die Auseinandersetzung mit Sexualität in einer dritten Grundschulklasse.
84 Seiten. Broschiert.
ISBN 3-407-62168-X
Sensibler Erfahrungsbericht zum Umgang mit dem Thema Sexualität in der Grundschule.

Hildegund Weigert / Edgar Weigert
Schuleingangsphase
Hilfen für eine kindgerechte Einschulung.
153 Seiten. Broschiert.
ISBN 3-407-62127-2
Ein empfehlenswertes, in sich geschlossenes Einschulungskonzept. Umfangreiche Anregungen für die praktische Gestaltung und verschiedenste Spielvorschläge erleichtern den Lehrern ihre Vorbereitung.

Hildegund Weigert / Edgar Weigert
Schülerbeobachtung
Ein pädagogischer Auftrag.
126 Seiten. Broschiert.
ISBN 3-407-62171-X
Konsequente Schülerbeobachtung ist Voraussetzung für gezielte Beratung, fundierte Beurteilung und Überprüfung der eigenen pädagogischen Tätigkeit. Auswertbare Ergebnisse helfen, den Unterricht/die Schule zu öffnen.

Ingeborg Wolf-Weber / Mechthild Dehn
Geschichten vom Schulanfang
»Die Regensonne« und andere Berichte.
127 Seiten. Broschiert.
ISBN 3-407-62174-4
Wie sehen wir Schulanfänger und wie können wir sie erreichen – auch die, die uns Widerstand zeigen? Das sind die Fragen, die die Erzählungen einer Lehrerin aus Klasse 1 und aus der Vorschulklasse bestimmen.

BELTZ

Preisänderungen vorbehalten

Beltz Verlag · Postfach 100154 · 69441 Weinheim

B0080C